DIE

THEORIE DER CONFUSION.

EIN BEITRAG

ZUR LEHRE VON DER AUFHEBUNG DER RECHTE

VON

DR. PAUL KRETSCHMAR,
RECHTSANWALT UND PRIVATDOCENT AN DER UNIVERSITÄT LEIPZIG.

LEIPZIG,
VERLAG VON VEIT & COMP.
1899.

THEORIE DER CONFUSION

DIE

THEORIE DER CONFUSION.

EIN BEITRAG

ZUR LEHRE VON DER AUFHEBUNG DER RECHTE

VON

Dr. PAUL KRETSCHMAR,
RECHTSANWALT UND PRIVATDOCENT AN DER UNIVERSITÄT LEIPZIG.

LEIPZIG,
VERLAG VON VEIT & COMP.
1899.

Druck von Metzger & Wittig, Leipzig.

DEM ANDENKEN MEINES VATERS.

Vorwort.

Die vorliegende Schrift ist, was die äußere Veranlassung betrifft, von mir zum Zwecke meiner Habilitation an der Universität Leipzig verfaßt worden. Ihr Abschluß fällt in den Mai 1898 und dieser Zeitpunkt ist in der Hauptsache für den Kreis der in Betracht gezogenen Literatur maßgebend. Die später erschienene Literatur konnte nur noch beiläufig und mit Auswahl herangezogen werden. So mußte auch die Berücksichtigung der kleinen Schrift von Sachs: „Die Wirkungen der Konfusion nach römischem Recht und dem Recht des Bürgerlichen Gesetzbuchs" unterbleiben, da bei ihrem Erscheinen der Druck der vorliegenden Arbeit schon zu weit vorgeschritten war.

Der Eifer, mit dem neuerdings das Confusionsthema bearbeitet wird, ist ein Anzeichen dafür, daß allgemein das Mißverhältnis zwischen der theoretischen und praktischen Wichtigkeit der Lehre einerseits, ihrer nicht gleichmäßigen wissenschaftlichen Durchbildung andererseits empfunden wird.

Daß diese Erkenntnis zu einer literarischen Überproduktion in dieser Lehre führen werde, ist trotzdem so bald nicht zu fürchten. Im Gegenteil wird noch manche Arbeit gethan werden müssen, ehe die Lehre auch nur annähernd die Ausbildung erlangt, die eine Reihe angrenzender Gebiete (z. B. die Kompensation) infolge der darauf verwandten eindringenden wissenschaftlichen Arbeit erreicht haben. Wer hierzu beizutragen wünscht, wird vor allem bestrebt sein müssen, aus den Quellen in reicherem Maße, als bisher geschehen ist, zu schöpfen; darauf ist daher in der vorliegenden Arbeit besondere Mühe verwandt worden; doch ist der Verfasser sich wohl bewußt, daß es ihm nicht im entferntesten gelungen ist, das vorhandene reiche Material erschöpfend zu verwerten.

Als ich die Arbeit in Angriff nahm, hatte ich noch das Glück des Gedankenaustausches mit meinem nun dahingeschiedenen Vater, Professor Dr. GUSTAV KRETSCHMAR, und es ist mir eine teure Pflicht, an dieser Stelle zu bekennen, wieviel Anregung und reiche Belehrung mir von ihm zu Teil geworden ist. In treuem und dankbaren Gedenken an den Verewigten und an jene Stunden ist seinem Andenken die vorliegende Schrift gewidmet.

Leipzig, im Februar 1899.

Paul Kretschmar.

Inhalt.

Anhang.

Die Confusionslehre des Bürgerlichen Gesetzbuchs.

Abkürzungen und Bemerkungen über die benutzten Ausgaben.

Ältere Literatur.

Azo (gest. nach 1220), Summa in Codicem. Lugduni 1564.

Cinus (gest. 1336), Commentaria in Codicem. Frcf. ad Moen. 1578.

Albericus de Rosate (gest. 1454), in primam Digesti veteris partem Commentaria. Venet. 1585.

Bartolus a Saxoferrato, Opera, 11 Tomi. Venet. 1590.

Baldus (gest. 1400), In primam et secundam Infortiati partem Commentaria. Aug. Taur. 1576.

Bartholomaeus de Saliceto (gest. 1412), Lectura super VII, VIII, IX, Codicis. Venet 1483.

Raph. Fulgosius (gest. 1427), in primam Digesti veteris partem Commentaria. Venet. 1585.

Paulus de Castro (gest. 1441), Praelectiones. Lugduni 1553.

Alexander Tartagnus (gest. 1477), Consiliorum libri VII. Frcf. 1610.

Jason de Mayno (gest. 1519), Commentaria. Venet. 1598.

Philippus Decius (gest. 1535 oder bald darauf), In Tit. ff. de regulis iuris. Venet. 1585. —

Cuiacius ist regelmäßig nach der Ed. Venet. et Mut. citiert. Wo die Fabrot-sche Ausgabe benutzt ist, ist dies angegeben.

Der S. 3 Note 2 aufgeführten Schrift Lauterbachs ist hinzuzufügen: de confusione (1660).

Von den Pandektenlehrbüchern und Systemen sind Bekker (Bd. I, II), Hölder (Bd. I) und Regelsberger (Bd. IV) in erster, Brinz in zweiter, Dernburg in fünfter, Windscheid und Vangerow in siebenter Auflage, von den Gesamtdarstellungen des neuen Bürgerlichen Rechts Cosacks Lehrbuch (Bd. I) in zweiter, Dernburgs Bürgerliches Recht des Deutschen Reichs und Preußens (Bd. III) in erster, Endemanns Einführung in das Studium des B.G.B. (Bd. I und II, 1) in fünfter, bez. vierter, Plancks Commentar zum B.G.B. (Lieferung 1—5) in zweiter Auflage citiert. Die Citate von Jherings Geist des römischen Rechts verstehen sich nach der fünften bez. vierten Auflage.

Stobbe-Lehmann = Stobbe, Deutsches Privatrecht, Bd. 2, 3. 3. Aufl., herausgegeben von H. Lehmann.

Die S. 39 Note 7 erwähnte Schrift Labbés konnte ich mir vor Beendigung des Druckes nicht mehr verschaffen. Das Citat ist nach Brunetti a. a. O. gegeben.

Die Abkürzungen: Motive und Komm. Prot. beziehen sich auf die Motive zum Entwurf eines B.G.B. für das Deutsche Reich, Berlin und Leipzig 1888 und die Protokolle der Kommission für die 2. Lesung der Entwurfs des B.G.G. (metallographiert).

Reatz = Reatz, die 2. Lesung des Entwurfs eines Bürgerlichen Gesetzbuchs für das Deutsche Reich unter Gegenüberstellung der 1. Lesung, Berlin 1894.

Als Abkürzungen für Zeitschriften und Entscheidungssammlungen sind angewendet für das

Archiv für die civilistische Praxis: C.A. oder Arch. f. d. civ. Prax.

Archivio giuridico: Arch. giur.

Beiträge zur Erläuterung des Deutschen Rechts (begründet von Gruchot): Gruchot.

Jherings Jahrbücher für die Dogmatik des heutigen römischen Privatrechts: Jahrb. f. Dogm.

Kritische Vierteljahrsschrift für Gesetzgebung und Rechtswissenschaft: Krit. V.J.Schr.

Zeitschrift für das Privat- und öffentliche Recht der Gegenwart, herausgegeben von Grünhut: Grünhut.

Zeitschrift für das gesamte Handelsrecht: Ztschr. f. H.R.

Zeitschrift der Savigny-Stiftung für Rechtsgeschichte, Romanistische Abteilung: Ztschr. d. Sav. St. f. RG.

Entscheidungen des Reichsgerichts in Civilsachen: E.R.G. oder R.G.E.

Seufferts Archiv für die Entscheidungen der obersten Gerichte: Seuff. Arch.

Einleitung.

Bei der Revision ihrer dogmatischen Grundbegriffe ist die moderne Privatrechtstheorie in den letzten Jahrzehnten immer häufiger auf ein Problem gestoßen, dem die ältere Literatur nur ein sehr beschränktes Interesse abgewonnen hat. Es handelt sich um die Confusionslehre und ihre Bedeutung für die allgemeine Privatrechtstheorie. Während bis zu den 70er Jahren nur Ausschnitte aus ihr eingehender behandelt worden sind — bei der Obligationsconfusion besonders die Wirkung auf die Correalobligation und das Problem ihrer Befriedigungswirkung, bei der Confusion dinglicher Rechte hauptsächlich die Vereinigung von Pfandrecht und Eigentum in einer Hand im Zusammenhange mit der Frage der Eigentümerhypothek — haben zwei in den 70er Jahren erschienene hochbedeutende Abhandlungen die Aufmerksamkeit auf die allgemeinere Bedeutung des Confusionsthemas gelenkt. Die eine von ihnen, Jherings „Passive Wirkungen der Rechte" in seinen Jahrbüchern für die Dogmatik des heutigen römischen und deutschen Privatrechts Bd. X S. 387 f. zeigte zuerst die Confusion in Verbindung mit eigentümlichen Erscheinungen im Leben des subjektiven Rechts, die andere, Hartmanns Programm über die „Rechte an eigener Sache" (wiederabgedruckt in den Jahrbüchern für Dogmatik Bd. XVII S. 67 f.) befreite durch den generellen Nachweis der Möglichkeit des Bestehens von Rechten an eigener Sache die Lehre von der Confusion dinglicher Rechte von dem Vorurteile der absoluten Unvereinbarkeit der Coexistenz von Eigentum und dinglicher Berechtigung in einer Hand.

Seitdem ist die Confusion besonders in zwei Richtungen mehrfach der Erörterung unterzogen worden. Die eine steht im Zusammenhang mit der in der neuesten Literatur besonders regen

Untersuchung des Begriffs des subjektiven Rechts und seiner dogmatischen Brauchbarkeit. Sie wird auf das Confusionsthema hingewiesen wegen der engen Beziehung, in welcher nach der modernen Anschauung die rechtsvernichtende Wirkung der Confusion zu der Natur des subjektiven Rechts steht.

Ist das subjektive Recht eine von der Rechtsordnung verliehene Willensherrschaft, so muß das Zusammenfließen von herrschendem und beherrschtem Subjekt seinen Untergang herbeiführen. Da nun aber anerkanntermaſsen Ausnahmen von der rechtsvernichtenden Wirkung der Confusion bestehen, so verlangen diese nach einer Erklärung. In diesem Sinne hat sich in der neueren Literatur namentlich Puntschart (Moderne Theorie des Privatrechts und ihre grundbegrifflichen Mängel) der Confusionslehre bemächtigt und die Ausnahmen von der rechtsvernichtenden Wirkung in origineller, aber freilich mitunter angreifbarer Weise zur Begründung seiner „Rechtsverbandstheorie“ herangezogen.

Die andere Richtung knüpft daran an, daß die Erscheinung der Confusion am letzten Ende auf einer lediglich die formale Seite des Rechts berücksichtigenden logischen Erwägung beruht. Da nun das Wesen des Rechts sich nicht in seiner Eigenschaft, eine Willensherrschaft zu gewähren, erschöpft, insofern, als ihm die wesentliche Zweckbestimmung innewohnt, die Herrschaft über ein menschliches Gut zu sichern, so führt die auf rein formellem Grunde ruhende Selbstvernichtung des Rechts in der *confusio* zu charakteristischen Eigentümlichkeiten der Wirkung, für die es eine Formel zu suchen gilt. In dieses Gebiet schlagen die Erörterungen des verewigten Vaters des Verfassers, G. Kretschmar, Secum pensare, S. 40—57, ein.

Trotz der erhöhten Würdigung der Bedeutung des Confusionsthemas, wie sie in der häufigeren Erörterung einschlägiger Fragen zu Tage tritt — ich nenne aus der modernen Literatur noch Girtanners Begründung der Solutionstheorie[1] und Fittings in gewisser Hinsicht grundlegende Ausführungen in seiner

[1] Die Bürgschaft nach gemeinem Civilrecht, Jena 1850, S. 550 f. Aus der neueren ausländischen Literatur ist besonders der anregende und interessante Aufsatz Brunettis, la legge 21 § 5 D. de fideiuss. 46, 1 (im Archivio giuridico Bd. 48, S. 135 f.), zu nennen.

„Natur der Correalobligationen“ S. 103—129 —, entspricht die Ausbildung der Confusionslehre keineswegs ihrer dogmatischen und praktischen Bedeutung. Es ist dies verständlich, wenn man in Betracht zieht, daß alle die genannten Schriftsteller von ganz verschiedenen Punkten aus an das Confusionsthema herangetreten sind. Für die allseitige Beleuchtung der zu berücksichtigenden Fragen ist dies vielleicht ein Vorteil, für die Bildung einer einheitlichen Lehre aber sicher ein Hindernis, da jede Erörterung eines wissenschaftlichen Themas, welche nicht vom Centrum ausgeht, sondern anläßlich der Bearbeitung eines benachbarten Gebiets unternommen wird, der Gefahr der Einseitigkeit ausgesetzt ist, weil sie nur die an das eigene Thema nächstangrenzenden Gebiete behandeln kann. Die Dissertationenliteratur aber, welche sich die Confusion, bald im vollen Umfange, bald in der Beschränkung auf die Confusion der Forderungen zur Aufgabe stellte, hat, von einigen Ausnahmen abgesehen,[2] so viel wie nichts zur besseren Erkenntnis beigetragen.

Der Hauptgrund für die Rückständigkeit der Confusionslehre dürfte aber darin liegen, daß die Prüfung ihrer Sätze vom historischen Standpunkte aus völlig vernachlässigt worden ist. Augenscheinlich ist man von der Annahme ausgegangen, daß die Confusionsgrundsätze, weil aus dem Wesen des Rechts geschöpft, ewig und unveränderlich seien. Man imputiert der römischen Jurisprudenz der Republik, in deren Zeit sich die Confusionsgrundsätze niedergeschlagen haben, dieselbe vergeistigte Auffassung des Rechts, wie sie die moderne Theorie besitzt, und läßt die alten Juristen frischweg mit der Theorie des Rechts als einer Willensmacht operieren, gleich als ob sie als Schüler zu Hegels Füßen

---

[2] Von älteren Dissertationen ist zu nennen: Lauterbach, in den Diss. acad. Tom. I No. 56 (Tub. 1728), vgl. Stintzing, Geschichte der deutsch. Rechtswissenschaft II, S. 139 f. Von neueren: Witkowski, De confusione obligationis, Berol. 1867; Lefebvre, De la confusion, thèse pour le doctorat, Versailles 1871; Friedmann, Die Wirkungen der *confusio* nach römischem Recht, Greifswalder Inauguraldissertation, Berlin 1884, und neuestens: Schwedler, Das Erlöschen der Schuldverhältnisse durch Vereinigung von Recht und Verbindlichkeit nach bürgerlichem Recht, Halle 1897, sowie Mosler, Zur Lehre von der Konfusion etc., Berliner Inauguraldissertation von 1897.

gesessen hätten. Die Folge dieser unhistorischen Auffassung ist ein Mißverständnis des römischen Confusionsprinzips und, Hand in Hand damit gehend, eine falsche Vorstellung über das Verhältnis der verschiedenen Confusionsarten zu einander. Das römische Recht faßt unter dem Begriffe der *confusio* die Vereinigung von Forderung und Schuld, von dinglichem Recht und Eigentum, von Bürgschaft und Hauptschuld zusammen. Jedes Paar dieser Eigenschaften ist ihm rechtlich unvereinbar, weil es nicht von vornherein in einer Person begründet werden kann. Auf dieser in erster Linie äußerlich formalen Auffassung beruht der Schluß auf die Vernichtung des Rechtsverhältnisses, wenn die rechtlich inkompatibelen Eigenschaften sich nachträglich in ein und derselben Person vereinigen.

Den Nachweis hierfür zu liefern und die Consequenzen für die moderne Theorie daraus zu ziehen, ist das eine Hauptziel der vorliegenden Arbeit. Im Übrigen gilt es, das Verhältnis der verschiedenen Confusionsarten zu einander zu bestimmen, eine feste Ansicht über das eingangs berührte Endproblem zu gewinnen und die Eigenart der Confusionswirkung zu erklären.

Aus den dargelegten Gründen mußte der historischen Betrachtungsweise ein breiter Spielraum eingeräumt werden. Gerade weil infolge der eigentümlichen Natur der Confusion die Gefahr so nahe liegt, die überlieferten Sätze mit dem Scheine logischer Notwendigkeit zu umkleiden und darüber die mitbildnerische Thätigkeit des positiven Rechts zu übersehen, ist darauf hingearbeitet worden, den Anteil, den die spezifisch römische Begriffsbildung durch das Medium der logischen Bearbeitung auf die Confusionslehre ausgeübt hat, klarzustellen. Hierdurch ist freilich eine Anordnung des Stoffes nötig geworden, die ich an sich gern vermieden hätte und für die ein Wort der Entschuldigung einzulegen gestattet sein mag. Da nämlich das stabile Element über das im Flusse der historischen Entwickelung umgebildete bedeutend überwiegt, der Fortschritt überdies nicht gleichmäßig, sondern hie und da an einzelnen Punkten stattgefunden hat, so würde die Durchführung der historischen Betrachtungsweise in der Gesamtdarstellung zu endlosen Wiederholungen führen. Um dies zu vermeiden, werden in einem einleitenden Abschnitte lediglich die historischen Grundlagen der Confusionslehre und die Consequenzen, die sich daraus für die Auffassung der verschiedenen Confusionsarten ergeben, dargestellt. Bei dieser Anordnung wird es allerdings notwendig, in den der dogmatischen Darstellung gewidmeten Hauptabschnitt stellenweise historische Erörterungen einzuschieben. Was die Abgrenzung des Themas anlangt, so bringt die Arbeit prinzipiell das gemeine Recht zur Darstellung. Doch sind auch einige nicht gemeinrechtliche Institute (besonders das moderne Hypothekenrecht) insoweit in den Kreis der Darstellung gezogen worden, als sich in den bei ihnen einschlagenden Rechtssätzen charakteristische Eigentümlichkeiten der modernen Anschauung über die Wirkung der Confusion offenbaren. Mehr anhangsweise sind die Grundzüge der Confusionstheorie des Bürgerlichen Gesetzbuchs behandelt worden. Hierbei konnte noch die mir erst kurz vor dem Abschlusse der vorliegenden Arbeit bekannt gewordene, einen Abschnitt des hier behandelten Themas, nämlich die Confusion der Forderungen gut und gründlich erörternde Abhandlung SCHWEDLERS (s. Note 2), deren Schwerpunkt, in dem das Recht des Bürgerlichen Gesetzbuchs behandelnden Abschnitte liegt, berücksichtigt werden. In dem bereits fertiggestellten Hauptteile war dies nur in beschränktem Umfange noch möglich, auch lag hierzu wenig Bedürfnis vor, da SCHWEDLER in dem ersten, das römische Recht behandelnden Teile seiner Schrift sich in der Hauptsache auf die ausführliche Wiedergabe der verschiedenen in der Literatur aufgestellten Ansichten und auf deren nicht immer einwandfreie Kritisierung beschränkt.

I. Teil.

Grundlagen.

§ 1.

Die römische Confusionstheorie und ihre historischen Grundlagen.

Der prinzipiellen Erörterung der spezifisch römischen Confusionslehre ist eine Bemerkung über den Sprachgebrauch der Quellen vorauszuschicken. Die römischen Juristen bedienen sich des Ausdrucks „*confusio*" in einem doppelten Sinne; er bezeichnet zunächst den Thatbestand der Vereinigung solcher rechtlicher Eigenschaften in einer Person, deren Getrenntheit begriffliche Voraussetzung für die Existenz eines Rechtsverhältnisses ist und deren Zusammentreffen in einer Person daher den Untergang des betreffenden Rechtsverhältnisses nach sich zieht. In diesem Sinne reden die römischen Juristen von „*confusio dominii*"[1], „*confusio hereditatis*"[2], etc. Er bedeutet aber weiter, und zwar häufiger, die infolge der Vereinigung solcher einander widerstreitenden Eigenschaften in einer Person eintretende Wirkung formeller Rechtsvernichtung. So wird der Ausdruck „*servitus, obligatio confunditur*" parallel gebraucht mit „*extinguitur*".[3] [4]

---

[1] l. 116 § 4 D. de leg. I (30) „*licet confusione dominii servitus extincta sit*".

[2] l. 75 D. de solut. 46, 3: *confusio hereditatis perimit petitionis actionem*". — Wo die Vereinigung nicht oder nicht ausschließlich hinsichtlich ihrer rechtsvernichtenden Wirkung in Frage kommt, nennen die Quellen meist den die Vereinigung herbeiführenden Akt (*aditio hereditatis* in l. 95 § 2 D. de solut. 46, 3, cf. l. 93 D. eod., l. 71 pr. D. de fideiuss. 46, 1: „*aditione hereditatis confusione obligationis eximi personam*"). Nur ganz vereinzelt und in uneigentlichem Sinne wird der Ausdruck „*confusio*" auch für die Vereinigung, welche eine rechtsvernichtende Wirkung nicht nach sich zieht, gebraucht (l. 43 D. de solut. 46, 3).

[3] l. 29 § 1 D. de iure fisci 49, 14: „*obligationes, quas adeundo confudit*". l. 5 C. de hered. act. 4, 16: „*debiti petitionem extingui per confusionem*". l. 1 D. quemadm. serv. amitt. 8, 6: „*Servitutes praediorum con-*

Da die Rechtsvernichtung zwar die wichtigste, nicht aber die einzige Rechtsfolge der Vereinigung ist, so müssen beide Bedeutungen scharf auseinander gehalten werden.

An die Terminologie der Quellen knüpft sich aber ferner eine Frage von grundlegender Bedeutung. Die Quellen fassen unter dem Ausdrucke „*confusio*“ Erscheinungen zusammen, welche an drei verschiedenen Stellen des Systems auftreten, nämlich:

1. Das Zusammentreffen von Eigentum und dinglicher Berechtigung (speziell der Servitut).

2. Das Zusammentreffen von Forderung und Schuld,

3. Das Zusammentreffen von Hauptschuld und Bürgschaft in einer Person.

Diese Gleichheit der Terminologie für scheinbar weit auseinanderliegende Erscheinungen ist nichts Zufälliges, sondern, wie unten näher darzulegen ist, der sprachliche Ausdruck dafür, daß in allen drei Fällen dasselbe Grundprincip wirksam ist. Es ist wichtig, dies schon an dieser Stelle nachdrücklich hervorzuheben, weil die moderne Literatur diese Gemeinsamkeit des Ausgangspunktes durchweg verkannt hat. Nur zwischen der Obligationsconfusion und der Confusion dinglicher Rechte wird vielfach eine nähere Vewandtschaft statuiert, ja Identität des Princips behauptet.[5] Dagegen wird das Zusammentreffen von Bürgschaft und Hauptschuld überhaupt nicht als ein Fall der

---

funduntur“ vgl. mit l. 10 D. comm. praed. 8, 4: „*extingui servitutem*“. Wegen der Confusion der Bürgschaft infolge ihres Zusammentreffens mit der Hauptschuld: l. 93 § 2 D. de solut. 46, 3: „*Sed si reus heredem fideiussorem scripserit, confunditur obligatio*“ jct. l. 5 D. de fideiuss. 46, 1.

[4] Die Vereinigung von Nießbrauch und Eigentum in einer Hand wird in den Quellen regelmäßig als *consolidatio* bezeichnet. Nachweise s. in § 6 Note 9. Vgl. auch Friedmann, Wirkungen der *confusio* S. 3 Note 5. Ihrer rechtlichen Natur nach unterscheidet sich die Consolidation von der Confusion nicht, die Consolidation ist rechtlich Confusion, und so kommt auch der Ausdruck *confusio* für die Vereinigung von Eigentum und Nießbrauch vor: l. 4 D. usufr. quemadm. cav. 7, 9: „*Si fructuarius proprietatem adsecutus fuerit, desinit . . . usus fructus ad eum pertinere propter confusionem*“ rel.

[5] So nach dem Vorgange von Fitting, Natur der Correalobligationen S. 123, Note 17: Windscheid, Pand. II § 352, Note 3; Friedmann, Wirkungen der confusio S. 3, Schwedler, Das Erlöschen der Schuldverhältnisse S. 92.

Confusion anerkannt, sondern als „uneigentliche, unechte Confusion“ ausgeschieden.[6]

Diese Einschränkung des Gebiets der Confusion beruht auf der Idee, daß die eigentliche Confusion sich auf die Fälle reduciere, in denen Recht und Verpflichtung in einer Person zusammenkomme. Die rechtsvernichtende Wirkung der Confusion wird zurückgeführt auf die Evanescenz der als Substanz des Rechts gedachten Willensherrschaft.

Diese Formulierung des Confusionsprincips trägt in die Zeit, in der die Confusionsgrundsätze sich bildeten, Anschauungen und Begriffe hinein, die erst in einem viel weiter vorgeschrittenen Rechtszustande auftreten können, weil sie eine Verinnerlichung der juristischen Methode und eine Verfeinerung des Abstraktionsvermögens voraussetzen, die erst in langer Entwicklung errungen werden. Demgegenüber soll im folgenden der Nachweis zu liefern versucht werden, daß die grundlegenden, dem Civilrecht angehörigen Sätze der Confusionslehre durchaus im Einklang mit der Methode der alten Jurisprudenz (der interpretatio) aus äußerlich formalen Regeln entwickelt worden sind.

Im altrömischen Civilrechte spielt ein Satz eine große Rolle, dessen sich die Jurisprudenz namentlich da bedient, wo es sich um die Beurteilung der Wirkung von später eintretenden Veränderungen auf den Bestand eines Rechtsverhältnisses handelt. Es ist die Regel: *Ea, quae initio recte constiterunt, resolvuntur, cum in eum casum reciderunt, a quo non potuissent consistere (incipere).* Sie ist uns in fast gleichlautender Fassung in einer ganzen Reihe von Digestenstellen, sowie im Gaius überliefert.[7] Es wird darin der Grundsatz aufgestellt, daß ein Rechtsverhältnis untergehen müsse, wenn es in eine Lage gerate, in der es nicht hätte begründet werden können. Diese Regel ist, wie nunmehr darzulegen, von bestimmendem Einflusse auf die Gestaltung der Confusionslehre gewesen. Als rechtlich unvereinbar erscheinen

---

[6] Hasenbalg, Bürgschaft S. 657; Friedmann, Wirkungen der confusio S. 1, 71 f.; Mosler, Zur Lehre von der Confusion S. 63; Motive zum B.G.B. § 678 (II S. 678).

[7] Gai. Inst. IV. 78, l. 3 § 2 D. de his quae pro non scriptis 34, 8, l. 98 pr. D. de V.O. 45, 1 und anderwärts.

solche Eigenschaften, welche bei Begründung eines Rechtsverhältnisses auf verschiedene Personen verteilt sein müssen, damit jenes zur Entstehung gelange. Dies trifft bei allen drei Confusionsfällen zu. Denn Niemand kann für sich gegen sich selbst eine Forderung begründen, Niemand sich an seiner eigenen Sache eine Servitut oder ein Pfandrecht bestellen,[8] Niemand für sich selbst eine Bürgschaft übernehmen.[9] Vereinigen sich diese disparaten Rollen in einer Person, so folgt aus der Anwendung der obigen Regel der Eintritt der der *confusio* eigentümlichen Rechtsfolge, der Untergang des Rechtsverhältnisses. Aus dieser Einheitlichkeit des rechtlichen Gesichtspunkt erklärt sich in zufriedenstellender Weise die Einheitlichkeit der Terminologie.

Es mangelt aber auch nicht an direkten Beweisen für den inneren Zusammenhang der erwähnten Regel mit der Confusionslehre. In erster Linie gehört hierher die Begründung der in den Digesten recipierten Lehre der Sabinianer, daß die Noxalklage durch Confusion endgiltig erlischt, wenn der Beschädigte den schadenstiftenden Sklaven erwirbt und also nach dem Satze: „*noxa caput sequitur*“ zugleich die Passivlegitimation für die Noxalklage auf sich zieht. Denn der entscheidende Grund für die völlige Vernichtung, die es ausschließt, daſs die Klage bei Weiterveräußerung des Sklaven wieder auflebt, war für die Sabinianer, wie uns Gaius in den Institutionen IV. 78 berichtet, daß durch den Erwerb des Sklaven seitens des Beschädigten eine rechtliche Lage herbeigeführt worden sei, in der die *actio* nicht hätte entstehen können.[10]

---

[8] l. 45 D. de reg. iur. 50, 17: *Neque pignus neque depositum neque precarium neque emtio neque locatio rei suae consistere potest.*

[9] *Non enim intellegi posse, ut quis pro se fideiubendo obligetur*, l. 21 § 2 D. de fideiuss. 46, 1.

[10] „*Nostri praeceptores intercidere putant, quia in eum casum deducta sit, in quo consistere non potuerit.*“ „*Consistere*“ hat hier, wie der Vergleich mit l. 98 pr. D. de V.O. 45, 1 zeigt, nicht den Sinn von „bestehen“, sondern von „zu stande kommen“, vgl. auch l. 11 D. de iud. 5, 1: *quoniam nec ab initio inter nos potuit consistere.* — Nicht eine abstrakte Spekulation über die Natur des Rechts als Willensmacht, sondern ein äußerlicher, an die Voraussetzungen der Entstehung des Anspruchs anknüpfender Satz giebt also die Entscheidungsnorm ab. Diese Stelle ist von

Dieselbe Begründung finden wir in der l. 11 D. de iud. 5, 1 Ulpian lib. XII ad edict.:

„*Si a me fuerit adrogatus, qui mecum erat litem contestatus, vel cum quo ego; solvi iudicium Marcellus libro tertio digestorum scribit, quoniam nec ab initio inter nos potuit consistere.*"

Durch die Arrogation der einen Partei durch die andere ist eine juristische Personeneinheit der Litiganten herbeigeführt worden; aus der hierdurch geschaffenen Unmöglichkeit, daß ein Prozeßrechtsverhältnis zwischen ihnen begründet werden könnte, deduciert der Jurist die Notwendigkeit des Untergangs des bestehenden.

Endlich fühlt die römische Jurisprudenz überall da, wo sie eine Ausnahme von der rechtsvernichtenden Wirkung der Confusion statuiert, auch die Verpflichtung, sich mit jener Regel auseinanderzusetzen. Anlaß hierzu gab besonders der später noch näher ins Auge zu fassende Satz, daß die Servitut bestehen bleibt, wenn der Eigentümer des herrschenden Grundstücks Miteigentümer des dienenden Grundstücks wird, oder umgekehrt der Eigentümer des dienenden Miteigentümer des herrschenden. An sich liegt ja auch hier insoweit eine Vereinigung rechtlich disparater Eigenschaften vor, als das Eigentum am herrschenden und am dienenden Grundstück in einer Hand zusammentrifft. Streng genommen müßte also nach jener Regel die Dienstbarkeit erlöschen, und wenn die rechtsvernichtende Wirkung nicht eintritt, so schließt dies nicht nur eine Ausnahme von der gewöhnlichen Rechtsfolge der Confusion, sondern zugleich eine Ausnahme von der Regel in sich, nach der ein Rechtsverhältnis untergehen muß, wenn es in eine Lage gerät, in der es nicht hätte begründet werden können; auf Letzteres macht Paulus in der l. 140 § 2 D. de V. O. 45, 1 ausdrücklich aufmerksam.[11]

Lefebre, dem Einzigen, der meines Wissens die Frage nach dem Zusammenhang unserer Regel mit der Confusionslehre streift (speziell im Hinblick auf die Regel der l. 140 § 2 D. de V.O. 45, 1: „*placet extingui obligationem, si in eum casum inciderit, a quo incipere non potest*") und sie mit meines Erachtens nicht durchschlagenden Gründen in verneinendem Sinne entscheidet (De la confusion S. 23), nicht beachtet worden.

[11] l. 140 § 2 D. de V.O. 45, 1: „*Etsi placeat extingui obligationem, si*

Gegen den hier behaupteten Zusammenhang der obigen Regel mit der Entwicklung der Confusionslehre könnte jedoch ein Einwand erhoben werden, der noch beseitigt werden muß.

Wie uns Gaius in den Institutionen IV. 78 berichtet, war nämlich die obige Regel nicht unbestritten, sondern Gegenstand eines Schulstreits zwischen Sabinianern und Proculianern.[12] Nun könnte eingehalten werden, dafs die bestrittene Regel „*ea quae initio*" nicht wohl die Quelle der unbestrittenen Confusionsgrundsätze gewesen sein könne. Hierauf ist Folgendes zu erwiedern: Die Regel „*ea quae initio*" etc. weist in ihrer formelhaften Fassung auf ein hohes Alter hin,[13] und trägt außerdem insofern die Signatur der republikanischen Jurisprudenz an sich, als sie das dieser eigene Bestreben zeigt, Begründung und Aufhebung eines Rechtsverhältnisses in organische Beziehung zu bringen. Dieselbe sinnliche Anschauung, welche sich besonders in dem von Ihering, Geist des römischen Rechts II S. 625 f. in klassischer Weise entwickelten Prinzip der Korrespondenz der Form des Begründungs- und Aushebungsaktes zeigt, findet sich hier angewendet auf die materiellen Existenzbedingungen des Rechtsverhältnisses.[14]

---

in eum casum inciderit, a quo incipere non potest, non tamen hoc in omnibus verum est. ecce stipulari viam iter actum ad fundum communem socius non potest, et tamen si is, qui stipulatus fuerat, duos heredes reliquerit, non extinguitur stipulatio. et per partem dominorum servitus adquiri non potest, adquisita tamen conservatur et per partem domini: hoc evenit, si pars praedii servientis vel cui servitur alterius domini esse coeperit."

[12] Gaius Institutionen IV, 78: . . . „*nostri praeceptores intercidere putant, quia in eum casum deducta sit, in quo consistere non potuerit, ideoque, licet exierit de mea potestate, agere me non posse; diversae scholae auctores, quamdiu in mea potestate sit, quiescere actionem putant, quia ipse mecum agere non possum, cum vero exierit de mea potestate, tunc eam resuscitari.*"

[13] Über Rechtsregeln und Regularjurisprudenz vgl. Jörs, Röm. Rechtswissenschaft z. Zt. d. Republik Bd. I S. 289—313.

[14] Jhering freilich will a. a. O. (s. auch Note 862a daselbst) die Korrespondenz zwischen Entstehung und Untergang des Rechts auf das formelle Gebiet beschränken und bezeichnet es als einen mißglückten Versuch späterer Juristen, dem erwähnten Gedanken eine „materielle Wahrheit" zu vindicieren. Jedoch ist zu beachten, daß er hierbei nicht unsere, sondern die weit speciellere und allerdings schon nach ihrer Fassung in erster

Hiernach ist es in hohem Grade wahrscheinlich, daß die Sabinianer nicht den Satz neu aufgebracht haben, sondern seine früher unbestrittene Geltung den Proculianern gegenüber verteidigten. Auch handelte es sich bei den Proculianern nicht um die Verwerfung der Regel schlechthin; sie erkannten ihr nur nicht, wie die Sabinianer, den Rang eines unverbrüchlichen Axioms zu und trugen deshalb kein Bedenken, ihr die Anerkennung überall da zu versagen, wo sie zu praktisch unbrauchbaren Resultaten führte.[15] Ist dies richtig, so hatten die Proculianer keinen Anlaß, an den Grundlagen der Confusionslehre zu rütteln. Dagegen läßt sich von vornherein vermuten, daß sie infolge ihrer freieren Stellung der erwähnten Regel gegenüber in höherem Grade geneigt sein mochten, Ausnahmen von der rechtsvernichtenden Wirkung der Confusion anzunehmen. Wie unten darzulegen, war dies in der That der Fall, womit zugleich ein neuer Beleg für den inneren Zusammenhang unserer Regel mit der Entwicklung der Confusionslehre beigebracht ist.

Linie auf die formellen Voraussetzungen der Begründung und Aufhebung der Rechte zugeschnittene Regel „*Nihil tam naturale est quam eo genere quidque dissolvere, quo colligatum est*“ (l. 35 D. de R. I. 50, 17) im Auge hat. Ferner aber dürfte für die Anwendung dieser Regel auf die materiellen Existenzbedingungen des Rechts doch nicht ausschließlich die spätere Jurisprudenz verantwortlich sein, denn eine solche Anwendung des Gedankens findet sich schon in der von Jhering a. O. nicht beachteten l. 31 D. de S. P. R. 8, 3 (Julian ex Minicio). Wie dem auch sein mag, jedenfalls bezieht sich die hier in Betracht kommende Regel „*ea, quae initio*“ etc., welche Jhering nicht erwähnt, gerade auf die materiellen Existenzbedingungen der Rechtsverhältnisse.

[15] Einige Beispiele mögen dies beweisen. Nach dem Satze „*ea quae initio*“ etc. würde der Bürge frei werden, wenn der Hauptschuldner stirbt, ohne einen Erben zu finden. Denn die Hauptschuld existiert nicht mehr und ohne solche kann die Bürgschaft nicht begründet werden. Gleichwohl wird die Fortdauer der Bürgschaft angenommen. Diese Entscheidung geht auf Labeo zurück (cf. l. 1 § 14 D. depos. 16, 3 am Ende.) Ferner: Das *peculium*, welches einem Sklaven überlassen worden ist, besteht fort, trotzdem der Herr in Wahnsinn verfällt, oder mit Hinterlassung eines Unmündigen als Erben stirbt, während in diesen Fällen das *peculium* nicht hätte eingeräumt werden können. Urheber dieses Satzes ist ein anderes Haupt der procnlianischen Schule: Celsus, s. l. 7 pr. § 1 D. de peculio 15, 1. Auf der gleichen Ignorierung der sabinianischen Regel beruht die

Aus den vorstehenden Ausführungen ergiebt sich vor allem die Einheitlichkeit des die drei Confusionsarten beherrschenden Grundprinzips. Hierdurch wird natürlich nicht ausgeschlossen, daß die einzelnen Confusionsarten daneben der Einwirkung ihnen eigentümlicher Rechtsgedanken unterliegen, ja infolge des Waltens des historischen Gesetzes der Differenzierung tritt dies geradezu mit Notwendigkeit ein. Die Gemeinsamkeit des Ausgangspunktes bleibt trotzdem unverkennbar und zeigt sich vor allem in der Gleichartigkeit der in den Quellen herrschenden Auffassung über die Natur der *confusio* als Rechtstilgungsaktes.

Die *confusio* gehört nach der Auffassung der römischen Juristen dem Civilrechte an, denn ihre Quelle ist das Civilrecht im engsten Sinne, die interpretatio der republikanischen Jurisprudenz.[16] Es folgt daraus vor allem, daß sie auf die dem Civilrecht angehörigen Rechtsverhältnisse unmittelbare Anwendung findet, sie *ipso iure* tilgt.[17] Hiermit hängt es zusammen, daß die Erörterungen über die Wirkung der *confusio* in den Quellen durchgängig in Verbindung mit der Darstellung altcivilrechtlicher Institute auftreten. Besonders auffällig ist dies bei den dinglichen Rechten. Dort finden sich die in die Confusionslehre einschlagenden Sätze in kompakten Massen in den die Prädialservituten und den Ususfrukt betreffenden Titeln, während bei der Erörterung des Pfandrechts der Ausdruck „*confusio*“ für die Vereinigung von Pfandrecht und Eigentum in einer Hand geflissentlich vermieden wird.[18]

Denn das Pfandrecht ist als dingliches Recht (nicht als Besitzpfand), prätorische Schöpfung und für die Frage, ob es als ding-

---

in l. 98 § 8 D. de solut. 46, 3 referierte Meinung des Celsus, daß ein den Gegenstand einer Obligation bildender Sklave, welcher von seinem Herrn freigelassen worden ist, für den Fall, daß er in die Sklaverei zurückfällt, wieder kraft der ursprünglichen Forderung in Anspruch genommen werden kann.

[16] l. 2 §§ 5, 12 D. de orig. jur. 1, 2.

[17] Servituten: l. 30 pr. D. S. P. U. 8, 2, l. 27 D. S. P. R. 8, 3, l. 1 D. quemadm. serv. amitt. 8, 6, speciell Ususfrukt: l. 78 pr. de iure dot. 23, 3, l. 4 D. usufr. quemadm. cav. 7, 9, Obligatio: l. 21 § 1 D. de lib. leg. 34, 3, l. 50 D. de fideiuss, 46, 1, Bürgschaft: l. 93 § 2 D. de solut. 46, 3.

[18] Vgl. übrigens auch Jhering, Geist II. § 39 S. 341.

liches Recht beim Zusammentreffen mit dem Eigentume in einer Hand erlischt, ist nicht jener civilrechtliche Formalsatz, sondern die Frage entscheidend, ob noch ein berechtigtes Interesse des Eigentümers an der Gewährung der Pfandklage vorhanden ist.[19]

Ein ausdrückliches Zeugnis für die civile Natur der *confusio* enthält die l. 107 D. de solut. 46,3:

„*Verborum obligatio aut naturaliter resolvitur, aut civiliter: naturaliter veluti solutione, aut cum res in stipulationem deducta sine culpa promissoris in rebus humanis esse desiit: civiliter veluti acceptilatione, vel cum in eandem personam ius stipulantis promittentisque devenit.*“

Man hat oft daran Anstoß genommen, daß hier die *confusio* als civile Tilgungsart der Verbalobligation mit der *acceptilatio* zusammengestellt wird[20] und um das unbequeme Zeugnis unserer Stelle zu beseitigen, selbst zu einer Emendation seine Zuflucht

---

[19] Daher wirft Paulus in der bekannten l. 30 § 1 D. de exc. rei iud. 44, 2 zwar die Frage auf: *numquid pignoris ius extinctum sit dominio adquisito?* und spielt auf den nach Civilrecht vorliegenden Erlöschungsgrund an: „*Neque enim potest pignus perseverare domino constituto creditore*“ (*scil. quia nec ab initio potuit consistere*) er geht aber darüber einfach hinweg, weil nicht der Pfandbesitz, sondern das dingliche Recht in Frage steht und dieses auf dem prätorischen Schutz, der Gewährung der Pfandklage beruht. In dieser Unterscheidung berührt sich die hier vertretene Auffassung der Stelle mit Bachofens bekannter Erklärung derselben (Das römische Pfandrecht S. 86), die wohl mehr Anklang gefunden haben würde, wenn der genannte hervorragende Schriftsteller sich mit der Betonung der entscheidenden Bedeutung der Pfandklage für den Inhalt des Pfandrechts begnügt hätte und nicht darüber hinweg zu einem nicht haltbaren Angriffe auf die Auffassung des Pfandrechts als *ius in re* überhaupt vorgeschritten wäre. Vgl. auch die Erörterung des Fragments in § 4.

[20] Vgl. Erman, Zur Geschichte der römischen Quittungen und Solutionsakte S. 76, Note 1 am Ende; Friedmann, Wirkungen der confusio S. 38; Schwanert, Naturalobligation S. 403, Note 38: „Die Wirkung der confusio gründet sich nicht, wie v. Savigny Syst. V, S. 393 sagt, auf das subtile Civilrecht, sondern folgt aus dem Wesen der obligatio, selbst der klaglosen“. Dagegen wird die civile Natur der *confusio* (übrigens durchgehends ohne nähere Begründung) anerkannt von v. Savigny, Syst. V S. 393, Fitting, Natur d. C.O. S. 122, Brinz, Pand. II, § 289 Note 25, Fuchs, Arch f. d. civ. Prax. Bd. 34, S. 118 und neuestens von Karlowa, Röm. R.-G. II, S. 825.

genommen, für die es an jeder Grundlage fehlt.[21] In Wahrheit ist der Einteilungsgrund des Juristen ziemlich durchsichtig und auf Grund der vorstehenden Erörterungen leicht verständlich. Es empfiehlt sich daraufhin die Stelle im Zusammenhang zu betrachten.

Bloß naturaler Tilgungsgrund der Verbalobligation ist die Zahlung um deswillen, weil die Verbalobligation ursprünglich nach Civilrecht zufolge dem Gesetz des *contrarius actus* nur durch das Widerspiel der *stipulatio*, die *acceptilatio* gelöst werden konnte.[22]

Nachdem dann die Zahlung vom Civilrecht auch der Verbalobligation gegenüber mit *ipso iure* Wirkung ausgestattet worden ist, bleibt ihr die Bezeichnung natural mit Rücksicht darauf, daß das Civilrecht bloß die durch die natürliche Bestimmung der Zahlung gebotene Rechtsfolge anerkannt, nicht selbstschöpferisch sie hervorgebracht hat.[23] Ähnlich beruht die Bezeichnung „natural“ bei dem Untergange des Leistungsgegenstandes ohne Schuld des Verpflichteten auf der Vorstellung, daß hierin die rechtliche Wirksamkeit bereits soweit vorgebildet ist, daß die Rechtsordnung nichts weiter zu thun braucht, als sie als natürliche Folge zu sanktonieren.[24]

Umgekehrt beweist die Einreihung der *confusio* in die Kategorie der civilen Rechtsaufhebungsgründe, daß noch die classische

---

[21] Friedmann, a. a. O. Note 2, welcher lesen will: *naturaliter, veluti cum in eandem personam ius stipulantis promittentisque devenit aut cum res .. etc.: civiliter, veluti solutione vel acceptilatione.*

[22] Vgl. hierzu besonders die Ausführungen von Fitting, a. a. O. S. 44 Note 50, ferner Jhering, Geist des röm. R. II, § 47b, S. 627, Hartmann, Die Obligation S. 29 Note 9, Erman, a. a. O., Frese, Zur Geschichte der Quittung in der Zeitschr. d. Sav.-Stiftung für R.G. Bd. 18, S. 242.

[23] Sprachlich und sachlich parallel mit dieser Erscheinung geht es, wenn eine Reihe von Obligationen, die nach Brinz, Pandekten II, § 219 S. 41 „wenig *ius* aber viel Natur an sich haben“ (wie *mutuum emtio venditio etc.*) auch nach ihrer Reception im Civilrecht, nachdem sie also mit einer *actio* ausgestattet worden sind, die Bezeichnung „naturale Obligation“ beibehalten; so wird z. B. in l. 126 § 2 D. de VO. 45, 1 die durch Zahlung begründete Dahrlehnsobligation als „naturalis“ der regelmäßig darüber geschlossenen Stipulation als „civilis“ entgegengesetzt. Vgl. auch l. 16 § 4 D. de fideiuss. 46, 1, l. 15 D. de cond. ind. 12, 6.

[24] Vgl. Leist, naturalis ratio S. 13 f 16 f., Regelsberger Pand. I § 12 S. 68 f., ferner das „natura intercidere“ in l. 14 § 1 D. depos. 16, 3.

Jurisprudenz die Steigerung der infolge des Zusammentreffens heterogener rechtlicher Eigenschaften in einer Person naturgemäß sich herausstellenden Wirkungslosigkeit des Rechts zu völliger Rechtsvernichtung nicht als das schlechthin Natürliche, sondern als positive Disposition des Civilrechts auffaßt.[24a]

Für die moderne Auffassung ist dies nur deshalb befremdlich, weil wir gewohnt sind, mit dem erst der neuesten Zeit angehörigen Begriffe des subjektiven Rechts als einer Willensmacht zu operieren und somit die rechtsvernichtende Wirkung der Vereinigung als etwas von der *naturalis ratio* Gefordertes anzusehen. Denken wir uns einen derartig vergeistigten Rechtsbegriff hinweg, so bedarf es, um der Vereinigung einen direkten Einfluß auf die civilrechtlichen Rechtsverhältnisse zu verschaffen (nämlich die Wirkung der Rechtsvernichtung, nicht bloß thatsächlicher Unmöglichkeit der Ausübung) einer besonderen That des Civilrechts, die in der Anwendung der altcivilen Rechtsregel: *„ea, quae initio recte constiterunt, resolvuntur, cum in eum casum reciderunt, a quo non potuissent incipere“* auf den Fall der Vereinigung rechtlich incompatibeler Eigenschaften in einer Person gefunden worden ist. Überdies lag gerade bei der Confusion noch ein besonderer Grund vor, ihre civile Natur besonders hervorzuheben. Es zeigte sich nämlich sehr bald, daß gerade bei ihr die Aequitas in weitem Umfange die Ausgleichung der rechtsvernichtenden Wirkung (mittelst Restitution, Gewährung einer *exceptio doli*, Supposition einer anderen Klage an Stelle der confundierten) verlangte.[25] Diese permanente korrektorische Thätigkeit der Aequitas erscheint verständlich einem auf dem *rigor iuris* beruhenden Rechtsinstitute gegenüber, nicht aber einem solchen gegenüber, dessen Sätze aus der Natur der Sache entspringen sollen. Insofern ist die erwähnte Auffassung der *confusio* als civilrechtlichen Rechtsinstituts von nicht zu unterschätzender Bedeutung für die Ausgestaltung der Confusionslehre gewesen.[26]

[24a] Vgl. auch § 5 Note 1 am Ende.

[25] Im Einzelnen vgl. den Schluß des § und den § 9.

[26] Hierauf beruht eine bemerkenswerte Verschiedenheit desjenigen Befreiungsgrundes, der von der modernen Litteratur gern mit der confusio zusammengestellt wird, der unverschuldeten Unmöglichkeit der Leistung. Sie

Die vorstehend erörterten Grundgedanken sind nunmehr bei den einzelnen Arten der Confusion zu verfolgen. Hierbei wird sich zugleich herausstellen, wieweit die einzelnen Confusionsarten von besonderen Rechtsgedanken beherrscht werden.

I. Die Obligationsconfusion. Die Wirkung der Obligationsconfusion wird von der späteren römischen Jurisprudenz mit Vorliebe mit der Zahlung verglichen.[27] Dies enthält keinen Widerspruch mit der obigen Darstellung über den Grund der Confusionswirkung, denn mit den erwähnten Vergleiche soll keineswegs Identität der wirkenden Ursache bei beiden Rechtsaufhebungsgründen behauptet werden; im Gegenteil. Da beide hinsichtlich ihrer Wirkungen nur verglichen werden, da diese sich überdies anerkanntermaßen nicht durchgehends decken,[28] da endlich infolge der Confusion eine Zahlung im Rechtssinne sogar unmöglich wird,[29] so erhellt, daß die Vernichtung der Obligation bei der Confusion auf einem anderen Grunde beruhen muß, als bei der Zahlung. Es ist das Zusammentreffen rechtlich unvereinbarer Eigenschaften in einer Person, deren Unvereinbarkeit freilich, wie oben dargelegt, von der alten Jurisprudenz auf den äußerlichen Grund gestellt wird, daß Niemand gegen sich selbst eine Forderung begründen kann.[29a]

Übrigens ist noch ein anderes historisches Moment als wichtiger Faktor für die Ausbildung der rechtsvernichtenden Wirkung der Confusion anzusehen: die Unübertragbarkeit der Obligation unter Lebenden. Denn hiernach war die einmal durch Erbgang herbei-

---

befreit stets und unbedingt, während mit der formellen Rechtsvernichtung, welche die *confusio* im Gefolge hat, die Verpflichtung zur Wiederherstellung des Rechts verbunden sein kann. Vgl. auch Brinz, Pand. II, § 289, S. 438, Note 25.

[27] „*confusione perinde extinguitur obligatio ac solutione*“ (l. 21 § 1 D. de lib. leg. 34, 3), „*pro solutione cedit*“ (l. 95 § 2 D. de solut. 46, 3), „*solutionis potestate*“ (l. 50 D. de fideiuss. 46, 1), vgl. auch das „*prius solvo*“ in Quintilians declamatio 273 (Bibliotheca classica Latina Tom. VI, p. 127).

[28] l. 71 pr. D. de fideiuss. 46, 1, l. 61/59 pr. D. ad SC. Treb. 36, 1, l. 95 § 8 D. de solut. 46, 3.

[29] Vgl. hierüber unten § 10.

[29a] Vgl. das „*quoniam ex persona sua sibi filius obligari non potest*“ der l. 11 D. de leg. I (30).

geführte Vereinigung der Gläubiger- und Schuldnerrolle in einer Person unlöslich. Die Frage aber, ob die Obligation trotz Vereinigung von Forderung und Schuld in einer Person in ruhendem Zustande fortzudauern fähig ist, gewinnt ein erheblicheres praktisches Interesse erst dann, wenn an sich die Möglichkeit einer Succession in das Obligationsverhältnis und damit des späteren Wiederauseinandertretens der Rollen des Gläubigers und des Schuldners vorliegt.

Nur eine Gruppe von Fällen gab es, in denen schon nach römischem Rechte infolge der Eigenart des obligatorischen Rechtsverhältnisses solches Wiederauseinandertreten von berechtigtem und verpflichtetem Subjekt nach geschehener Vereinigung stattfinden konnte: Die Fälle der Noxalklage, wo der Satz: „*noxa caput sequitur*“ die Passivlegitimation gegenüber der Noxalklage (solange die Litiskontestation nicht vollzogen ist, s. l. 37 D. de nox. act. 9, 4), auf den jeweiligen Erwerber des schadenstiftenden Sklaven überträgt. Denn hier stellt sich, wenn der Beschädigte selbst den Sklaven erwirbt und ihn später wieder veräußert, die Frage ein, ob die Noxalklage mit der Wirkung wieder auflebt, daß der neue Erwerber in Anspruch genommen werden kann. Daher ist es kein Zufall, daß gerade hier die oben bei Note 10 (S. 9) erörterte Differenz der Juristenschulen über die Art der Confusionswirkung zu Tage tritt.

II. Die Confusion dinglicher Rechte. Wie schon oben hervorgehoben, erörtern die Quellen die Confusionsgrundsätze speciell in Verbindung mit der Servitutenlehre. Hier, wo es ausschließlich auf die Erkenntnis der römischrechtlichen Grundlagen der Confusionslehre ankommt, werden daher die darauf bezüglichen Sätze in erster Linie ins Auge gefaßt werden. Die Quellen gründen die rechtsvernichtende Wirkung der Vereinigung von Eigentum und Servitutberechtigung in einer Person auf den Satz: „*Nulli res sua servit*“ (l. 26 D. S. P. U. 8, 2, vgl. l. 31 D. S. P. R. 8, 3), der auch in der Fassung: „*Nemo sibi ipse servitutem debet*“ (l. 10 D. comm. praed. 8,4) vorkommt. Wir haben es auch hier mit einer aus dem mehrerwähnten altcivilen Formalsatz „*ea quae initio recte constiterunt, resolvuntur, si in eum casum reciderunt a quo non potuissent incipere*“ gezogenen Consequenz zu thun. Denn Niemand kann für sich an seiner eigenen Sache eine Servitut begründen, und folglich muß nach jener Regel die begründete bei der Vereinigung mit dem Eigentum in einer Hand erlöschen. Aber die bei der Obligationsconfusion erträgliche Alleinherrschaft jenes Satzes ist bei der Confusion dinglicher Rechte ausgeschlossen. Hierin tritt ein tiefgreifender Unterschied zwischen beiden Confusionsarten zu Tage.

Während bei der Obligationsconfusion in der Person des Gläubigers und Schuldners direkt gegensätzliche Qualitäten aufeinandertreffen, besteht zwischen der Eigenschaft des Eigentümers und des dinglich Berechtigten ein Gegensatz von dieser Schärfe nicht. Abstrahiert man hier von dem Gedanken, die genannten Eigenschaften um deswillen für rechtlich unvereinbar anzusehen, weil sie in einer Person nicht von vorn herein begründet werden können, so erscheint der Untergang der dinglichen Berechtigung beim Zusammentreffen mit dem Eigentume nur soweit gerechtfertigt, als ihr Inhalt im Eigentum ohne Rest aufgeht, der Eigentümer also als solcher alle Befugnisse hat, die ihm kraft des erworbenen dinglichen Rechts zustehen würden. Dies ist keineswegs immer der Fall.[30]

Dann spricht das Interesse des Eigentümers dafür, das dingliche Recht im Widerspruch mit dem civilrechtlichen Formalprinzip (ich bezeichne es als Prinzip der Initialrückziehung) aufrecht zu erhalten. In der That hat das römische Recht kein Bedenken getragen, im Interesse des Eigentümers das formale Confusionsprincip an einzelnen Punkten zu durchbrechen. Dies geschieht aber keineswegs in der Weise, daß das Interesse des Eigentümers an der Erhaltung des dinglichen Rechts als allgemeiner Grund für den Ausschluß der Confusionswirkung aufgestellt würde. Vielmehr setzt die Entwicklung zunächst nur an einem einzigen Punkte ein, wo ein Interesse des Eigentümers besonders stark hervortrat, und die Einschränkung kleidet sich ihrerseits, bezeichnend für die Methode der alten Jurisprudenz, in eine Rechtsregel, die, nicht minder einseitig und formal gefaßt, als das Princip der Initialrückziehung, letzterem entgegentritt: Es ist der Satz: „*Servitus per partes retinetur*".

---

[30] Die nähere Ausführung dieses Satzes gehört in den § 4.

Die strikte Durchführung des die Confusion beherrschenden Grundprincips würde zu der Konsequenz führen, daß jede Servitut dadurch verloren ginge, daß der Eigentümer des herrschenden Grundstücks zu einem Teile, und sei es selbst zum kleinsten, Miteigentümer des dienenden Grundstücks, oder umgekehrt, der des dienenden, Miteigentümer des herrschenden Grundstücks würde.[31] Nun gewährt aber die Servitut dem Miteigentümer unter Umständen ein weiter gehendes Recht der körperlichen Einwirkung auf die gemeinsame Sache, als sein Miteigentum. Vermöge der Dienstbarkeit kann der Eigentümer des herrschenden Grundstücks bei der Benutzung des nur in seinem Miteigentum stehenden dienenden Grundstücks sein Interesse innerhalb der durch die Servitut bestimmten Schranken voll walten lassen, während er als Miteigentümer mit der *actio communi dividundo* nur solche Veränderungen des Grundstücks erzwingen kann, welche nicht nur in seinem, sondern zugleich im Interesse des Miteigentümers gelegen sind. Es liegt daher ein erhebliches praktisches Interesse vor, die Servitut beim Zusammentreffen mit dem Miteigentum zu erhalten. Diesem Interesse zu dienen ist der Satz: „*Servitus pro parte* (*per partes*) *retinetur*“ bestimmt. Er bedeutet, daß der Inhaber der Servitut sie dadurch, daß er einen ideellen Teil des dienenden Grundstücks, oder umgekehrt, der Eigentümer des dienenden Grundstücks einen ideellen Teil des herrschenden Grundstücks erwirbt, nicht verliert. Hieraus ergiebt sich zugleich eine dem Satze anhaftende Beschränkung. Er greift nur dann durch, wenn der Eigentumserwerb der Miteigentümer zeitlich auseinanderfällt, weil nur in diesem Falle dem einen Miteigentümer eine Servitut schon vor der Begründung des Miteigentums gegen den anderen Miteigentümer zustehen und also „*retiniert*“ werden kann. Er greift nicht durch bei gleichzeitigem Erwerbe des Miteigentums. Hierdurch löst sich die scheinbare Antinomie zwischen l. 30 § l. D. S. P. U. 8, 2 und l. 34 pr. D. S. P. R. 8, 3 einerseits und l. 27 D. S. P. R. 8, 3 andererseits.

l. 30 § 1 D. S. P. U. 8, 2. Paulus lib. XV. ad Sabinum:

[31] Auf diese Konsequenz hat zuerst Hartmann, Jahrbücher f. Dogmatik XVII, S. 93, hingewiesen.

Si partem praedii nactus sim, quod mihi aut cui ego serviam, non confundi servitutem placet, quia pro parte servitus retinetur. itaque si praedia mea praediis tuis serviant et tuorum partem mihi et ego meorum partem tibi tradidero, manebit servitus. item usus fructus in alterutris praediis adquisitus non interrumpit servitutem.

l. 34 pr. D. S. P. R. 8, 3. Papinianus lib. VII quaestionum: *Unus ex sociis fundi communis permittendo ius esse ire agere nihil agit: et ideo si duo praedia, quae mutuo serviebant, inter eosdem fuerint communicata, quoniam servitutes pro parte retineri placet, ab altero servitus alteri remitti non potest: quamvis enim unusquisque sociorum solus sit, cui servitus debetur, tamen quoniam non personae, sed praedia deberent, neque adquiri libertas neque remitti servitus per partem poterit.*

l. 27 D. S. P. R. 8, 3. Julianus lib. VII. dig.: *Si communi fundo meo et tuo serviat fundus Sempronianus et eundem in commune redemerimus, servitus extinguitur, quia par utriusque domini ius in utroque fundo esse incipit. at si proprio meo fundo et proprio tuo idem serviat, manebit servitus, quia proprio fundo per communem servitus deberi potest.*[32]

In den beiden ersten Fragmenten hat jedes der beiden durch Servituten verbundenen Grundstücke zuerst im Alleineigentum der späteren Miteigentümer gestanden, vor dem Eintritte der Eigentumsverschiebung stand daher jedem der späteren Miteigentümer eine Dienstbarkeit gegen den andern bereits zu und konnte folglich ihm gegenüber durch den verbleibenden Anteil am herrschenden Grundstück retiniert werden. Dagegen faßt der erste Satz des Fr. 27 S. P. R. einen Fall ins Auge, in dem die bestehende Servitut nicht den Miteigentümern gegen einander zustand, sondern einem Dritten gegen beide, und in dem beide das Eigentum des herrschenden Grundstücks gleichzeitig erwerben, folglich keiner im Verhältnis zum anderen früher servitutberechtigt war.

Es ergiebt sich hieraus, daß die Wirksamkeit des Satzes: „*Servitus pro parte retinetur*" hinter dem oben entwickelten

---

[32] Vgl. über die verschiedenen Ansichten: Hartmann, Jahrb. f. Dogm. XVII, S. 92 f., Scheurl, Beiträge I, S. 61 f., Steinlechner, Wesen der iuris communio II, § 42, S. 232 f., Rümelin, Teilung der Rechte, S. 136.

materiellen Rechtsgedanken zurückbleibt. Er hält keineswegs in allen Fällen, in denen im Servitutenverbande stehende Grundstücke zu ideellen Teilen in die Hände der nämlichen Eigentümer geraten, die Dienstbarkeit aufrecht; er verhindert vielmehr nur, daß derjenige, welcher im Besitze einer Servitut war, sie dadurch verliert, daß er zu demjenigen, gegen welchen sich die Servitut richtete, in das Verhältnis eines Miteigentümers tritt.[33]

III. Bürgschaftsconfusion. Eine ähnliche Funktion wie der Satz: „*Servitus pro parte retinetur*" für die Servitutenconfusion versieht beim Zusammentreffen von Bürgschaft und Hauptschuld die Regel, daß die Bürgschaftsobligation nicht untergeht, wenn sie „*plenior*" ist als die Hauptschuld. Bürgschaft und Eigenschuld sind an sich unverträglich, denn „*non intelligi potest, ut quis pro se fideiubendo obligetur*".[34]

Der obige Satz schränkt dieses Princip ein, aber infolge einer streng auf rechtlichem Boden sich haltenden Deutung des Ausdrucks „*plenior*" ist auch diese Regel nicht entfernt im stande, die Bürgschaft in allen Fällen, wo es dem Äquitätsstandpunkt entspräche, vor dem Untergange durch Confusion zu schützen; bezeichnend für die engen Schranken, in welche der Begriff der Pleniorität gebannt ist, ist der Umstand, daß der einzige sicher nachweisbare Fall, in dem die Quellen die Bürgschaft als *plenior* auffassen, die Konkurrenz einer civilrechtlich giltigen Bürgschaft mit einer bloß naturalen Hauptschuld ist.[35] In jedem andern Falle geht die Bürgschaft nach Civilrecht selbst dann durch Confusion zu Grunde, wenn sie, etwa dadurch, daß sie durch Pfandrecht oder Afterbürgschaft gesichert ist, oder dadurch, daß der Hauptschuldner, nicht aber der Bürge, *restitutio in integrum* erlangen kann, dem Gläubiger rechtliche Vorteile bietet, welche

---

[33] Auf einem ähnlichen Princip beruht die Entscheidung der l. 31 D. S. P. R., 8, 3, cf. Buchka, Hypothek des Eigtr. S. 26 f., Jhering, Jahrb. f. Dogmatik. X, S. 450, Friedmann, Wirkungen der confusio S. 7, 8, während die Begründung der l. 15 D. qu. serv. amitt. 8, 6 mit der Betonung des materiellen Gesichtspunktes für den Fortbestand der Servitut auf eine vorgeschrittenere Stufe der Entwickelung hinweist.

[34] cf. l. 21 § 2 D. de fideiuss. 46. 1.

[35] l. 21 § 2 D. de fideiuss. 46, 1, l. 95 § 3 D. de solut. 46, 3.

ihm die Hauptschuld nicht gewährt.[36] Um so mehr greift natürlich das formale Confusionsprincip durch, wenn die Vorteile, die sich im Vergleiche mit der Hauptschuld für den Gläubiger an die Bürgschaft knüpfen, faktischer, nicht rechtlicher Natur sind, etwa höhere Solvenz des Bürgen.[37] Nach allem ist die Anschauung abzuweisen, als habe die Aufgabe der römischen Juristen der Confusion gegenüber nur darin bestanden, die durch die Natur der Sache gegebenen Sätze zu sanktionieren. Die Confusionslehre des *ius civile* ist vielmehr ein ziemlich kompliziertes Werk der römischen Jurisprudenz und enthält weit mehr positivrechtliche Bestandteile, als man angesichts des Umstandes, daß der letzte Grund für die rechtsvernichtende Wirkung der *confusio* in einer an die formale Seite des Rechts anknüpfenden logischen Erwägung zu suchen ist, vermuten sollte.

Einen ferneren Beleg für diese Auffassung liefert dasjenige, was uns über einen Schulgegensatz zwischen Sabinianern und Proculianern in der Confusionslehre überliefert wird.

So wenig dies auch ist, so reicht es doch hin, um uns erkennen zu lassen, daß die einzelnen Differenzen auf einer verschiedenen Wertung des formalen Confusionsprincips durch beide Schulen beruhen. Wie bereits oben ausgeführt, suchen die Sabinianer auf dem Gebiete des Civilrechts den Satz: „*Ea, quae initio recte constiterunt, resolvuntur, cum in eum casum reciderunt, a quo non potuissent incipere*“ als durchgreifendes Axiom zur Geltung zu bringen, während die Proculianer ihm gegenüber eine freiere Stellung einnehmen und sich nicht scheuen, ihm die Anwendung überall da zu versagen, wo höhere Interessen den Fortbestand des Rechtsverhältnisses fordern.[38] Hierauf ist zunächst

---

[36] Arg. l. 38 § 5 D. de solut. 46, 3. African. lib. VII quaest.: *Qui pro te apud Titium fideiusserat, pignus in suam obligationem dedit: post idem heredem te instituit. quamvis ex fideiussoria causa non tenearis, nihilominus tamen pignus obligatum manebit. at si idem alium fideiussorem dederit atque ita heredem te instituerit, rectius existimari ait sublata obligatione eius, pro quo fideiussum sit, eum quoque qui fideiusserit liberari.* l. 95 § 3 D. de solut. 46, 3. Näheres darüber s. in § 5.

[37] Vgl. aber auch unten S. 26.

[38] Belege s. in Note 15.

die schon erwähnte verschiedene Stellung beider Schulen in der Frage zurückzuführen, ob die *actio noxalis* dadurch, daß der Beschädigte das Eigentum des schadenstiftenden Sklaven erwirbt, definitiv erlischt, oder ob sie nur ruht, und daher wieder auflebt, wenn das Eigentum in die Hand eines Dritten übergeht. Die Sabinianer vertreten die einschneidendere Wirkung der *confusio,* indem sie dauernde Vernichtung annehmen, während die Proculianer für das Wiederaufleben der Noxalklage sind, wenn der Klagberechtigte den Sklaven seinerseits weiter veräußert.[39]

In ähnlicher Weise ergiebt sich eine freiere Stellung der Proculianer dem formalen Confusionsprinzip gegenüber aus den Fragm. Vaticana § 83: *Non solum autem si duobus do lego usus fructus legetur, erit ius adcrescendi, verum et si alteri usus fructus, alteri proprietas; nam amittente usum fructum altero, cui erat legatus, magis iure adcrescendi ad alterum pertinet, quam redit ad proprietatem. nec novum; nam et si duobus usus fructus legetur et apud alterum sit consolidatus, ius adcrescendi non perit nec ei, apud quem consolidatus est, neque ab eo, et ipse, quibus modis amitteret ante consolidationem, iisdem et nunc ipso quidum iure non amittet, sed praetor, secutus exemplum iuris civilis utilem actionem dabit fructuario; et item Neratio et Aristoni videtur et Pomponius probat. quamquam Julianus libro XXXV digestorum scribat ipsi quidem ius adcrescendi competere, non vero fructuario ab eo.* Als Gewährsmann für die dort referierte und in die Digesten (l. 3 § 2 D. de usufr. adcresc. 7, 2) übergegangene Meinung, daß das Accrescenzrecht des Kollegatars hinsichtlich des vermachten Nießbrauchs aufrecht

---

[39] Über die adminikulierende Wirkung, welche die Auffassung, der Sklave sei an sich der Nächste zur Haftung für das von ihm begangene Delikt, auf die proculianische Entscheidung ausüben mochte s. Pernice Labeo I S. 117. — Sollte eine ähnliche Divergenz der Anschauungen nicht beim Zusammentreffen von herrschendem und dienenden Grundstück in einer Hand und nachmaliger Veräußerung eines der im Servitutenverbande stehenden Grundstücke hervorgetreten sein? Die Quellen melden hierüber nichts; es ist aber wohl kaum ein Zufall, daß die Fragmente, welche die definitiv rechtsvernichtende Wirkung solcher Vereinigung betonen (l. 30 pr. D. d. S. P. U. 8, 3, l. 10 D. comm. praed. 8, 4) beide Schriften zu Sabinus entstammen.

zu erhalten sei, auch wenn sich vor dem Accrescenzfall die Nießbrauchshälfte in der Hand des anderen Kollegatars mit dem Eigentume konsolidiert habe, werden Neratius und Aristo angeführt. Neratius aber war Proculianer,[40] und Aristo neigte nach der neueren Forschung,[41] wenn er nicht selbst Proculianer war, doch mehr zu ihnen, als zu den Sabinianern. Im Lager der Sabinianer ist diese Ansicht erst durch Pomponius rezipiert worden, der hier, wie auch sonst oft,[42] dem Aristo folgt, während sein Zeitgenosse Julian noch an der strengeren Sabinianischen Meinung festhält.[43]

Vor allen aber findet hierdurch eine bisher unerklärt gebliebene Meinungsverschiedenheit der Schulen bei der Bürgschaftsconfusion ihre einfache Erklärung. Wie uns Scaevola berichtet, nahmen die Proculianer beim Zusammentreffen von Bürgschaft und Hauptschuld Confusion nur an, wenn der Bürge den Hauptschuldner beerbt hatte, nicht aber im umgekehrten Falle, wenn der Hauptschuldner den Bürgen beerbte, während die Sabinianer beide Fälle gleich behandelten.[44] Man hat sich vergeblich bemüht, einen inneren Grund für die Unterscheidung der Proculianer aufzufinden.[45] Berücksichtigt man indessen die verschiedene

---

[40] Karlowa, Röm. R.-Gesch. I. S. 704, Krüger, Geschichte der Quellen und Literatur des Römischen Rechts S. 170.

[41] Karlowa, Röm. R.-Gesch. I. S. 699.

[42] Karlowa, Röm. R.-Gesch. I. S. 700, 716.

[43] Wie auch durch die Entscheidung der l. 17 D. quib. mod. ususfr. amitt. 7, 4. Iulian. lib. XXXV. dig.: „*Si tibi usus fructus pure, proprietas autem sub condicione Titio legata fuerit, pendente condicione dominium proprietatis adquisieris, deinde condicio extiterit, pleno iure fundum Titius habebit neque interest, quod detracto usufructu proprietas legata sit: dum enim proprietatem adquiris, ius omne legati ususfructus amisisti*“ bewiesen wird. Vgl. darüber Kohler in den Gesammelten Abhandlungen S. 314.

[44] l. 93. § 3 D. de solut. 46, 3. *Scaevola libro singulari quaestionum publice tractatarum: „Quid ergo, si fideiussor reum heredem scripserit? confundetur obligatio secundum Sabini sententiam, licet Proculus dissentiat.*“

[45] Darüber, daß der mechanische Erklärungsversuch des Cujaz (ad Afric. tract. VII Ed. Venet. Tom. I. p. 1238: „*Videntur moti subtili et acuta ratione valde; cum fideiussor reo heres extitit, fideiussoriae obligationi supervenit principalis et superventu suo excludit fideiussoriam quasi minorem. Cum vero reus fideiussori heres extitit, principali supervenit fideiussoria,*

Stellung der Schulen dem formalen Confusionsprincip gegenüber, so liegt die Lösung ziemlich nahe. Der Grund, welcher die Proculianer zu einer verschiedenen Behandlung beider Fälle veranlaßte, war ein rein praktischer. Die Bürgschaft kann, ohne dem Gläubiger größere rechtliche Vorteile zu bieten, doch faktisch für ihn wertvoller sein als die Hauptobligation. Namentlich tritt dies ein in dem sehr häufig vorkommenden Falle, das zwar der Bürge, nicht aber der Hauptschuldner solvent ist. Setzen wir nun den Fall, daß der Bürge stirbt und vom Hauptschuldner beerbt wird, so führt die Anwendung des formalen Confusionsprincips zu einer Schwierigkeit; *plenior* ist die Bürgschaft nicht; sie geht also unter; womit aber soll dann der Gläubiger an der Erbschaft des Bürgen das *beneficium separationis* geltend machen? Die Schwierigkeit verschwindet sofort, wenn hier das formale Confusionsprincip außer Wirksamkeit gesetzt wird; die Proculianer haben kein Bedenken getragen, dies dem erwähnten praktischen Gesichtspunkt zu Liebe zu thun; die Sabinianer halten auch hier an dem Eintritt der *confusio* fest, aber um den Preis der Anomalie, daß der Prätor auf die confundierte, also rechtlich vernichtete Bürgschaftsobligation hin doch das *beneficium separationis* gewährt; das praktische Bedürfnis war zu zwingend, als daß der logische Gesichtspunkt ihm gegenüber die Alleinherrschaft hätte behaupten können.[46] Im umgekehrten Falle, der

---

quae superventu suo non potest excludere maiorem, minor infirma, imbecilla, sed neque ipsa potest excludi, cum non superveniatur a maiore, sed superveniat") eine annehmbare Lösung nicht bietet, ist man in der Literatur einverstanden; im übrigen haben sich sämtliche Bearbeiter der Lehre außer Stande erklärt, einen plausiblen Grund für die Unterscheidung aufzufinden, cf. Hasenbalg, Bürgschaft S. 666, Friedmann, Wirkungen der confusio S. 78, Mosler, Zur Lehre von der Konfusion S. 67, Accarias, Précis du droit romain Tome II, § 712a, S. 737: „*Mais on n'aperçoit pas de raison de distinguer entre ce cas et celui où le fidejusseur hérite du débiteur.*"

[46] l. 3 D. de separ. 42, 6. Papinian. lib. XXVII quaest.: „*Debitor fideiussori heres extitit eiusque bona venierunt: quamvis obligatio fideiussoria extincta sit, nihilominus separatio impetrabitur petente eo, cui fideiussor fuerat obligatus, sive solus sit hereditarius creditor, sive plures. neque enim ratio iuris, quae causam fideiussionis propter principalem obligationem, quae maior fuit, exclusit, damno debet adficere creditorem, qui sibi diligenter prospexerat*".

Beerbung des Hauptschuldners durch den Bürgen, hatten die Proculianer keinen Anlaß, vom Princip abzugehen. In diesem Falle wird nämlich die Lage des Gläubigers durch die Vernichtung der Bürgschaftsobligation nicht verschlechtert. War hier der Erblasser (der Hauptschulder) in höherem Maße zahlungsfähig, als der Bürge, so gewährte dem Gläubiger die Hauptklage das Mittel, Separation zu erlangen. War dies nicht der Fall, so haftete ja der Bürge als Erbe des Hauptschuldners auch der Hauptklage direkt.[47]

Durch die vorstehenden Ausführungen dürfte nachgewiesen sein, daß die positivrechtlichen Sätze des *ius civile* sich nicht ohne Kampf zwischen zwei verschiedenen, durch die beiden Schulen vertretenen Grundanschauungen festgestellt haben, die sich dahin charakterisieren lassen, daß die Proculianer schon auf dem Gebiete des Civilrechts neben dem logischen Elemente praktischen Rücksichten einen Einfluß auf die Ausgestaltung der Confusionslehre einräumten, während die Sabinianer für das *ius civile* an dem formalen Confusionsprincip streng festhielten. Wenn trotzdem in den Digesten die Sabinianische Auffassung die Oberhand gewonnen hat, so wird dies dadurch verständlicher, daß die Confusionsgrundsätze des *ius civile* in der praktischen Anwendung durch das Eingreifen des Prätors erheblich modificirt werden

[47] Ist die hier gegebene Lösung richtig, so findet sie eine interessante Bestätigung durch eine Paralleierscheinung, welche erst infolge des durch Justinian geschaffenen Rechtszustandes hervortreten konnte und sich als Umkehrung unseres Falles darstellt. Seitdem nämlich durch das *beneficium inventarii* dem Erben die Möglichkeit geboten war, seine Haftung auf den Betrag des Nachlasses zu beschränken, ergab sich aus der Anwendung des Grundsatzes, daß die Bürgschaft beim Zusammentreffen mit der Hauptschuld untergehe, eine Gefahr für den Gläubiger dann, wenn der Bürge die Erbschaft des Hauptschuldners erwarb und ein Inventar errichtete. Denn zufolge des *beneficium inventarii* haftete der Bürge der Hauptklage nur bis zum Belange der Erbschaft, die Bürgschaftsklage aber war, wenn sie nicht *plenior* war, confundiert, so daß dem Gläubiger bei strenger Durchführung des Confusionsprincips die Heranziehung des Bürgen mit dessen eigenem Vermögen auch im Falle der Insolvenz des Vermögens des Hauptschuldners hätte versagt werden müssen. Das Nähere darüber, wie die mittelalterliche Jurisprudenz mit dieser Schwierigkeit sich abfand, s. unten § 5 bei Note 18.

konnten, und die Sabinianer daher in der Lage waren, den praktischen Rücksichten, welchen sie den Einfluß auf die Gestaltung des Civilrechts versagten, auf einem Umwege, nämlich durch den Prätor, dennoch Geltung zu verschaffen. Ein Beispiel hierfür ist bereits oben erwähnt worden: Die Gewährung des *beneficium separationis* auf die confundierte Bürgschaftsklage hin. Die Confusion wird hierdurch nicht aufgehoben. In jeder anderen Beziehung, mit der alleinigen Ausnahme, daß sie den Anspruch auf Befriedigung aus der Erbmasse des Bürgen gewährt, ist die Bürgschaft vernichtet, insbesondere rettet dem Gläubiger das Eingreifen des Prätors nicht etwa eine an die Bürgschaft sich anschließende Afterbürgschaft.[48] Immerhin ist dem dringendsten praktischen Bedürfnisse, daß dem Gläubiger die Möglichkeit, sich aus dem Vermögen des Bürgen zu befriedigen, nicht aus dem formalen Grunde des Eintritts der *confusio* abgeschnitten werde, ohne Beeinträchtigung der konsequenten Ausgestaltung des Civilrechts Genüge geleistet.

Das Mittel hierzu bietet das Ineinandergreifen von Civil- und Honorarrecht; aus ihm erklärt sich ungezwungen, daß ein Recht vermöge Confusion erlöschen und doch in vereinzelter Beziehung zur Geltung gebracht werden kann. Das moderne Recht vermag diese, durch das Ineinandergreifen verschiedener Rechtskreise geschaffene Relation nur unvollkommen wiederzugeben durch den Gedanken einer nur relativen Vernichtung des Rechts. Hierauf beruht die Hauptschwierigkeit, der die Gründung der modernen Confusionslehre auf die römischen Quellen begegnet. Sie muß dasjenige, was das Resultat zweier kombiniert miteinander das Rechtsleben beherrschender Gewalten war, darstellen als die Disposition einer in sich homogenen Rechtsordnung.

Die Wirkung der *confusio* ist bei allen ihren Erscheinungsformen gleichmäßig Untergang des confundierten Rechts *ipso iure*. Näher betrachtet nimmt aber die *confusio* den anderen *ipso iure* wirksamen Aufhebungsgründen gegenüber eine besondere Stellung ein, die sich, vorbehältlich näherer Erläuterung, einstweilen dahin charakterisieren läßt, daß die Confusion nur die juristische Erscheinungs-

---

[48] l. 3 pr. D. de separ. 42, 6, 1, l. 38 § 5 D. de solut. 46, 3

form des Rechts zerstört, nicht aber die Beziehung vernichtet, in welcher es als Bestandteil zu einer bestimmten Vermögensmasse steht. Der römischen Jurisprudenz ist diese Sonderstellung der *confusio* nicht entgangen: es scheint aber, daß sie sich den inneren Grund des Unterschiedes nicht immer mit gleicher Deutlichkeit zum Bewußtsein gebracht hat. Den römischen Juristen genügt die Bemerkung, daß in gewissen Fällen eine völlig gleiche Behandlung der *confusio* mit den anderen Rechtsaufhebungsgründen zur Unbilligkeit führen würde; und so werden unter Berufung auf die *Äquitas*[49] die aus der strikten Anwendung des Confusionsprincips hervorgehenden allzu rigorosen Folgen unschädlich gemacht.[50] Hiermit ist dem Ausgleiche der Confusionsfolgen von

---

[49] Cf. besonders l. 70 pr. D. de leg. I (30), l. 82 D. ad S.C. Treb. 36, 1.

[50] So erzwingt z. B. bei den prätorischen Stipulationen der Prätor die erneute Cautionsbestellung seitens des Beklagten, wenn infolge Confusion zwischen Kläger und Bürgen die Bürgschaft erloschen ist, l. 8 § 3 D. qui satisd. cog. 2, 8, oder er giebt gegen denjenigen, welchem durch die *confusio* ein ungerechtfertigter Vorteil zukommt und der sich nicht zur Wiederherstellung des confundierten Rechts verstehen will, die *exc. doli*, l. 18 D. de serv. 8, 1, l. 116 § 4 D. de leg. I (30), l. 67 §§ 3, 4 D. de leg. II (31). Instruktiv ist auch die l. 4 D. usufruct. quemadm. cav. 7, 9: „*Si fructuarius proprietatem adsecutus fuerit, desinit quidem usus fructus ad eum pertinere propter confusionem: sed si ex stipulatu cum eo agatur, aut ipso iure inutiliter agi dicendum est, si arbitrium boni viri huc usque porrigitur, aut in factum excipere debebit.*“ Unter Umständen entfaltet der Prätor eine vorbeugende Thätigkeit, um eine Schädigung der Partei durch Confusion zu verhüten. So soll nach l. 61/59 pr. D. ad S. C. Treb. 36, 1 der Fiduciar, um ihn gegen die Nachteile, welche ihm aus der Confusion drohen, zu schützen, nur dann ex S. C. Pegasiano zum Antritte gezwungen werden, wenn ihm der Fideicommissar wegen jener Nachteile Sicherheit leistet. — Bei den erbrechtlichen Rechtsverhältnissen konkurriert übrigens, was die Beseitigung der Confusionsfolgen angeht, mit dem Gesichtspunkte der Äquitas der der Rücksichtnahme auf den Willen des Erblassers. So lassen sich die Entscheidungen der oben angeführten Stellen (l. 18 D. de serv. 8, 1 f.) auch von dem letzteren Gesichtspunkte aus erklären. Hervorzuheben ist jedoch angesichts der l. 17 D. quib. mod. usufr. amitt. 7, 4 und der l. 21 § 1 D. de lib. leg. 34, 3, daß die Eliminierung der Confusionswirkung durch die Annahme des hierauf gerichteten Willens des Testators nur da möglich ist, wo die Confusion durch die letztwillige Verfügung selbst herbeigeführt worden ist, nicht aber da, wo sie auf Grund einer neuen Thatsache erfolgt, deren Eintritt der Testator bei seiner letztwilligen Verfügung nicht voraus-

vornherein eine Schranke gezogen, die von der modernen Rechtsauffassung mitunter als ungerechtfertigte Beschränkung empfunden wird. Denn da die Anlegung des Gesichtspunktes der *Äquitas* voraussetzt, daß zwischen den Personen, deren Verhältniß unter diesem Gesichtswinkel betrachtet werden soll, eine rechtliche Beziehung besteht, welche sie zum Handeln auf Treu und Glauben gegeneinander verpflichtet, so ist die Ausgleichung der eingetretenen Confusionsfolgen in der Hauptsache auf den Fall beschränkt, daß die Parteien in einem kontraktlichen oder quasikontraktlichen Rechtsverhältnisse stehen.[51] Daher kann z. B. der Erbe, dessen Grundstücke ein vermachtes erbschaftliches Grundstück diente, Wiederherstellung der durch den Erbschaftsantritt confundierten Servitut vom Legatar verlangen,[52] und umgekehrt der Bedachte vom Erben, wenn die Servitutenconfusion ein erbschaftliches Grundstück betroffen hatte,[53] denn sie stehen zu einander in einem quasikontraktlichen Rechtsverhältnisse, welches es als unbillig erscheinen ließ, wenn der eine auf Kosten des anderen von der infolge des Erbschaftsantritts eingetretenen *confusio* profitieren wollte.[54] Wo aber eine solche Beziehung nicht besteht, da trifft die Anlegung des Billigkeitsgesichtspunktes auf Schwierigkeiten.

---

sehen konnte. Auf einer solchen, außer Zusammenhang mit der letztwilligen Verfügung stehenden Thatsache beruht die Confusion sowohl in der l. 17 cit. (Eigentumserwerb durch den Nießbrauchslegatar nach Eintritt des Erbfalls) wie in der l. 21 § 1 cit. (Eintritt eines die erste Disposition durchkreuzenden Erbfalls).

[51] Mit Recht hebt dies Lefebre, De la confusion S. 40, hervor.

[52] l. 18 D. de serv. 8, 1, l. 70 § 1 D. de leg. I (30), l. 116 § 4 D. de leg. I (30).

[53] l. 116 D. § 4 D. eod., l. 84 § 4 D. eod. Schadloshaltung für die confundierte Noxalklage: l. 70 pr. D. de leg. I (30): *Si servus Titii furtum mihi fecerit, deinde Titius herede me instituto servum tibi legaverit, non est iniquum, talem servum tibi tradi; qualis apud Titium fuit, id est, ut me indemnem praestes furti nomine, quod is fecerit apud Titium.*

[54] Auf dem gleichen Gesichtspunkte beruht die Wiederherstellung der confundierten Klagen bei der restitutio ex. S. C. Trebelliano, (l. 60 [58]) D. ad S. C. Treb. 36, 1, und umsomehr ist der Ausgleich der Confusionsfolgen geboten, wo ein von den Grundsätzen von Treu und Glauben beherrschtes kontraktliches Verhältnis vorliegt (Confusion beim Erbschaftskaufe, l. 2 § 15, § 18, 19, l. 20 pr. § 1, l. 24 D. de hered. 18, 4).

Hierdurch erklärt sich die für die moderne Anschauung so befremdliche Entscheidung JULIANS in der l. 17 D. quib. mod. usufr. amitt. 7, 4. „*Si tibi fundi usus fructus pure, proprietas autem sub condicione Titio legata fuerit, pendente condicione dominium proprietatis adquisieris, deinde condicio extiterit, pleno iure fundum Titius habebit, neque interest, quod detracto usu fructu proprietas legata sit: dum enim proprietatem adquiris, ius omne legati usus fructus amisisti.*“

Zu berücksichtigen ist, daß die Voraussetzung, von welcher Julian bei seiner Entscheidung ausgeht: Völliger Untergang des Nießbrauchs infolge Confusion, schon nach dem späteren klassischen Rechte (Fragm. Vat. § 83) und sicher nach justinianischem nicht mehr zutrifft, l. 3 § 2 D. de usufr. accresc. 7, 2, vgl. unten § 14 bei Note 9. Gehen wir aber von der Voraussetzung JULIANS aus, so bleibt immer noch die Frage übrig, weshalb der Nießbrauchslegatar nicht, wie die in den vorstehend erörterten Fällen von der Confusion Betroffenen Wiederherstellung des konfolidierten Nießbrauchs verlangen kann. Offenbar deshalb nicht, weil JULIAN zwischen Collegataren der erwähnten Art kein obligatorisches Verhältnis kennt, welches es gestattete, durch Anlegung des Gesichtspunktes der Äquitas die strikten Confusionsfolgen im Verhältnisse der Parteien zu einander zu mildern.[55]

Auf noch erheblichere Bedenken mußte die Verwendung des Gesichtspunktes der Äquitas da stossen, wo es sich überhaupt nicht um den obligatorischen Ausgleich der Confusionsfolgen unter den Parteien, sondern um ihre Paralysierung dritten Personen gegenüber, (also mit dinglichem Effekte) handelte. Hierauf beruht die Meinungsverschiedenheit der römischen Juristen in der

[55] Später allerdings wurde angenommen, daß der Usufructuar nicht nur dem Erben, sondern auch dem Legatar, welchem das Eigentum der Nießbrauchssache unter einer Bedingung vermacht worden war, kautionspflichtig sei. Aus dem hierauf bezüglichen Fragmente, welches von Paulus herrührt (l. 8 D. usufr. quemadm. cav. 7, 9), geht aber mit ziemlicher Sicherheit hervor, daß zu Julians Zeit die Meinung, daß in diesem Falle nur dem Erben, nicht auch dem bedingt berechtigten Legatar Sicherheit zu leisten sei, die durchaus herrschende war: nicht nur waren die Verteidiger der doppelten Kautionspflicht noch zu Paulus Zeit in der Minderheit („*quidam et Marcianus putant*“), sondern Paulus weiß auch als Gewährsmann nur den wenig früheren Marcian anzuführen.

Frage, ob das Anwachsungsrecht des einen *coniunctim* bedachten Nießbrauchslegatars durch die in der Person des Anderen eintretende Konsolidation ausgeschlossen werde.[56] Denn hier sind nicht allein die Interessen der Kollegatare, sondern auch die dritter Personen, (die etwa, nachdem sich die Nießbrauchshälfte des einen Vermächtnisnehmers mit dem Eigentum konsolidiert hat, von diesem das Eigentum der Sache erworben haben), in Betracht zu ziehen. Noch mehr, als in dem vorher erörterten Falle mußte Julian von seinem Standpunkt aus hier einer Modifikation der strikten Confusionsfolgen aus Äquitätsgründen abgeneigt sein. Daß es sich wirklich so verhielt, zeigt der Schlußsatz des § 83 der Fragm. Vaticana.[57] Die Proculianer setzten sich, wie wir oben gesehen haben, über das erwähnte Bedenken hinweg.

Endlich hängt es mit dem Gedanken, daß die Ausgleichung der strikten Confusionsfolgen ausschließlich auf Rücksichten der Billigkeit beruht, zusammen, daß sie da unterbleibt, wo anderweite Billigkeitserwägungen entgegenstehen.

Hierauf beruht die eigentümliche Begründung, welche in

> l. 61/59 D. ad. S. C. Treb. 36, 1: *„Debitor sub pignore creditorem heredem instituit eumque rogavit, restituere hereditatem filiae suae, id est testatoris: cum nollet adire nt suspectam, coactus iussu praetoris adiit et restituit: cum emptorem pignoris non inveniret, desiderabat permitti sibi iure dominii id possidere. rospondi: aditione quidem hereditatis confusa obligatio est: videamus autem, ne et pignus liberatum sit sublata naturali obligatione. atquin sive possidet creditor actor idemque heres rem sive non possidet videamus de effectu rei. et si possidet, nulla actione a fideicommissario conveniri potest, neque pigneraticia, quoniam hereditaria est actio, neque fideicommissum, quasi minus restituerit, recte petetur: quod eveniret, si nullum pignus intercessisset: possidet enim eam rem quasi creditor.“ rel.*

dafür gegeben wird, daß der besitzende Fiduciar auf keine Weise zur Herausgabe des Pfandes gezwungen werden kann: *„neque*

---

[56] Fragm. Vat. § 83.

[57] *„Quamquam Iulianus lib. XXXV Dig. scribat, ipsi quidem ius adcrescendi (competere, non vero fructuario ab eo)“.* (Der eingeklammerte Satzteil nach der Ergänzung Bethmann-Hollwegs.)

pigneraticia, quoniam hereditaria est actio". Regelmäßig stößt man sich an dieser Begründung, weil die *actio* gerade dann, wenn sie zur Erbschaft gehöre, nach der Restitution dem Fideikommissar zustehen müsse; auf dieser Erwägung beruhen alle Emendationsversuche, die hinter „*hereditaria*" ein „*non*" einschieben, von Cuiacius (Comm. in lib. IV. Quaest. Pauli) angefangen, bis zum neuesten bei Puntschart (Moderne Theorie des Privatrechts etc. S. 236 f). Nach der hier vertretenen Meinung ist der Gedankengang des Paulus vielmehr der, daß die *a. pigneraticia directa,* die wegen Untergangs der durch das Pfand gesicherten Forderung in Frage kommen könnte, als Erbschaftsforderung durch Confusion erloschen sei, und daß die sonst eintretende Restitution hier unterbleiben müsse, weil sie zu einer auf der Hand liegenden Unbilligkeit dem Fiduciar gegenüber führen würde.

Aus Rücksichten der Billigkeit wird umgekehrt dem Fiduciar die Restitution der confundierten Forderung versagt, wenn er bei einem *fideicommissum eius, quod supererit* einen unverhältnismäßig großen Teil der Erbschaft verbraucht hat.[58]

Vor Allem aber unterbleibt die Wiederherstellung der untergegangenen Rechte dann, wenn der von der Confusion betroffene Erbe die Erbschaft wegen Unredlichkeit verliert, mit Ausnahme des Falles, daß er sich den Verlust durch bloße Nachlässigkeit zugezogen hat.[59]

---

[58] Arg. l. 82 (80) D. ad S. C. Treb. 36, 1. Genau genommen handelt es sich um die Frage, ob die Erben des Fiduciars den Betrag der bei der Restitution nicht in Abzug gebrachten Forderung vom Fideicommissar condicieren können; hierfür ist aber die Frage präjudiciell, ob die Fiduciare bei der Restitution Wiederherstellung ihrer confundierten Forderung vom Fideicommissar hätten verlangen können. Für das Verständnis des Thatbestandes ist es wichtig, daß die Stelle dem 5. Buch von Scävolas Digesten mit Noten des Claudius Tryphoninus entnommen ist, welches über die Condiktionen handelte (vgl. Cuiacius Comm. ad h. l. Ed. Venet. Tom. VII, p. 470, Lenel, Palingenesia II, p. 220 Nr. 15).

[59] l. 21 § 1 D. de S. C. Silan. 29, 5. Papinian. lib. VI respons.: *Neptis, quae possessionem aviae petierat, mortem eius interfectam sciens non defenderat. fideicommissum, quod avia ex alio testamento nepti debuit, in restituendis fisco bonis non esse deducendum placuit: dolus enim heredis punitus est. si autem neglegentia mulier emolumentum bonorum amiserit, fideicom-*

§ 2.

Begriff und Arten der Confusion. Das Confusionsprincip. Peremtorische, absorbierende Confusion.

Im vorigen Paragraphen ist dargelegt worden, daß die römischen Grundsäize über die Confusion in hohem Grade unter dem Einflüße äußerlich formaler Regeln entstanden sind. Es ist wichtig, sich dies gegenwärtig zu halten; denn die moderne gemeinrechtliche Theorie ist in direktem Gegensatze dazu bestrebt, die Wirkung der Confusion aus dem inneren Wesen des Rechts abzuleiten, und, da sie unwillkürlich geneigt ist, dieselbe Tendenz in die Quellen hineinzutragen, so läuft sie vielfach Gefahr, die rechtsvernichtende Wirkung da als unabwendbare Folgerung aus der Natur des Rechts hinzunehmen, wo die römische Jurisprudenz in der That nur dem Drucke der starren äußerlichen Regel unterlag. Hierunter hat namentlich die Theorie der Confusion dinglicher Rechte, trotzdem HARTMANNS Aufsatz manches Vorurteil beseitigt hat, bis in die neueste Zeit zu leiden gehabt.

Die Verinnerlichung des Confusionsprincips hat aber eine weitere systematisch wichtige Frage im Gefolge. Es fragt sich nämlich, ob nicht durch die Verschiebung des maßgebenden Gesichtspunkts der einheitliche Confusionsbegriff gesprengt worden ist.

Für die römische Jurisprudenz war es natürlich, die verschiedenen Arten der Confusion begrifflich zusammenzufassen; waren sie ihr doch sämtlich Anwendungen des Satzes *„ea, quae initio recte constiterunt, resolvuntur, cum in eum casum reciderunt, a quo non potuissent incipere“* auf einen besonderen Fall, nämlich auf den des Zusammentreffens solcher rechtlicher Eigenschaften in einer Person, die bei Begründung des Rechtsverhältnisses getrennt sein mußten. Für die moderne Betrachtung erhalten die einzelnen Erscheinungsformen der *confusio* eine weit größere Selbständigkeit, weil sie nicht von der mechanischen Anwendung jener

---

missum esse retinendum integrato iure debiti rationis est. Cf. l. 17, l. 18 § 1 D. de his quae ut indign. 34, 9, l. 29 § 1 D. de I. F. 49, 14.

Regel ausgeht, sondern aus inneren Gründen Eintritt und Grenzen der rechtsvernichtenden Wirkung zu bestimmen sucht.

Bei dieser Methode treten aber besonders die jede einzelne Erscheinungsform individualisierenden Momente hervor, macht sich die Verschiedenheit des Rechtsverhältnisses (Obligation, dingliches Recht oder Bürgschaft), welches zur Confusion gelangt, geltend. So ist die Frage wohl berechtigt, ob die verschiedenen Erscheinungen, die wir im Anschluß an die römische Terminologie als Arten der Confusion zu bezeichnen pflegen, noch insoweit eine gemeinsame rechtliche Grundlage haben, daß ihre gemeinsame Behandlung ein dogmatisches Interesse bietet.

Überwiegende Gründe sprechen für ihre Bejahung. Soweit nämlich bei der Vereinigung von Forderung und Schuld, von Eigentum und dinglicher Berechtigung, von Bürgschaft und Hauptschuld die Wirkung der Rechtsvernichtung eintritt, beruht sie überall auf dem Gedanken, daß rechtlich unvereinbare Eigenschaften in einer Person zusammengetroffen sind. Nur der Maßstab, der an die Unvereinbarkeit angelegt wird, hat sich verändert, nicht aber ihre causale Bedeutung für die, durch die Vereinigung herbeigeführte Wirkung der Rechtsvernichtung, und dementsprechend nicht der Charakter der Confusionswirkung. Noch jetzt wird sämtlichen Erscheinungsformen der Confusion die Definition gerecht:

Die Confusion ist der *ipso iure* wirksame, formelle Rechtsaufhebungsgrund, welcher in der Vereinigung einander widerstreitender Eigenschaften in einer Person besteht.[1]

Die herrschende Meinung steht auf einem anderen Standpunkte. Sie reduciert die *confusio* im eigentlichen Sinne auf diejenigen Fälle, in denen Recht und Verpflichtung in einer Person zusammentreffen und subsumiert hierunter gleichmäßig die Obligationsconfusion, wie die Confusion dinglicher Rechte (da auch bei letzteren Recht und Verpflichtung, nämlich die dem dinglichen Rechte korrespondierende Verpflichtung des Eigen-

[1] Ähnlich definiert Lefebvre, de la confusion p. 1: „*L'éffet produit par la réunion dans'une personne de qualités juridiques, qui n'ont pu prendre valablement naissance que sur des têtes distinctes, parce qu'elles sont incompatibles entre elles*“.

tümers) in einer Person zusammenkäme. Dagegen scheidet sie die Bürgschaftsconfusion als „unechte Confusion“ aus; denn hier handle es sich nicht um das Zusammentreffen von Recht und Verpflichtung, sondern um die Vereinigung zweier (verschieden starker) Verpflichtungen.[2]

Nun soll keineswegs in Abrede gestellt werden, daß diese Eigentümlichkeit der Bürgschaftsconfusion allerdings eine gewisse Sonderstellung anweist. Aber die herrschende Meinung geht entschieden zu weit, wenn sie die trotzdem bestehende Gemeinsamkeit des Gesichtspunkts verkennt, unter dem alle drei Erscheinungsformen der Confusion anzusehen sind. Berechtigung und Verpflichtung sind nur ein Paar solche Eigenschaften, welche bei ihrem Zusammentreffen in einer Person sich gegenseitig aufheben. Vom logischen Standpunkte aus sind Bürgschaft und Eigenschuld nicht weniger unverträglich mit einander: denn das Wesen der Bürgschaft ist Verhaftung für fremde *fides*.[3] Daher ist die Bürgschaftsconfusion nicht weniger ein echter Confusionsfall, als es die beiden andern Arten sind.

Bedenklicher als diese Absplitterung der Bürgschaftsconfusion ist es, daß die herrschende Anschauung nicht nur die Obligationsconfusion, sondern auch die Confusion dinglicher Rechte ausschließlich unter dem Gesichtspunkte des Zusammentreffens von Recht und Verpflichtung betrachtet. So ungezwungen die Erscheinung der Obligationsconfusion hierdurch erklärt wird, so wenig können die Grundsätze, welche über die Confusion dinglicher Rechte gelten, aus ihm allein abgeleitet werden. In mancher Hinsicht zeigt vielmehr die Confusion dinglicher Rechte eine

---

[2] Hasenbalg, Bürgschaft S. 657: „Von eigentlicher Confusion kann hier keine Rede sein; denn es treffen nicht Recht und Verbindlichkeit zusammen, sondern zur Verbindlichkeit tritt Verbindlichkeit“. Ebenso Friedmann, Wirkungen der confusio S. 1, 71 f., Motive zum Entwurf eines B.G.B. f. d. Deutsche Reich II, S. 678, Schwedler, Erlöschen der Schuldverhältnisse etc. S. 4; Mosler, Zur Lehre von der Confusion S. 8.

[3] Vgl. Geib, Zur Dogmatik des röm. Bürgschaftsrechts S. 4; Bekker, Pand. I § 40, S. 134, Beil. I.: „Unmöglich für uns, die Haftung des Schuldners für die eigene Schuld als eine accessorische zu denken“; l. 21 § 2 D. de fideiuss. 46, 1: „*Non enim intellegi posse, ut quis pro se fideiubendo obligetur*“.

entschiedene Verwandtschaft mit der Bürgschaftsconfusion. Bei beiden handelt es sich im Gegensatz zur Obligationsconfusion, bei der direkt gegensätzliche rechtliche Eigenschaften aufeinandertreffen um ein Aufgehen, hier des minder umfänglichen Rechts, dort der schwächeren Verpflichtung in einem umfänglicheren Recht, einer stärkeren Verpflichtung. Man kann daher diese beiden Fälle als „absorbierende Confusion" zu derjenigen Confusion, welche ausschließlich auf dem Gedanken des Zusammentreffens von Recht und Verbindlichkeit beruht, als „peremtorischer" in Gegensatz stellen. Dieser Gegensatz ist insofern von Bedeutung, als bei der absorbierenden Confusion das Recht der Rechtsvernichtung in höherem Grade Widerstand leistet, als bei der peremtorischen.

§ 3.

Die Obligationsconfusion.

Der letzte Grund für die Tilgung der Obligation durch Confusion wird regelmäßig aus dem Begriffe der Obligation abgeleitet. So führt Dernburg, Pfandrecht II, S. 588 aus: „Die Obligation setzt ein besonderes Subjekt voraus, das zu fordern, ein anderes, das zu leisten hat. Sie kann nicht mehr fortexistieren, wenn die Träger dieses Rechtsverhältnisses zu einer Person werden", denn mit dieser Reduktion sei eine begrifflich notwendige Voraussetzung der Obligation weggefallen.[1] Eine besondere Färbung erhält die Begründung da, wo die Definition der Obligation auf die Willensherrschaft des Gläubigers über den Schuldner gestellt wird,[2] indem argumentiert wird, daß dieses Essentiale durch Vereinigung beider Obligationssubjekte in einer Person und die damit Hand in Hand gehende Vereinheitlichung des Willens zerstört werde. Interessant wäre es angesichts des originalen Obligationsbegriffs, den Brinz aufgestellt hat, wenn von

---

[1] Ähnlich Fitting, Natur der Correalobligationen S. 122, G. Kretschmar, Secum pensare S. 46, Mosler, Zur Lehre von der Konfusion S. 4.

[2] Wie dies Friedmann a. a. O. S. 22 im Anschluß an Windscheid (Pandekten II § 352) thut. Ebenso Schwedler, Erlöschen der Schuldverhältnisse durch Vereinigung von Recht und Verbindlichkeit S. 60—61.

ihm eine Entwickelung der rechtsvernichtenden Wirkung der *confusio* auf der Grundlage seines Obligationsbegriffes existierte. Leider ist eine solche nicht vorhanden, Brinz verweist wegen des Grundes der Confusionswirkung auf Fitting, Windscheid und Baron,[3] die von einem völlig anderen Obligationsbegriffe ausgehen. Namentlich Windscheids vorstehends an zweiter Stelle aufgeführte Ansicht würde kaum mit Brinz' Grundauffassung zusammenstimmen. Denn nach Brinz erscheint die Bindung des Willens des Schuldners durchaus nicht als primäres Begriffselement der Obligation, sondern sinkt zu einer bloßen Reflexwirkung aus dem den Obligationsbegriff in erster Linie konstituierenden Elemente der Haftung herab. Gegenüber diesem entscheidenden Merkmale spielt der Wille des Schuldners nur insofern eine Rolle, als auf den Schuldner durch die Aussicht, im Falle der Nichtleistung dem Gläubiger als Satisfaktionsobjekt dienen zu müssen (worin eben die Haftung besteht),[4] ein Druck ausgeübt wird. Eher scheint die Confusionswirkung vom Brinzschen Standpunkt aus damit begründet werden zu können, daß auch der Begriff der Haftung die Getrenntheit der in Betracht kommenden Personen, des Haftenden und desjenigen, dem gehaftet wird, voraussetzt. Unterstützend hierfür dürfte namentlich die speziell durch die Haftungsvorstellung vermittelte Idee Brinz' in Betracht kommen, daß die Exekution etwas begrifflich zum Wesen der Obligation Gehöriges sei.[5] Denn sie wird durch den Eintritt der Confusion zweifellos ausgeschlossen. Dann würde sich die Auffassung von Brinz in Wahrheit ganz nahe mit einer dritten Ansicht berühren, die den Grund für die Vernichtung der Obligation in dem Wegfalle der Möglichkeit eines von der Rechtsordnung ausgehenden Erfüllungszwanges sieht.[6]

---

[3] Brinz, Pandekten II § 289, Note 11, S. 436.

[4] Brinz, Pandekten II § 210 S. 9 vgl. § 207 S. 3, § 214 S. 21. S. auch desselben „Obligation und Haftung“ im Arch. f. d. civ. Praxis Bd. 70 S. 377.

[5] a. a. O. S. 32.

[6] So Lefebvre, de la confusion p. 3; vgl. auch Accarias, précis de droit romain S. 735, welcher als Prinzip aufstellt, daß die Confusion nur in den Fällen und in dem Maße erlöschend wirke: *où elle rend la sanction du droit impossible ou inutile.* Hiergegen läßt sich jedenfalls einwenden, daß damit nichts weiter bewiesen wäre, als ein Herabsinken der Obligation

Alle die hier aufgeführten Ansichten haben das Gemeinsame, daß sie als Wirkung der Confusion die rechtliche Vernichtung der Obligation annehmen.

Dieser herrschenden Meinung entgegen hat sich aber sowohl in der deutschen wie in der ausländischen Jurisprudenz eine andere Auffassung geltend gemacht, welche leugnet, daß sich die Vernichtung der Obligation beim Eintritte der *confusio* mit logischer Notwendigkeit aus dem Begriffe der Obligation ergebe und nicht mehr zugesteht, als eine durch die Vereinigung herbeigeführte faktische Unmöglichkeit der Ausübung;[7] die Hauptstütze dieser Auffassung ist die Gestaltung der Confusionswirkung bei der Correalobligation, wo bloße *exemtio personae*, keine Zerstörung der Gesamtobligation stattfinde.

Bei der Prüfung dieser Ansichten sind zwei Gesichtspunkte streng auseinanderzuhalten: Der logische und der historische.

Für das positive römische Recht trifft zweifellos die herrschende Ansicht allein das Richtige. Es läßt sich mit unbedingter Gewißheit nachweisen, daß die Wirkung der Obligationsconfusion im römischen Rechte niemals bloße Unmöglichkeit der Ausübung,

---

in naturalen Zustand, und daß die in den Quellen bezeugte Confusion auch der Naturalobligation (l. 21 § 3 D. de fideiuss. 46, 1) völlig unerklärt bliebe.

[7] Vangerow, Pand. III § 573 Lit. II, 1. Frankreich: Labbé, De la confusion considerée comme cause d'extinction des obligations § 132: „*La confusion n'est pas une cause d'extinction. Elle crée parfois une impossibilité de fait à l'exercice d'un droit, elle doit, autant que possible, laisser subsister l'état juridique antérieur; et ses effets doivent se restreindre dans les limites de l'impossibilités de fait qu'elle produit*". Derselbe in seinem Système Num. 162—164, 193, cf. dazu Lefebvre, de la confusion p. 69. In Italien wird dieselbe Auffassung besonders von Brunetti im Archivio giuridico Bd. 48 S. 141 f. 146 verteidigt: „*Secondo noi l'errore fondamentale, in cui, a questo proposito si cade da molti, si è di immaginare che, quando un subietto attivo ed un passivo della medesima obbligazione si riuniscono, debba necessariamente sparire qualche cosa*". Wenn freilich der genannte Schriftsteller im Anschluß daran sich zur Unterstützung seiner Meinung darauf beruft, daß zwei in entgegengesetzter Richtung auf einen Körper einwirkende gleichstarke Kräfte nicht verschwänden, sondern nur neutralisiert würden und daher bei ihrer Trennung ihre Thätigkeit von neuem entfalten könnten (a. a. O. S. 146, 147), so wird man diese physikalische Betrachtung wohl als Bild, nicht aber als Beweis acceptieren können.

sondern, und zwar völlig ausnahmslos, Vernichtung der Obligation ihrem rechtlichen Bestande nach ist.[8] Auch bei der Correalobligation erleidet nicht der Charakter der Confusionswirkung eine Änderung, sondern nur ihr Umfang eine Einschränkung. Beweis dafür ist, daß mit Bezug auf die confundierte persönliche Beziehung dieselben Rechtsfolgen eintreten, welche die Confusionswirkung bei der einfachen Obligation ausmachen, also namentlich die Vernichtung der Accessionen.[9] Indessen läßt sich nicht verkennen — und hierauf ist schon im § 1 bei der Darlegung der spezifisch römischrechtlichen Grundlagen der Confusionslehre hingewiesen worden, — daß die Vernichtung der Obligation nicht eine absolut voraussetzungslose Folgerung aus der Natur der Sache ist, sondern als Deduktion aus römischrechtlichen Begriffen beeinflußt von positivrechtlichen Elementen. Hierher gehört vor allem die begriffliche Untrennbarkeit der römischen Obligation von ihren Subjekten; denn hierdurch (in Verbindung mit dem Satze: „*semel heres semper heres*") ist es ausgeschlossen, daß die einmal confundierte Obligation durch den Eintritt neuer Subjekte neue, gesonderte Träger finde; im modernen Rechte besteht diese Untrennbarkeit nicht; ja, dieses besitzt im Inhaberpapiere und Wechsel Institute, bei denen ein und derselbe Obligationsinhalt bestimmt ist, nacheinander die obligatorischen Beziehungen mehrerer Subjekte zu erfüllen; hierdurch hat sich in höherem Grade als im römischen Rechte das Bedürfnis herausgestellt, das obligatorische Rechtsverhältnis von den subjektiven Beziehungen seiner

---

[8] Hierdurch allein wird die Zerstörung der Accessionen als Folge der Confusion der Hauptobligation (l. 21 § 3 l. 71 pr. D. de fideiuss. 46, 1, l. 38 § 5 D. de solut. 46, 3) und der Ausschluß der Cession confundierter Forderungen (l. 20 pr. D. de hered. vend. 18, 4, l. 33 D. solut. matr. 24, 3, vgl. zu letzterer Stelle G. Kretschmar, Secum pensare p. 41) verständlich.

[9] „*Sed et accessiones ex eius persona liberari propter illam rationem, quia non possunt pro eodem apud eundem obligati esse*", vgl. hierzu unten § 8. Dies wird vielfach nicht genügend beachtet. So betont Jhering (Jahrb. X S. 447 f) infolge seiner Idee, daß bei nicht vollständiger Neutralisierung des Rechtsverhältnisses (wegen eines Überschusses rechtlicher Beziehungen zu dritten Personen) das Recht selbst fortdauere, zu einseitig den Fortbestand des Rechts des von der Confusion nicht betroffenen *correus*.

jeweiligen Träger begrifflich zu trennen; und so erhebt sich in den erwähnten Fällen die Frage, ob die in der Person des zeitweiligen Trägers eintretende Vereinigung der Rollen des Gläubigers und Schuldners zur Vernichtung des ganzen Rechtsverhältnisses führen dürfe.

Die moderne Literatur und Rechtssprechung verneint sie bezüglich des Inhaberpapiers und des Wechsels einstimmig[10] und gesteht der Confusion in diesen Fällen nur episodische Bedeutung zu. Über die rechtliche Erklärung des durch die Vereinigung geschaffenen Zustandes ist man aber keineswegs einig, ja, selbst in sich sind die Ansichten der einzelnen Schriftsteller nicht frei von Widersprüchen.

Allerdings sind die Schwierigkeiten wegen der Bestrittenheit der Fragen, in welcher Weise einmal die Verknüpfung des Papiers mit der Forderung, sodann die Stellung der verschiedenen Gläubiger zu derselben zu denken ist, wozu noch der Streit über die Natur des Entstehungsgrundes (Kreations-, Emissions-, Vertragstheorie) kommt, sehr bedeutend. Um die Darstellung nicht noch unnötig zu komplizieren, wird hier die oben aufgeworfene Frage speziell mit Bezug auf das Inhaberpapier erörtert. Die für den Wechsel in Betracht kommenden Gesichtspunkte sind im wesentlichen identisch.

Die Annahme der Continuität des Rechtsverhältnisses trotz der mitten inne liegenden Vereinigung der Personen des Gläubigers und Schuldners ergiebt sich am ungezwungendsten aus der Creationstheorie. Denn da sie das erste Stadium des Entstehungsprozesses der Inhaberobligation in den Moment der Ausstellung des Papiers verlegt, so kann die Zurückkunft des begebenen Papiers in die Hände des Ansstellers höchstens die Wirkung haben, die rechtliche Intensität der Obligation auf den jenem

---

[10] Kuntze, Lehre von den Inhaberpapieren S. 561, Jhering, Jahrb. f. Dogmatik Bd. X S. 454 f., Gerber, Deutsch. Privatrecht § 161 Note 32, Stobbe, Handbuch d. deutsch. Privatrechts Bd. III § 180 Num. 6 S. 210, Puntschart, Moderne Theorie des Privatrechts S. 331 f., Urteil des Reichsgerichts v. 22./6. 1886 E.R.G. Bd. 18 S. 6 f. Hinsichtlich des Wechsels vgl. W.O. Art. 10.

ersten Entwickelungsstadium entsprechenden Stand zu reduzieren. Demgemäß spricht denn auch KUNTZE aus, daß das Zurückgelangen des Inhaberpapiers in die Hände des Ausstellers „bloß denjenigen Rechtsumstand paralysiert, durch welchen das Inhaberpapier geboren (*natum*, *perfectum*) ward, ohne den Creationsakt anzugreifen, durch welchen das Papier vorbereitet ward,"[11] und zieht hieraus die Folgerung, daß das von neuem in Umlauf kommende Papier noch kraft der ursprünglichen Creation gilt, also rechtlich dasselbe Individuum bleibt.

Schwieriger läßt sich die Identität des rechtlichen Verhältnisses vor und nach der Vereinigung vom Standpunkte dèr Emissions- und Vertragstheorie aus verteidigen. Unmöglich ist sie, wie unten darzuthun, auch hier nicht. Ein Vertreter der Emissionstheorie hat denn auch ausdrücklich die Continuität des rechtlichen Verhältnisses anerkannt, indem er im Falle der Rückgelangung des Papiers an den Aussteller diesen auch dadurch verpflichtet werden läßt, daß ihm das Papier gegen seinen Willen abhanden kommt, während für die erste Inkurssetzung ihm der darauf gerichtete Wille des Ausstellers wesentlich ist.[12]

Vielfach bleibt jedoch dunkel, worauf die rechtliche Continuität des Verhältnisses vor und nach der Vereinigung gegründet wird. Der beliebte Hinweis auf den Verkehrszweck des Inhaberpapiers genügt nicht, denn er giebt zwar Aufschluß über das Motiv, welches die Rechtsordnung zur Ausschließung der rechtsvernichtenden Wirkung der Vereinigung beim Inhaberpapier bestimmt, aber keinen über das Mittel, durch das dieses Resultat erreicht wird.

Wo aber eine wirkliche Sacherklärung versucht wird, wird mitunter nicht recht deutlich, ob der Grund für die nach Aufhebung der Vereinigung wieder hervortretende Identität des Rechts

---

[11] Inhaberpapiere, S. 561. Offenbar ein bloßes Versehen ist es, wenn auf S. 560 in der Rückgelangung des Papiers an den Aussteller ein *contrarius actus*, wodurch die Ausstellung paralysiert werde, erblickt wird.

[12] STOBBE, Deutsch. Privatrecht III S. 210 Note 13. Vgl. auch (vom Standpunkte der Vertragstheorie aus und mit Bezug auf den Wechsel) LEHMANN, Zur Theorie der Wertpapiere S. 15.

darin erblickt wird, daß das mit dem Papier verknüpfte obligatorische Rechtsverhältnis während der Vereinigung, wenn auch in ruhendem Zustande erhalten bleibt, oder ob dafür ausschließlich „die eigentümliche, dem Papier gegebene rechtliche Qualifikation", vermöge deren es jeden Besitzer, in dessen Hände es gelangt, zum Gläubiger macht[13] als causal angesehen wird. Besonders macht sich hier bei KUNTZE eine gewisse Unbestimmtheit bemerklich. Denn einmal ist ihm die Obligation bei der Aussellung bereits, wenn auch in unentwickeltem Zustande vorhanden („*obligatio concepta*" Inhaberpapiere S. 285 Note 2), andererseits betont er auf das Entschiedenste, daß die Obligation durch die Rückgelangung an den Aussteller vernichtet wird, da niemand sein eigener Gläubiger sein könne. Wiederum aber soll ihr „*numen*" erhalten bleiben, weniger mystisch ausgedrückt, ihr Vermögensstoff. Da aber diesem „*numen*" offenbar keinerlei juristisch formale Qualität zukommt,[14] so läßt sich nicht recht einsehen, wie ihm die rechtszeugende Kraft zukommen soll, bei der Wiederausgabe des Papiers eine der vernichteten Obligation inhaltlich völlig gleiche herzustellen.

JHERING legt offenbar das Hauptgewicht auf die dem Papier gegebene rechtliche Qualifikation. Daneben aber verwertet er seinen Begriff der „rechtlichen Gebundenheit" auch in Ansehung des obligatorischen Rechtsverhältnisses. Der Schuldner bleibe auch während der Zeit, wo ihm ein Gläubiger noch nicht gegenüberstehe, dem künftigen Gläubiger gebunden.[15] Da nun sein Begriff der rechtlichen Gebundenheit identisch ist mit dem beschränkenden Einflusse, den das Rechtsverhältnis auf die Außenwelt ausübt,[16] so bleibt doch auch bei ihm ein Residuum des obligatorischen Rechtsverhältnisses zurück, trotzdem er auf das

---

[13] JHERING, Jahrb. X S. 454.

[14] Wenigstens aus der von KUNTZE a. a. O. S. 232 gegebenen Erklärung: „Ich nannte die *causa obligationis* ihren Geist (*numen*), denn sie durchwaltet, bewegt und regiert die *species obligationis*, ist ihr Lebenselement und Agens und demonstriert ihren Stil", dürfte sich solche kaum herleiten lassen.

[15] Jahrb. f. Dogm. X S. 454 f.

[16] Jahrb. f. Dogm. X S. 393 f. 402 f.

Schärfste hervorhebt, daß von einer begrifflichen Fortdauer der Obligation nicht die Rede sein könne.[17]

Dagegen spricht STOBBE klar und deutlich aus, daß bei Zurückerwerbung des Inhaberpapiers durch den Aussteller die Obligation nicht durch Confusion untergehe, sondern in ruhendem Zustande fortdaure.[18]

Für unsere Frage ist ein Problem von allgemeinerer Bedeutung präjudiciell.

Die Folgerung nämlich, daß ein Rechtsverhältniß infolge der Vereinigung von Recht und Verpflichtung in einer Person mit logischer Notwendigkeit untergehen müsse, hat, wie man sich vor Augen halten muß, die stillschweigende Prämisse, daß die Existenz des Rechtsverhältnisses überall an die des subjektiven Rechts geknüpft ist. Decken sich nun die Existenzbedingungen des subjektiven Rechts und des Rechtsverhältnisses wirklich durchgehends? Dieses Problem, eng verknüpft mit der Frage nach dem Wesen des subjektiven Rechts einerseits, nach der rechtlichen Form, in welcher das Gesamtinteresse im Privatrechte zur Geltung kommt, andererseits, ist von der modernen Literatur mehrfach ins Auge gefaßt worden, ohne daß darüber schon das letzte Wort gesprochen worden wäre. Bei seiner centralen Bedeutung für unsere Frage muß kurz zu ihm Stellung genommen werden. Ich schicke eine Skizzierung der hauptsächlichsten der aufgestellten Ansichten voraus. In Fluß gebracht worden ist die Erörterung durch JHERINGS bekannten Aufsatz über die passiven Wirkungen der Rechte in seinen Jahrbüchern für Dogmatik Bd. 10 S. 357 f.

---

[17] Dies wird noch klarer durch die Charakterisierung des Rechtsverhältnisses nach dem Wiederaustritt des Papiers aus dem Besitz des Schuldners; die Obligation soll dann (selbst im Falle der Entwendung) ihre volle Kraft zurückerlangen, „und zwar nicht etwa so, als ob sie jetzt erst von neuem entstünde, sondern ihr jetziges Dasein ist nur eine Fortsetzung ihres früheren, mit anderen Worten, die Zwischenzeit ist vollständig überwunden".

[18] STOBBE, Handbuch des deutsch. Privatrechts Bd. 3 S. 210 Num. 6; vgl. auch § 175 S. 169 (bei STOBBE-LEHMANN § 222 S. 213 f.). Ähnlich das Reichsgericht (Entscheid. Bd. 18 S. 6 f.): „Allerdings muß so lange, als das Papier in den Händen des Ausstellers sich befindet, weil nun kein Gläubiger vorhanden ist, das Obligationsverhältnis ruhen".

Der dort ausgeführte Grundgedanke läßt sich dahin zusammenfassen, daß es Fälle giebt, in denen zwar nicht das Recht selbst, „wohl aber der Zustand rechtlicher Gebundenheit oder Beschränktheit, in den die Sache oder Person durch das Recht versetzt wird, auch ohne gegenwärtiges berechtigtes Subjekt“ fortdauert.

Dieser Idee liegt die Unterscheidung einer aktiven und einer passiven Seite des Rechts zu Grunde, wobei unter der aktiven Seite die rechtliche Stellung verstanden wird, welche das Recht für den Berechtigten zur Folge hat, unter der passiven der beschränkende Einfluß, den das Recht durch das Medium des Rechtsverhältnisses auf die Außenwelt ausübt.[19]

Unbeschadet der hohen Anerkennung, welche die tief eindringende und glänzende Darstellung Jherings gefunden hat, ist doch mit Recht gegen ihn geltend gemacht worden, daß die Charakterisierung desjenigen Etwas, welches die individuelle Existenz des subjektiven Rechts überdauert, als eine Seite oder als residuäre Wirkungen eben dieses Rechts keine Lösung des Problems enthält, weil die separate Existenz einer Seite des Rechts nicht wohl denkbar erscheint, und die Annahme rechtlicher Wirkungen (für welche das untergegangene Recht selbst doch nicht mehr causal sein kann) mit Notwendigkeit zu der Frage drängt, auf welcher rechtlichen Grundlage sie beruhen, einer Frage, die bei Jhering ungelöst bleibt.[20]

Es ist besonders das Verdienst Bekkers, den selbständigen Wert jener übrig bleibenden Beziehungen im Verhältnis zum subjektiven Recht betont, ihre Existenz begrifflich vom Boden

---

[19] Welche Anwendung Jhering von diesem Gedanken speciell bei unserer Frage macht, ist oben berührt worden.

[20] Vgl. hierzu besonders Hartmann, dessen im Grunde ablehnende Stellung zu Jherings Theorie aus seiner Bemerkung in den Jahrb. f. Dogm. XVII S. 113 hervorgeht: „Die Unterscheidung zwischen einer objektiven oder passiven und einer subjektiven oder aktiven Seite des Rechts, welche im reinen Begriff durchaus möglich und nützlich ist, läßt sie sich überhaupt bis zu einer wirklichen faktischen Trennung beider Seiten durchgeführt denken? Die notwendig verneinende Antwort etc.“ Ähnlich Bekker, Pand. I § 18 Beil. III S. 51, 52, Enneccerus, Rechtsgeschäft etc. S. 413, Puntschart, Moderne Theorie des Privatrechts S. 7.

des subjektiven Rechts abgelöst zu haben. Bewirkt wird dies durch die Aufstellung des Begriffes des „objektiven Rechtsbestandes“ unter dem die Fälle zusammengefaßt werden, in denen trotz des Wandels, ja trotz des Fehlens eines Subjektes und damit trotz Nichtexistenz eines subjektiven Rechts ein konkret normiertes rechtliches Verhältnis mit genau bestimmten rechtlichen Wirkungen besteht.[21]

Noch weiter, und wie mir scheint, zu weit, ist in neuester Zeit Puntschart gegangen, indem er dem Begriff des subjektiven Rechts die dogmatische Brauchbarkeit, als Grundbegriff des Privatrechts zu dienen, überhaupt abspricht und an seine Stelle den „Rechtsverband“, die rechtliche Beziehung, in welche durch Anwendung des objektiven Rechts die davon betroffenen Personen oder Sachen treten, setzen will.[22]

Der bleibende Gewinn der hier ins Auge gefaßten Erörterungen liegt in der Erkenntnis, daß die Existenz eines konkret normierten rechtlichen Verhältnisses nicht mit Notwendigkeit durch die Existenz eines subjektiven Rechts bedingt ist. Wie weit reicht aber das Bedingungsverhältnis? Dies kann nur durch die eingehende Untersuchung der einzelnen Fälle festgesetzt werden.

Hiermit lenken wir wieder in die oben aufgeworfene Frage ein. Die Folgerung, daß ein Rechtsverhältnis bei Vereinigung der Rollen des Berechtigten und des Verpflichteten in einer Person untergehen müsse, ist richtig, soweit sein Inhalt mit dem Individualinteresse seiner Subjekte sich deckt. Denn in diesem Falle hat die Rechtsordnung kein Interesse, die Schutzform nach der Evaneszenz der subjektiven Beziehungen seiner Träger aufrecht zu erhalten. Sie ist nicht unbedingt richtig, wenn sich an die Existenz des Rechtsverhältnisses ein über das seiner Träger hinaus-

---

[21] Pand. I § 18 Beil. III S. 51, 52: Hand in Hand damit geht eine eigenartige Auffassung des subjektiven Rechts, die dem historischen Elemente einen größeren Einfluß auf die Begriffsbildung einräumt, als sonst üblich ist, vgl. a. a. O. § 18 Beil. I.

[22] Moderne Theorie des Privatrechts etc. Leipzig 1893; vgl. dazu die Rezension von Hellmann in der Krit. Viertelj.-Schr. Bd. 37 S. 582—596. Die Grundidee ist übrigens bereits ausgesprochen in der Schrift „Die fundamentalen Rechtsverhältnisse des röm. Privatrechts“ desselben Verfassers (Innsbruck 1885).

gehendes Interesse knüpft, weil es hier in der Hand der Rechtsordnung steht, die Schutzform für den Eintritt neuer Subjekte aufrecht zu erhalten. Ob sie hiervon Gebrauch machen, d. h. dem Rechtsverhältnisse ein von der Existenz des subjektiven Rechts unabhängiges Dasein einräumen will, entscheidet lediglich die Erwägung, ob das überschießende Interesse eine solche Disposition lohnt. Hiernach kann die Entscheidung verschieden ausfallen, und hierdurch erklärt sich z. B. die verschiedene Stellung des römischen und modernen Rechts zur Frage der Obligationsconfusion bei successiver Berechtigung. Während das moderne Recht geneigt ist, der in der Person des ersten Successors eintretenden Vereinigung der Gläubiger- und Schuldnerrolle die rechtsvernichtende Wirkung mit Rücksicht auf das Interesse des Anwärters zu versagen (beispielsweise sollen im Falle der Nacherbschaft die Forderungen des Erblassers gegen den Erben unbeschadet der Vereinigung auf den Nacherben direkt übergehen), hat sich das römische Recht zu solcher Einschränkung der Confusionswirkung nicht verstanden, hilft vielmehr nur indirekt durch die Verpflichtung des Fiduciars zur Neubestellung der confundierten Forderung.

Beim Inhaberpapier und Wechsel ist es das Interesse des Verkehrs, welcher die Aufrechterhaltung des obligatorischen Rechtsverhältnisses trotz zeitweiliger Vereinigung von Berechtigung und Verpflichtung in einer Person verlangt, und zwar auf solange, als ihnen die spezifische Bestimmung, Zirkulationsmittel zu sein, auf welcher jenes Verkehrsinteresse beruht, innewohnt, beim Wechsel also bis zu seinem Verfall.[23] Es kommt daher nicht darauf an, ob das in den Besitz seines Ausstellers zurückgelangte Inhaberpapier[24] mit oder ohne Willen des Ausstellers wieder in den Verkehr gelangt.

---

[23] Arg. Art. 10 i. V. mit Art. 16 WO. Wird jedoch der Wechsel nach Ablauf der Protestfrist weiter indossiert (Art. 16 Abs. 1), so ist für das durch Nachindossament geschaffene wechselrechtliche Verhältnis die Confusion wieder nach Analogie des für den Sichtwechsel (Art. 31) Geltenden ausgeschlossen.

[24] Bez. der durch Blanko- oder Vollindossament an den Aussteller, Acceptanten oder früheren Indossanten zurückgelangten Wechsel (Art. 10 WO.).

Denn die von neuem hervortretende Verpflichtung des Ausstellers beruht nicht auf Neubegründung eines mit dem früheren inhaltlich identischen Rechtszustandes, sondern auf der Continuität des ursprünglichen Rechtsverhältnisses.[25] Praktisch ergiebt sich hieraus die wichtige Folgerung, daß das nach der Emission in den Besitz seines Ausstellers zurückgelangte Inhaberpapier diesem wider seinem Willen abgepfändet werden kann, was ohne Annahme der Continuität des Rechtsverhältnisses nur vom Standpunkte der Creationstheorie, nicht von dem der Emissions- oder Vertragstheorie aus zu rechtfertigen wäre.

Das eigentümliche Verhältnis, welches sich hier zwischen der subjektiven Beziehung des derzeitigen Trägers und dem konkret normierten Rechtsverhältnisse herausstellt, bedarf jedoch noch näherer Betrachtung und eingehenderer Begründung vom principiellen Standpunkte aus. Die Möglichkeit der Continuität des Rechtsverhältnisses könnte mit Berufung darauf in Zweifel gezogen werden, daß die Obligation begrifflich Willensherrschaft des Gläubigers über den Schuldner sei, ihre Zerstörung infolge der Vereinigung der disparaten Rollen also auf logischer, keine Ausnahme duldender Notwendigkeit beruhe.[26] Zur Widerlegung dieses Einwandes ist es erforderlich, kurz darauf einzugehen, in welchem Sinne die Substanz der Obligation bezw. die des subjektiven Rechts überhaupt in die Willensherrschaft gesetzt werden

---

[25] Dagegen nimmt SCHWEDLER (Erlöschen der Schuldverhältnisse S. 68, 69) Erlöschen der Obligation durch Confusion und bei Wiederausgabe des Inhaberpapiers erneuten Begebungsvertrag, bei Weiterindossierung des Wechsels Übernahme einer neuen Wechselverpflichtung an. Er wird also die nachstehends im Text berührte Frage im entgegengesetzten Sinne entscheiden müssen.

[26] Wenn ich recht verstehe, ist letzteres die Meinung BIERLINGS, Jurist. Prinzipienlehre Bd. II S. 32. Denn er zieht aus dem daselbst aufgestellten Satze, daß nach dem Begriffe des Rechtsverhältnisses zu einem solchen mindestens ein berechtigtes und ein verpflichtetes Subjekt und mindestens eine selbständige Rechtsnorm, die das Verhalten der Subjekte zu einander bestimmt, gehöre, die Folgerung (S. 33), daß „jedes wirkliche Verschwinden eines solchen wesentlichen Merkmals notwendig den Untergang des bisher bestehenden Rechtsverhältnisses bedeutet und jede spätere ‚Wiedererweckung' der fehlenden Merkmale in Wahrheit eine Neugründung sei".

kann.[27] Es kann einmal gemeint sein, daß die Macht, welche die Rechtsordnung über die ihr unterworfenen Personen als Willenssubjekte ausübt, in einem konkreten Rechtsverhältnisse bestimmt und begrenzt, dem Berechtigten zu eigen gegeben sei; es kann aber auch darüber hinaus dem Willen des Berechtigten eine selbständige, konstitutive Bedeutung für das subjektive Recht zugeschrieben werden, dergestalt, daß dem subjektiven Rechte seine Individualität ausschließlich durch den Willen des Berechtigten aufgeprägt würde. Nur von diesem zweiten Standpunkt aus könnte die Unmöglichkeit der Fortexistenz des obligatorischen Rechtsverhältnisses nach der Vereinigung seiner zeitweiligen Träger in einer Person als logisch notwendig deduziert werden. Denn da hiernach ein Rechtsverhältnis überhaupt nur auf die individuellen Willen seiner Träger gebaut sein könnte, so ließe sich nicht absehen, wie dieses nach Verschmelzung derselben in irgend einer Richtung fortdauern könnte.

Diese Hypostasierung des Individualwillens ist jedoch nicht haltbar. Es braucht gar nicht auf die landläufigen Einwände, daß hiernach unerklärt bliebe, inwiefern willensunfähigen Personen Rechte zustehen könnten, zurückgegriffen zu werden. Die Übertreibung der Bedeutung des Individualwillens führt überall da zu Unzuträglichkeiten, wo die dem Verkehr zugewandte Seite des Rechts in Betracht kommt. Es sei hier nur auf die unüberwindlichen Schwierigkeiten, auf welche die erwähnte Auffassung des subjektiven Rechts bei der Succession stößt, hingewiesen.[28]

Mit der ersten Auffassung ist die Fortexistenz des Rechtsverhältnisses trotz zeitweiser Identität seiner Träger nicht unvereinbar, nur muß mehr, als bisher in diesem Zusammenhange

---

[27] Vgl. zum Folgenden namentlich WINDSCHEID, Pand. I § 37, Note 3, HÖLDER, Pand. I § 18 S. 90 f., THON, Rechtsnorm u. subj. R. S. 131 f., SCHUPPE, Subj. R. S. 16 f.

[28] Ohne die Annahme einer Fiktion erscheint es hier unmöglich, die Identität des Rechts des Successors mit dem des Auktors zu rechtfertigen. Vgl. PUNTSCHART, Moderne Theorie des Privatrechts S. 10, v. BLUME, Novation, Delegation und Schuldübertragung S. 78 f. Andererseits HÖLDER, Pandekten I § 36 Note 1 S. 185, FISCHER, Problem der Identität und Neuheit S. 21 f., SCHUPPE, Begriff des subj. Rechts S. 149 f.

geschehen, die individualisierende Bedeutung des Rechtsbegründungsaktes hervorgehoben werden. Durch ihn wird ein konkretes Rechtsverhältnis geschaffen, aus dem auf dem Wege der Abstraktion das subjektive Recht, als die in dem Rechtsverhältnisse zu Gunsten des Berechtigten niedergelegte, ihm zuständige Macht ausgesondert wird. Auf dieser Genesis des Begriffes beruht es, daß für die Individualität des subjektiven Rechts nicht ausschließlich die Person seines Inhabers, sondern das Rechtsverhältnis, von dessen Boden es durch Abstraktion losgelöst ist, maßgebend ist.

Hiermit schwindet die begriffliche Schwierigkeit, das in den oben besprochenen Fällen nach bloß zeitweiliger Vereinigung von Berechtigung und Verpflichtung wieder hervortretende Recht als nicht nur inhaltlich, sondern auch formell mit dem vor der Vereinigung bestehenden identisch anzusehen: Die Identität beider beruht auf der Identität des konkreten, für die rechtliche Bestimmtheit des subjektiven Rechts maßgebenden Rechtsverhältnisses.

Aus den vorstehenden Ausführungen ergiebt sich, daß die römischen Confusionsgrundsätze insofern eine wesentliche Modifikation erfahren haben, als Fälle denkbar geworden sind, in denen die Confusion nicht zur Zerstörung, sondern nur zur zeitweiligen Unmöglichkeit der Ausübung des obligatorischen Rechtsverhältnisses führt. Es könnte die Frage aufgeworfen werden, ob durch diese Ausnahmen nicht das Princip aufgehoben worden ist. Wenn es Fälle giebt, in denen die Obligation durch Confusion nicht zerstört wird: kann dann der Untergang der Obligation infolge Confusion noch logisch gefordert sein? Die Antwort darauf lautet, daß der Ausschluß der rechtsvernichtenden Wirkung der Vereinigung in den erwähnten Fällen lediglich darauf beruht, daß ein positiver Anlaß dazu vorliegt, das obligatorische Rechtsverhältnis trotz der Vereinigung der Rollen des Gläubigers und des Schuldners mit Rücksicht darauf aufrecht zu erhalten, daß es neue Subjekte gewinnen kann. Wo ein solcher Anlaß nicht vorliegt, die Obligation sich in den Beziehungen ihrer Träger erschöpft, wie es normaler Weise der Fall ist, da wäre es sinnlos, nach Verflüchtigung des substanziellen Elements, der Willensherrschaft des Gläubigers über den Schuldner, die Form des obligatorischen Rechtsverhältnisses als leere Schale aufrecht zu erhalten; hier erscheint also die rechtsvernichtende Wirkung der Confusion als vernünftige Konsequenz aus dem Wesen der Obligation.

Auf verwandter Grundlage mit der Obligationsconfusion beruht die Confusion der aus der Verletzung dinglicher Rechte hervorgegangenen Ansprüche; denn auch bei ihnen handelt es sich um das Zusammentreffen von Berechtigung und Verpflichtung in einer Person.[29] Darüber dürfen jedoch die erheblichen Besonderheiten, die sich ans der Natur des dinglichen Anspruchs ergeben und die ihn trotz der Eigenschaft der Relativität, die er mit der Obligation teilt, sehr bestimmt von dieser unterscheiden, nicht übersehen werden.[30] Insbesondere kann man nicht behaupten, daß die Beerbung des Anspruchsberechtigten durch den Verpflichteten als solche die Confusion herbeiführe. Denn da der dingliche Anspruch gegen den Erben nicht schon um deswillen übergeht, weil er Rechtsnachfolger des Verstorbenen ist, sondern nur, weil und insoweit, als die Voraussetzungen des Anspruchs auch in seiner Person zutreffen,[31] so ist es streng genommen das originäre Entstehen jener Voraussetzungen in der Person des erbenden Berechtigten (beispielsweise die Besitzergreifung der der *rei vindicatio* unterliegenden Sache), welches die Confusion herbeiführt. Hieraus ergeben sich wichtige praktische Consequenzen.

---

[29] Der hier in Rede stehende Fall ist durch den römischen Sprachgebrauch insofern mit gedeckt, als von der Confusion der „*actio*" oder „*petitio*" gesprochen wird; denn der erstere Ausdruck begreift auch die dinglichen Ansprüche mit, der letztere dieselben sogar vorzugsweise.

[30] Zu stark tritt die nivellierende Tendenz bei G. Rümelin, Obligation u. Haftung im C. A. Bd. 68 hervor, vgl. namentlich S. 186, 203. Gegen ihn, der unter einseitiger Betonung des Kriteriums der Relativität der dinglichen Ansprüche diese geradezu unter den Obligationsbegriff subsumieren will, vgl. Brinz, Archiv f. d. civ. Prax. Bd. 70 S. 400 f., Regelsberger, Pandekten I § 52, VI S. 218 f. und Note 25, sowie die treffende Hervorhebung des Abhängigkeitsverhältnisses der dinglichen Ansprüche von dem zu Grunde liegenden Recht durch Kohler (Grünhuts Ztschr. Bd. 14 S. 10).

[31] Schon Donell hebt diese Differenz hervor (Comm. lib. XX cap. III 1 f.), neuerdings hat auf ihre principielle Bedeutung besonders Sohm bei Grünhut Bd. IV S. 458 hingewiesen. Eine eigentümliche Wendung bei Windscheid, Actio § 5 S. 30.

Während die Obligation bei Teilerbschaft teilweise confundiert wird, geht die *rei vindicatio* arg. l. 55 D. de rei vind. 6, 1 entweder ganz (wenn der Anspruchsberechtigte den Besitz der Sache erlangt hat) oder garnicht unter (wenn der Miterbe den Besitz erlangte.)

Ferner stellt sich die Aussonderung der im Besitz des Erblassers gewesenen, im Eigentum des Erben stehenden Sache aus der Erbschaft als Konsequenz des Eigentumsrechts des Erben, nicht als Befriedigung des Eigentumsanspruches dar und die Folge hiervon ist, daß der Erbe diese Befugnis auch da hat, wo ihm nach Lage der Sache das Recht, sich wegen der confundierten Forderung zu befriedigen, nicht zustehen würde.[32] Alle die möglichen Differenzen ins Einzelne zu verfolgen würde hier zu weit führen. Zu erklären sind sie sämtlich aus der Sondernatur des dinglichen Anspruchs, die auf der engen Verbindung beruht, in der er mit dem dinglichen Recht, aus dem er hervorgegangen ist, steht.

§ 4.

Die Confusion dinglicher Rechte.

Als Ausgangspunkt für die Confusion der dinglichen Rechte ist im § 1 der Satz nachgewiesen worden, daß der Eigentümer für sich an der eigenen Sache keine Rechte begründen kann, woraus dann unter Anwendung der Regel: „*Ea, quae initio recte constiterunt, resolvuntur, cum in eum casum reciderunt, a quo non potuissent incipere*“ die Vernichtung des dinglichen Rechts, wenn es nachträglich in die Hand des Eigentümers gelangte, gefolgert wurde. Es ist aber weiter dargethan worden, daß die Confusion dinglicher Rechte schon im *ius civile* nicht ausschließlich unter der Herrschaft dieses Formalprincips geblieben ist, sondern daß sich daneben in einzelnen Anwendungen der materielle Rechtsgedanke Bahn gebrochen hat, das an sich schwächere Recht müsse neben dem, seiner absoluten Kraft nach gemessen stärkeren

[32] Also bei Überschuldung der Erbschaft, wenn der Erbe die Inventarerrichtung unterlassen hat, vgl. dazu unten § 10.

da fortbestehen bleiben, wo es infolge individueller Umstände sich im konkreten Falle als stärker erweise.

Mit anderen Worten: Der abstrakte Maßstab, welchen das erwähnte Formalprincip anlegt, wird durch einen der individuellen Gestalt des Falles Rechnung tragenden ersetzt; an die Stelle des Formalprincips tritt das materielle Absorptionsprincip.[1] Hiermit ist zugleich der grundlegende Unterschied der Confusion dinglicher Rechte von der Obligationsconfusion bezeichnet: Bei ersterer ist die Rechtsvernichtung verbunden mit dem Aufgehen des dinglichen Rechts im Eigentume, die Obligationsconfusion dagegen zieht die pure Vernichtung des confundierten Anspruchs nach sich. Hierauf gründet sich eine Reihe praktischer Unterschiede zwischen beiden Confusionsarten, namentlich die größere Widerstandsfähigkeit des dinglichen Rechts der Confusion gegenüber.[2] Es ist daher irreführend, wenn die moderne Literatur vielfach diesen principiellen Unterschied durch einseitige Betonung der Richtung des dinglichen Rechts gegen den Eigentümer verdeckt;[3] die Besonderheiten der Confusion dinglicher Rechte beruhen gerade darauf, daß der Inhalt des dinglichen Rechts sich nicht in dem Anspruche gegen den Eigentümer erschöpft, sondern sich gegen jeden Dritten, vor allem gegen konkurrierende dinglich Berechtigte wendet; denn hieraus folgt, daß ein Interesse bestehen kann, das dingliche Recht in diesen, möglicherweise rein potentiellen Befugnissen fortdauern zu lassen, nachdem der aktuelle, gegen den Eigentümer sich richtende Anspruch durch die Ver-

---

[1] Letzteres findet sich bewußt formuliert in dem interessanten Index des Stephanos zur l. 5 § 1 D. si ususfr. pet. 7, 6 (Zach. a Lingenthals Supplement zur Heimbach'schen Ausgabe der Basiliken S. 112, 113), wo als hauptsächlichster Grund für den Untergang des Nießbrauchs durch Confusion angeführt wird: „*ὅτι σκέπεται τῷ πλάτει τῆς δεσποτείας*" („*quia obtegitur amplitudine dominii*").

[2] Siehe unten S. 56 f., 64 f., 67.

[3] Vgl. besonders Friedmann, Wirkungen der confusio S. 3, der die Anlegung dieses Gesichtspunktes für nötig hält, weil gerade um seinetwillen „sich für beide Gebiete die Wirkung der confusio als völlig einheitlich darstellt". Dagegen tritt Bekker in der Zeitschrift für vergleichende Rechtswissenschaft Bd. II S. 46 f. energisch für die Verschiedenheit des Confusionsprincips bei dinglichen und obligatorischen Rechten ein.

einigung des Eigentums mit dem dinglichen Rechte vernichtet worden ist. Mit anderen Worten: Der Grund für die Confusion des dinglichen Rechts liegt nicht in seiner Richtung gegen den Eigentümer, sondern in der Natur des Eigentums, die an einer Sache denkbaren Rechte in dem denkbar größten Umfange zu gewähren.[4]

Eine wichtige Differenz herrscht aber betreffs der Frage, in welchem Umfange die dinglichen Rechte im Falle der Vereinigung mit dem Eigentum der Vernichtung durch Confusion Widerstand leisten. Während die eine Meinung dem oben als „materiellen Absorptionsprincip" bezeichneten Gedanken die Herrschaft über den ganzen Kreis der dinglichen Rechte vindiziert,[5] fügt eine andere, von Hartmann in dem mehrfach erwähnten Aufsatze vertretene,[6] eine Einschränkung bei. Nach Hartmann ist vor allem darauf zu sehen, ob es sich um ein solches dingliches Recht handelt, welches an eigener Sache denkbar ist. Das Kriterium hierfür soll das Verhältnis des dem dinglichen Rechte eigentümlichen Zweckes zum Eigentume bilden. Wo dieser neben dem Eigentume bestehen könne, sei das betreffende dingliche Recht auch an eigener Sache möglich; wo nicht, nicht; so seien insbesondere Emphyteuse und Superficies begriffswesentlich Rechte an fremder Sache, die übrigen *iura in re* dagegen nicht.[7] Weiter aber wird von Hartmann in Abrede gestellt, daß die Regel, das dingliche Recht dauere insoweit fort, als es dem Berechtigten im konkreten Falle eine stärkere Position verleihe, denn das Eigentum, durchgreifende Geltung erlangt habe. Er bemerkt in dieser Richtung:[8] „Kein Zweifel, daß der Gedanke einer so limitierten

[4] Der hierin begründeten Consolidationskraft des Eigentums thut es keinen Abbruch, daß gewisse im Interesse der Gemeinschaft bestehende Schranken dem Eigentum immanent sind, was namentlich Hartmann in den Jahrbüchern f. Dogmatik XVII S. 130 f. hervorhebt. Trotzdem bleibt es wahr, daß das Eigentum „die an sich meist umfassende oberste privatrechtliche Macht und Herrschaft" ist. Vgl. auch Jhering in den Jahrb. f. Dogm. X S. 509.

[5] Kohler in seinen gesammelten Abhandlungen S. 304 und Exner in der Krit. Viertelj.-Schr. Bd. XX S. 408.

[6] „Rechte an eigener Sache" in den Jahrb. f. Dogm. Bd. XVII S. 67 f.

[7] a. a. O. S. 132.

[8] Im Nachtrag. a. a. O. S. 135.

Konsolidationswirkung einen fruchtbaren und von der klassischen Jurisprudenz in gewissen Grenzen auch verwerteten Kern erhält. Eine andere Frage aber ist es, ob jener Gedanke im römischen Recht wirklich eine allgemeine Anerkennung erlangt hat und ob er überhaupt eine solche verdient, z. B. auch in dem Falle, wo der Usufructuar nachher die Proprietät einer Sache erwirbt, die zuvor einem Dritten verpfändet war."

Um eine sichere Grundlage für die Entscheidung dieser Frage zu gewinnen, ist es nötig, kurz darauf einzugehen, auf welchem Grunde der höhere Wert des *in abstracto* schwächeren Rechts beruhen kann. Im selteneren Falle beruht er darauf, daß der Inhalt des dinglichen Rechts über die im Eigentum enthalteuen Befugnisse hinausgreift; der Hauptfall ist der, daß dem Eigentum durch Gesetz oder Statut Beschränkungen auferlegt, also Befugnisse entzogen worden sind, während das Recht doch dem Eigentümer gestattet, die ihm auf diese Weise entzogenen Befugnisse sich auf dem Wege einer Servitut wieder zu erwerben; die gesetzlich für das den Inhalt des Eigentums dieses Eigentümers, wie für das aller Rechtsgenossen fortbestehende Beschränkung bewirkt, daß die erworbene konkrete Befugnis nicht als Eigentumsausfluß, sondern als Lebensäußerung des erworbenen dinglichen Rechts erscheint;[9] das gewöhnlich hierfür angezogene Beispiel ist die *servitus altius tollendi*, welche der durch Lokalstatut bezüglich der Höhe des Bauens beschränkte Eigentümer von den Interessenten erwirbt. Man kann hierher auch die Prädial-Servitut am gemeinsamen Grundstück rechnen, da die Konkurrenz der Eigentümer als eine dem Eigentume des Einzelnen anhaftende Beschränkung wirkt.

2. Die im konkreten Fall vorhandene höhere Kraft des dinglichen Rechts kann weiter — und dies ist für die Confusionslehre der wichtigere Fall — darauf beruhen, daß sich der Rang der dinglichen Rechte nach der Zeitfolge ihrer Begründung abstuft. Denn hierdurch ist die Möglichkeit geschaffen, daß das dingliche Recht auf seinem Lebensgange durch Begründung nach-

[9] Vgl. hierzu Hartmann a. a. O. S. 94 f., Bekker, Zeitschr. f. vergleich. Rechtswissensch. II S. 46 f.; freilich finden sich auch abweichende Meinungen, s. über sie Windscheid, Pand. I § 211a Note 11 S. 636.

stehender dinglicher Rechte im Verhältnis zum Eigentum eine relative Wertsteigerung erfährt. Es liegt auf der Hand, daß dieser Grund für alle dinglichen Rechte, nicht nur für einzelne Kategorien zutrifft, denn er liegt nicht in der spezifischen Natur oder dem spezifischen Zwecke eines dinglichen Rechts, sondern in dem für alle geltenden Prioritätsgesetze begründet.

Vergegenwärtigen wir uns nunmehr die Einzelfälle, in denen das römische Recht auf Grund der besseren Position, welche das beschränktere dingliche Recht gewährt, dasselbe neben dem Eigentume aufrecht erhält. Es gehört hierher einmal das mehrerwähnte Fortbestehen der Dienstbarkeit neben dem Miteigentume,[10] sodann ein verwandter, in diesem Zusammenhange schon oft[11] besprochener Fall: Führt eine Servitut über mehrere Grundstücke, so wird sie dadurch, daß das oberste und unterste Grundstück in eine Hand kommt, nicht in ihrem Bestande getroffen, sofern nur das mittlere Grundstück in fremdem Eigentum bleibt. Die Consequenz, die der Jurist hieraus zieht, ist, daß die Servitut sofort wieder vollwirksam hervortritt, wenn beide Grundstücke wieder in verschiedene Hände gelangen.

Diese Fälle gehören unserer ersten Kategorie an. Unter die zweite fällt die Aufrechterhaltung des mit dem Eigentum in einer Hand zusammentreffenden Pfandrechts, wenn nachstehende Hypo-

---

[10] Das Nähere s. oben S. 19 f.

[11] Jhering, Jahrb. f. Dogm. X S. 450, Buchka, Hypothek des Eigentümers S. 26 f., Hartmann, a. a. O. S. 94, Friedmann, Wirkungen der confusio S. 7 f. Der Fall ist enthalten in l. 31 D. de S. P. R. 8, 3. Iulianus lib. II ex Minicio: „*Tria praedia continua trium dominorum adiecta erant: imi praedii dominus ex summo fundo imo fundo servitutem aquae quaesierat et per medium fundum domino concedente in suum agrum ducebat: postea idem summum fundum emit: deinde imum fundum, in quem aquam induxerat, vendidit. quaesitum est, num imus fundus id ius aquae amisisset, quia, cum utraque praedia eiusdem domini facta essent, ipsa sibi servire non potuissent. negavit amisisse servitutem, quia praedium, per quod aqua ducebatur, alterius fuisset et quemadmodum servitus summo fundo, ut in imum fundum aqua veniret, imponi aliter non potuisset, quam ut per medium quoque fundum duceretur, sic eadem servitus eiusdem fundi amitti aliter non posset, nisi eodem tempore etiam per medium fundum aqua duci desisset aut omnium tria simul praedia unius domini facta essent.*

theken vorhanden sind. Die Quellen berühren dieses Problem mehrfach,[12] infolge der Lage der Fälle aber meist verquickt mit Bedenken, die sich aus der accessorischen Natur des Pfandrechts ergeben. Hier, wo es sich ausschließlich darum handelt, wie weit das Pfandrecht des Eigentümers wegen des Vorhandenseins nachstehender Hypotheken der Confusion Widerstand leistet, kann die Erörterung sich auf das Fragment beschränken, in welchem die erwähnte Frage, unkompliziert durch gleichzeitige Confusion oder Tilgung der durch das Pfand gesicherten Forderung, entschieden wird. Dies ist die bekannte l. 30 § 1 D. de exc. rei iud. 44, 2. Paulus lib. XIV quaest.: „*Latinus Largus: cum de hereditate inter Maevium, ad quem pertinebat, et Titium, qui controversiam moverat, transigeretur, traditio rerum hereditariarum Maevio heredi a Titio facta est, in qua traditione etiam fundum ei suum proprium, quem ante multos annos avo eiusdem Maevii heredis obligaverat, quemque alii postea in obligationem deduxerat, ex causa pacti tradidit. his gestis posterior Titii creditor ius suum persecutus est et optinuit. post hoc iudicium Maevius heres repperit in rebus avitis chirographum eiusdem Titii ante multos annos conscriptum, per quod apparuit eum fundum, qui in causam transactionis venerat, etiam avo suo ab eodem Titio fuisse obligatum. cum ergo constet, prius avo Maevii heredis in obligationem eundem fundum datum, de quo Maevius superatus est, quaero, an ius avi sui, quod tunc, cum de eodem fundo ageretur, ignorabat, nulla exceptione opposita exsequi possit. respondi: si de proprietate fundi litigatur et secundum actorem pronuntiatum fuisset, diceremus petenti ei, qui in priore iudicio victus est, obstaturum rei iudicatae exceptionem, quoniam de eius quoque iure quaesitum videtur, cum actor petitionem implet. quod si possessor absolutus amissa possessione eundem ab eodem, qui prius non obtinuit, peteret, non obesset ei exceptio: nihil enim in suo iudicio de iure eius statutum videretur. cum autem pigneraticia actum est adversus priorem creditorem, potest fieri, ut de iure possessoris non sit quae-*

[12] l. 30 § 1 D. de exc. rei iud., l. 1 C. si ant. cred. 8, 19 (20), l. 19 D. qui pot. 20, 4, l. 17 D. eod., l. 3 § 1 D. de distr. pign. 20, 5, l. 3, 5 C. de his qui in prior. 8, 19. Vgl. dazu Windscheid, Pand. I § 248 Note 27, Buchka, Hypothek des Eigentümers S. 37 f., 9 f., Hartmann, Jahrb. f. Dogm. XVII S. 100 f.

situm, quia non, ut in proprietatis quaestione quod meum est, alterius non est, ita in obligatione utique consequens est, ut non sit alii obligatum, quod hic probabit sibi teneri. et probabilius dicitur, non obstare exceptionem, quoniam de iure possessoris quaesitum non est, sed de sola obligatione. in proposita autem quaestione magis me illud movet, numquid pignoris ius extinctum sit dominio adquisito: neque enim potest pignus perseverare domino constituto creditore. actio tamen pigneraticia competit: verum est enim et pigneri datum et satisfactum non esse, quare puto non obstare rei iudicatae exceptionem.“

Die wesentlichen Elemente des Thatbestandes sind folgende: Maevius hat durch Vergleich ein Grundstück erworben, das ihm später von einem Hypothekengläubiger mit der Serviana abgenommen wird; erst nach Rechtskraft des Urteils erfährt er durch Auffindung einer Pfandurkunde in den Papieren seines von ihm beerbten Großvaters, daß ihm ein besseres Pfandrecht zustand, da das Grundstück seinem Erblasser schon vorlängst verpfändet worden war.

Nach Beseitigung des Bedenkens, daß die Rechtskraft der im Vorprocesse ergangenen Entscheidung der auf das bessere Pfandrecht gestützten Klage entgegenstehen könnte, wendet sich der Jurist zu der Frage, ob nicht das Pfandrecht infolge des Erwerbs des Eigentums an der Pfandsache durch Confusion erloschen sei und äußert sich darüber mit den Worten: „*In proposita autem quaestione magis me illud movet, numquid pignoris ius extinctum sit dominio adquisito? Neque enim potest pignus perseverare domino constituto creditore. actio tamen pigneraticia competit; verum est enim, et pignori datum, et satisfactum non esse.*“

Der springende Punkt der ganzen Erörterung ist die Frage, in welchem Verhältnisse der im ersten Satze erhobene Einwand nebst der mit den Worten „*neque enim etc.*“ sich anschließenden Begründung zu der im Schlußsatze gegebenen Entscheidung steht; hiernach gliedern sich die mannigfaltigen Interpretationen in zwei Hauptgruppen: Entweder wird angenommen, im Schlußsatze werde das Bedenken, daß das Pfandrecht an der eigenen Sache nicht fortbestehen könne, überwunden, oder aber, Paulus entschlage sich desselben mit dem Hinweise darauf, daß, wenn auch das Pfandrecht untergegangen sei, doch die Pfand**klage** fortdauere.[13] Meines Erachtens ist bei der ersten Auslegung in der Gestalt, die ihr CUIACIUS und neuerdings namentlich HARTMANN und BUCHKA gegeben hat, stehen zu bleiben, und ich hoffe, daß die im § 1 gegebene Analyse der treibenden Kräfte in der römischen Confusionslehre geeignet ist, sie weiter zu stützen. Hiernach charakterisiert sich der Satz: „*neque enim potest pignus perseverare domino constituto creditore*“ als ein vom Standpunkte des formalen Confusionsprincips aus erhobener Einwand, dessen Unhaltbarkeit

---

[13] Während die Glosse (Constituto i. f.: „*Sed non aperit, an sit res obligata, licet competat hypothecaria*“ zu beiden Eventualitäten noch keine bestimmte Stellung einnimmt, ist bei den Postglossatoren die erstere Auffassung bereits die durchaus herrschende, vgl. z. B. Bartolus ad l. 61 (59) pr. D. ad S. C. Treb. 36, 1 Num. 1 (Ed. Venet. 1590 Tom. IV Fol. 142), Bartholomäus de Salileto († 1412) ad l. si potiores (3) C. de his qui succ. 8, 18 (19), und wird auch von Cuiacius (ad h. l. in den Quaestionen des Paulus, Ed. Fabrot, Tom. IV p. 1168, 1169) überzeugend vertreten. Literaturnachweise aus späterer Zeit s. bei BACHOFEN, Pfandrecht S. 89—93. Auch heute hält die herrschende Meinung trotz mancher Angriffe an dem Begriffe des Pfandrechts an eigener Sache fest, vgl. WINDSCHEID, Pand. I § 238 Note 25a, 26. Doch hat auch die zweite Ansicht von den Basiliken an (cap. 27 Bas. 51, 2: „*ἡ μὲν ὑποθήκη λύεται, ἡ δὲ περὶ τῆς ὑποθήκης ἀγωγὴ σώζεται, ἐπειδὴ καὶ τὸ ἐνέχυρον ἐδόθη, καὶ τὸ χρέος οὐ κατεβλήθη*“) bis zur Gegenwart Vertreter gefunden. Unter den Postglossatoren ist besonders Albericus de Rosate ad l. 30 § 1 D. de exc. rei iur. 44, 2 zu nennen (Comm. in I. Dig. novi part. Ed. Venet. 1585 Fol. 151: „*Item societas finitur et durat a pro socio. Item in mandato ut supra mand. inter causas* § 1 (l. 26 D. mand.) et l. si praecedente (l. 58 pr. eod.). Vielfach nimmt diese Ansicht die, wie es scheint, zuerst bei v. JUNGENFELDT, Pfandrecht an eigener Sache S. 29 f. auftretende Gestalt an, daß das Pfandrecht zwar durch Confusion untergehe, aber doch noch gewisse Wirkungen ausübe. Auf einem ähnlichen Gedankengange beruht die DERNBURG'sche Idee einer Transfusion der im confundierten Pfandrecht enthaltenen pfandrechtlichen Befugnisse in das Eigentum mit der Wirkung, daß dieses den Nachhypotheken gegenüber mit stärkerer Kraft ausgestattet wird. Eine eigentümliche Stellung nimmt der BACHOFENsche Erklärungsversuch mit seiner völligen Depossedierung des pfandrechtlichen *ius in re* zu Gunsten der Pfandklage ein. Vgl. dagegen KELLER in RICHTERS und SCHNEIDERS krit. Jahrb. Jahrg. XI, S. 990 f. und HARTMANN in den Jahrb. f. Dogmatik Bd. XVII S. 100, 101.

das folgende Argument darthut. Ist es doch gerade Paulus, der auch anderwärts[14] in der Confusionslehre den Einfluß des formalen Gesichtspunktes, daß ein Recht zu Grunde gehen müsse, wenn es in eine Lage gerate, in der es nicht hätte begründet werden können, bekämpft. Besonders bezeichnend hierfür ist die l. 140 § 2 D. de V. O. 45, 1 (Paulus lib. III ad Neratium), in der der Jurist unter andern Argumenten gegen die Allgemeingiltigkeit der Regel auch vorbringt: *„et per partem dominorum servitus adquiri non potest, adquisita tamen conservatur et per partem domini: hoc evenit, si pars praedii servientis vel cui servitur alterius domini esse coeperit.“*[15]

Es geht daraus hervor, daß Paulus den Gedanken in voller begrifflicher Klarheit erfaßt:

Eine Servitut an eigener Sache könne, wenn sie dem Eigentümer im konkreten Fall eine bessere Position verschaffe, als das Eigentum, bestehen, zwar nicht infolge anfänglicher Begründung durch den Eigentümer, aber doch infolge ihrer Konservierung trotz partieller Eigentumsvereinigung. Und wenn Paulus sich in der Servitutenlehre, wo die alte Regel: *„Nemini res sua servit“* entgegenstand, zu solch vorurteilsloser theoretischer Einsicht erheben konnte, sollte man ihm da zutrauen, daß er in dem analogen pfandrechtlichen Falle an der Undenkbarkeit des Pfandrechts an eigener Sache haften geblieben sei?[16]

Wenn nach allem behauptet werden muß, daß die Römer ein Pfandrecht an eigener Sache gekannt haben, so ist doch sofort eine Einschränkung beizufügen. Das Pfandrecht an eigener Sache kann nie, wie in einzelnen modernen Hypothekengesetzen durch anfängliche Begründung seitens des Eigentümers zur Existenz gelangen, sondern nur in der Weise, daß sich nachträglich die Rollen des Eigentümers und des Pfandgläubigers in einer Person

---

[14] l. 140 § 2 D. de V. O. 45, 1, l. 85 § 1 D. de R. I. 50, 17.

[15] Vgl. auch die oben S. 21 im Wortlaute angeführte l. 30 § 1 D. de S. P. U. 8, 2.

[16] Über die nur scheinbar entgegenstehenden Fragmente: l. 33 § 5 D. de usurp. et usucap. 41, 3, l. 29 D. de pign. act. 13, 7 und l. 45 D. de R. I. 50, 17 vgl. Bachofen, Pfandrecht S. 86 einerseits, Hartmann, a. a. O. S. 105 Note 1 andererseits.

vereinigen. Der innere Grund für diese Beschränkung liegt darin, daß das praktische Interesse an der Existenz des Pfandrechts neben dem Eigentume am dringendsten da hervortritt, wo das Pfandrecht zunächst als Recht an fremder Sache begründet, durch Bestellung nachstehender dinglicher Rechte die oben erörterte Wertsteigerung erfahren hat und dann erst sich mit dem Eigentume in einer Hand vereinigt hat. Wenn moderne Hypothekenrechte weitergehen und von vorn herein die Begründung einer Hypothek oder einer Grundschuld an eigener Sache zulassen,[17] so schaffen sie ein Institut, dem in der Hauptsache nur prophylaktische Bedeutung zukommt; der Eigentümer kann durch Eintragung einer Hypothek oder einer Grundschuld erreichen, daß etwa später an der Sache begründete Rechte Dritter diese nur unter Ausschluß der vom dinglichen Rechte des Eigentümers in Anspruch genommenen Wertsquote ergreifen. Vereinigen sich dagegen Eigentum und dingliches Recht erst nachträglich in einer Hand, so ist beim Vorhandensein nachstehender dinglich Berechrechtigter bereits ein gegenwärtiges Interesse des Eigentümers an der Erhaltung des dinglichen Rechts gegeben. Daher ist es durchaus begreiflich, daß die Anerkennung des Satzes, die Vereinigung des dinglichen Rechts und des Eigentums in einer Hand hebe das dingliche Recht unter gewissen Voraussetzungen nicht auf, unabweisliches Verkehrsbedürfnis und Satz des geltenden Rechts geworden sein kann, ohne daß sich ein Interesse in der Richtung geltend gemacht hat, dem Eigentümer die prophylaktische Begründung von Rechten an der eigenen Sache zu gestatten.[18] Wie weit erstenfalls das dingliche Recht eine inhaltliche Veränderung erleidet, kann erst weiter unter (§ 17) erörtert werden. Jedenfalls schließt der Fortbestand des Rechtsverhält-

[17] Mecklenburgische revidierte Hypothekenordnung für Landgüter v. 18./10. 1848 § 16 Nr. 4; vgl. dazu Buchka, Hypothek des Eigentümers S. 1—6, 89 f., v. Meibom, Mecklenburg. Hypoth.-R. S. 148 f. Preuß. Ges. über den Eigentumserwerb an Grundstücken v. 5./5. 1872 §§ 63 f.

[18] Dies beweisen auch diejenigen modernen Hypothekenrechte, welche zwar die Umschreibung erworbener Hypotheken auf den Namen des Eigentümers oder die Cession der vom Eigentümer erworbenen Hypothek, aber nicht die Eintragung einer Hypothek von vornherein auf den Namen des Eigentümers zulassen, wie z. B. das sächs. B.G.B. §§ 442—444.

nisses trotz erfolgter Vereinigung mit Notwendigkeit die Folge ein, daß das dingliche Recht mit Aufhebung der Vereinigung sofort wieder, ohne neuen Begründungsakt, vollwirksam hervortritt.[19]

In das hellste Licht tritt aber das dynamische Gesetz, welches die Confusion der dinglichen Rechte beherrscht, da, wo der Inhaber des dinglichen Rechts das Eigentum kraft eines Titels erwirbt, der in sich selbst den Keim zum dereinstigen Verluste des Eigentums trägt; hierher gehört z. B. der Eigentumserwerb unter einer auflösenden Bedingung, die *addictio in diem*, der Erwerb des Eigentums einer Sache vermöge Erbgangs durch den Fiduciar, dem an eben dieser Sache ein dingliches Recht zusteht. In allen diesen Fällen gewährt das dingliche Recht dem Eigentümer zwar für den Augenblick keine bessere Position, als das Eigentum, sein Wert tritt aber in dem Augenblicke hervor, in dem das Eigentum kraft des dem Erwerbsakte anhaftenden Mangels sich von selbst von der Person des Erwerbers wieder ablöst. Überall hier besteht also ein erhebliches Interesse des nur zeitweiligen Eigentümers, sein dingliches Recht aus der nur vorübergehenden Berührung mit dem Eigentume unversehrt hervorgehen zu sehen. Wird diesem Rechnung getragen? Im römischen Rechte noch nicht durchgängig. Dies wird zwar nicht bewiesen durch die gewöhnlich[20] hierfür in Bezug genommenen Stellen l. 18 D. de serv.

---

[19] Wo dies nicht der Fall wäre, könnte es nur die Folge eines auch sonst wirksamen Rechtsaufhebungsgrundes sein, beispielsweise eines vom Eigentümer bei der Veräußerung abgegebenen Verzichtes auf sein ruhendes dingliches Recht. Aber ein solcher muß ausdrücklich abgegeben oder aus conkludenter Handlung hervorgehen, er liegt keineswegs schon in der Thatsache, daß derjenige, in dessen Hand Eigentum und Pfandrecht vereinigt sind, die Sache ohne Vorbehalt weiter veräußert; dies behauptet Kohler (Ges. Abhandlungen S. 307) unter Berufung auf l. 4 § 1, l. 8 § 6 D. quib. mod. pign. 20, 6 und l. 2, 11 C. de remiss. pign. 8, 25, Stellen, die den Untergang des Pfandrechts infolge des Consenses des Pfandgläubigers zum Verkaufe der Pfandsache behandeln. Aber kann man sagen, daß der Eigentümer, indem er verkaufe, sich hierzu als Pfandgläubiger die Erlaubnis erteile? Ist doch dem Eigentümer die Zustimmung des Pfandgläubigers zum Verkaufe keineswegs notwendig! Vgl. auch Hartmann, Jahrbücher f. Dogmatik Bd. XVII S. 115 und Buchka, Hypothek des Eigentümers S. 30.

[20] z. B. von Jhering in den Jahrb. f. Dogm. X S. 451.

8, 1 und l. 70 § 1, l. 116 § 4 D. de leg. I (30), denn es liegt keine Notwendigkeit vor, diese Stellen auf ein (bedingtes) Vindikationslegat zu beziehen, sie brauchen nichts anderes, als ein Damnationslegat im Auge zu haben, bei welcher Annahme der Eintritt der Confusion völlig gerechtfertigt ist; wohl aber liefern die

l. 17 D. quib. mod. ususfr. amitt. 7, 4 Julian. lib. XXXV. Dig.: „*Si tibi fundi ususfructus pure, proprietas autem sub condicione Titio legata fuerit, pendente condicione dominium proprietatis adquisieris, deinde condicio extiterit, pleno iure fundum Titius habebit, neque interest, quod detracto usu fructu proprietas legata sit: dum enim proprietatem adquiris, ius omne legati usus fructus amisisti*“

und

l. 6 D. de manum. test. 40, 4. Ulpian. lib. XVIII. ad Sab.: „*Si fructuarium dominus proprietatis heredem scripserit et servo sub condicione sit libertas data; quoniam interim fit heredis confusione facta ususfructus, si extiterit condicio perveniet ad libertatem*“

einen entscheidenden Beweis dafür, daß zur Zeit der klassischen Juristen der spätere, mit dinglicher Wirkung in Aussicht stehende Wegfall des Eigentums keineswegs durchgängig die rechtsvernichtende Kraft der Vereinigung hintanhielt.

In der ersten Stelle tritt Confusion ein, trotzdem bereits zur Zeit des Eigentumserwerbs durch den Nießbraucher die spätere, vom Willen des Erwerbers unabhängige Loslösung des Eigentums von seiner Person infolge Eintritts der Suspensivbedingung in Aussicht steht; in der zweiten Stelle führt Ulpian den Umstand, daß der Sclave mit Eintritt der Bedingung die Freiheit direkt erlangt, darauf zurück, daß der in der Hand des Erben befindliche Nießbrauch dessen Fortbestand nach classischem Rechte der Erlangung der Freiheit im Wege stehen würde (cf. Ulpian. fragm. I. 19, l. 9 § 20 D. de hered. instit. 28, 5), durch Confusion erloschen sei. Allerdings ist zu beachten, daß von der Confusion abgesesehen, dem Erben jedenfalls die Verpflichtung obläge, auf seinen Nießbrauch zu verzichten, da er ja auch,

arg. l. 66 § 6 D. de leg. II. (31): „*Fundo legato si ususfructus alienus sit nihilo minus petendus est ab herede*“ rel.

den Sklaven von einem an ihm bestehenden fremden Nießbrauche befreien müßte. Hiernach liegt ein begründetes Interesse des Erben an der Erhaltung des Nießbrauchs wenigstens über den Zeitpunkt des Eintritts der Bedingung hinaus nicht vor. Aber wenn auch diese Erwägung mitgespielt haben mag, so deutet die Entscheidung dies doch mit keinem Worte an, sondern bezieht sich ausschließlich auf den Eintritt der *confusio*; und völlig parallel geht ihr die Entscheidung der

l. 26 D. de leg. II. (31): „*Is, cuius in servo proprietas erat, fructuario herede instituto alicui eum servum legavit. non potest heres doli mali exceptione uti, si legatarius vindicare servum vellet non relicto heredi usu fructu*",

welche Untergang des Nießbrauchs infolge Confusion annimmt, wenn der Eigentümer den Nießbraucher zum Erben einsetzt und die dem Nießbrauch unterworfene Sache einem Dritten vermacht.[21] Aber doch findet sich schon im classischen Recht ein Fall, in dem der spätere Wegfall des Eigentums den Untergang des dinglichen Rechts ausschließt: Der Fiduciar verliert sein an einer Sache des Erblassers begründetes dingliches Recht (Servitut, l. 75 § 1 D. ad S. C. Treb. 36, 1, Pfandrecht, l. 61/59 D. eod.) durch den Erbantritt nicht, er ist daher nicht darauf angewiesen, bei der Restitution der Erbschaft Wiederherstellung desselben zu verlangen, sondern es tritt im Momente der Restitution ohne neuen Begründungsakt vollwirkam wieder hervor.[22] Aus diesem einen Falle haben bereits die Postglossatoren verallgemeinernd das Princip gewonnen, daß das dingliche Recht nur dann bei seiner Vereinigung mit dem Eigentume durch *confusio* untergehe, wenn der Eigentumserwerb unwiderruflich geschehe. Hierbei ver-

---

[21] Vgl. hierzu Enneccerus, Rechtsgeschäft S. 405.

[22] Wenn auch das Universalfideikommiß gleich dem Singularfideikommiß sich ursprünglich auf rein obligatorischem Gebiete bewegt, so wird doch durch den Zwang des Fiduciars zum Erbantritt (S. C. Pegasianum) die Position des Fideikommissars thatsächlich der eines dinglich Berechtigten gleichgestellt, da sein zukünftiger Erwerb unabhängig von dem Willen des Fiduciars gemacht wird. Es ist daher unbedenklich, hier, wie in ähnlichen Fällen (vgl. Jhering, Jahrb. f. Dogm. X S. 451, 512 f., 518 f. 570) von einem „dinglichen Schutz" des künftigen Rechts des Fideikommissars zu sprechen.

stehen sie die Widerruflichkeit im weitesten Sinne, indem sie darunter nicht nur den Fall subsumieren, daß zur Zeit des Eigentumserwerbs bereits eine Eigentumsanwartschaft für einen Dritten begründet ist, welche, aktuell geworden, das Eigentum mit direkter Wirkung ergreift und dem bisherigen Eigentümer entzieht, sondern auch den weiteren, daß beim Eigentumserwerb durch den dinglich Berechtigten nachstehende Pfandgläubiger vorhanden waren, welche durch Ausübung ihres Pfandrechts den Eigentümer mit dem Verluste des Eigentums bedrohen. Ist nun auch die Subsumtion dieses letzteren Falles unter den Begriff des revokabelen Eigentums nicht nachahmenswert, so zeigt sie doch lebhaft das schon unter den Postglossatoren vorhandene Bedürfnis, bei der Confusion dinglicher Rechte das materielle Absorptionsprincip gegenüber dem formalen Princip der Initialrückziehung rein durchzuführen und dafür eine allgemeingiltige Formel aufzustellen. Die nachstehenden Belege werden das eben Gesagte im einzelnen illustrieren:

Cinus, († 1336) Comm. in Cod. ad l. Si potiores (3) C. de his qui succ. 8, 18/19: „*Quaero circa legem istam, an talis emtor, de quo legitur hic, habeat rem istam, quam emit, obligatam? Glossa dicit, quod non, immo habet rententionem tantum, et movetur glossa, quia pignus non potest consistere in re sua, ut in regulis iuris neque pignus* (l. 45 D. 50, 17). *Iacobus de Arena dicit, quod habet eam obligatam: et ita intellexit hanc legem. Non obstat regula iuris ‚neque pignus' etc.*", *nam verum est illud, ubi aliquis est plene et incommutabiliter factus dominus: sed non est sic in casu huius legis. Poterat enim conveniri a sequentibus creditoribus, et eo respectu, quo potest avelli, non videtur facta sua, et sic pignus tenet,* ut ff. de exc. rei iud. l. ex sextante § Latinus (l. 30 § 1) D. de exc. rei iud. 44, 2.

Bartolus († 1357) ad. l. debitor (61/59) ad S. C. Treb. 36, 1 Nr. 2: „*Quando dominium rei pervenit ad creditorem irrevocabiliter, tunc hypothecaria perfecte et irrevocabiliter extinguitur, ut in contrario: sed quando venit revocabiliter dominium, tunc hypothecaria non extinguitur,* ut probatur in textu in d. § Latinus."

Bartholomaeus de Saliceto († 1412), Comm. in Codicem ad. l. si potiores (3) C. de his qui succ. 8, 18/19 § 1: „*Quero, an iste emtor habeat hanc rem obligatam. Dicit glossa quod non, quia sua est, ergo etc.* ut l. neque pignus (45) de reg. iur. (50, 17.) *non ergo succedit in hypothecaria, sed solum ei prodest, ut contra omnes se tueri possit, nisi ei debitum offeratur.* Sed Ia. de Are.[23] et Cynus contra, *quia tunc res sua nemini est obligata, quando est irrevocabiliter facta sua et pleno iure; sed in casu nostro hoc non est, quia alii creditores ei possunt offerre ut sequitur in glossa, ergo et in pignore succedit*: ut ff. de exc. rei iud. l. ex sextante § Latinus (l. 30 § 1 D. 44, 2)".

Paulus de Castro, († 1441) ad. l. ex sextante § Latinus (l. 30 § 1 D. de exc. rei iud. 44, 2) Nr. 2 Tom. V. Fol. 107b: „*Ultimo nota in fine, quod ius pignoris non extinguitur in effectu, quando creditor efficitur dominus rei pigneratae, revocabiliter tamen: quia res erat etiam alteri pignerata, et sic poterit ab eo avocari. Nam non debet effici deterioris condicionis ex eo, quod dominum acquisivit ut notavi in l. 1 C. si antiquior creditor et ibi vide bonam glossam. mero tamen iure extinguitur pignus: et ita innuit hic textus.*"

Alexander Tartagnus († 1477) Lib. VII. Consil. 100 Nr. 6 (Frkf. 1610) pag. 146: „*Res, quae est revocabiliter mea, potest mihi obligari absque eo, quod renuntiem iuri meo,* l. in bello § si quis servum ff. de capt. (l. 12 § 7 D. 49, 15), l. sextante § Latinus ff. de exc. rei iud. (l. 30 § 1 D. 44, 2), l. debitor (l. 61/59 D. ad S. C. Treb 36, 1) etc. *tamen non posset mihi obligari, si esset irrevocabiliter mea,* l. neque pignus ff. de reg. iur. (l. 45 D. 50, 17).

Philippus Decius († 1535 oder bald darauf) Comm. in tit. de reg. iuris. ad l. neque pignus (l. 45 D. 50, 17).: „*Et hoc* (Untergang des Pfandrechts durch Confusion) *intellegitur, quando res perfecte et irrevocabiliter acquisita sit. Secus, si revocabiliter, quia tunc res propria iure pignoris retineri potest*".

Die neuere Jurisprudenz ist mit vollem Rechte auf diesem Wege gefolgt. Namentlich Jhering tritt in seinem mehrfach citierten Aufsatze über die passiven Wirkungen der Rechte energisch für die Verallgemeinerung der Entscheidung der l. 75/73

[23] Jacobus de Arena, † um 1269, cf. v. Savigny, Gesch. d. röm. Rechts im M.-A V. S. 401.

§ 1 D. ad S. C. Treb. 36, 1 auf alle Fälle dinglich gesicherten künftigen Eigentumserwerbs ein, mit der Begründung, daß das künftige dinglich gesicherte Eigentum dem gegenwärtigen gegenüber ganz dieselbe Stellung einnehme, wie ein gegenwärtiges *ius in re* dem Eigentume gegenüber (a. a. O. S. 451, 510, 523). Von dem hier eingenommenen Standpunkte aus ist diesem Resultate durchaus beizupflichten, da es sich als Konsequenz der fortschreitenden Verdrängung des formalen Gesichtspunktes, welcher ursprünglich die Confusion dinglicher Rechte beherrschte, durch den materiellen, ihr Wertverhältnis zum Eigentume *in concreto* ins Auge fassenden darstellt. Von hier aus wird auch klar, daß die Inkonsequenz, welche darin erblickt wird, daß das römische Recht bei der *restitutio ex S. C. Trebelliano* nur die dinglichen Rechte ihre Vereinigung mit dem Eigentum, nicht aber die Obligation die Vereinigung von Forderung und Schuld in einer Person überstehen ließ,[24] nur scheinbar ist. Die Confusion dinglicher Rechte beruht auf dem Gedanken der Absorption des schwächeren Rechts durch das stärkere. Sobald sich einmal die Idee Bahn gebrochen hat, daß hierbei nicht das abstrakte, theoretische Wertverhältnis, sondern die Intensität, mit welcher sich das Recht im konkreten Falle konkurrierenden Berechtigten gegenüber behauptet, den Maßstab abzugeben hat, ist es nur konsequent, das dingliche Recht beim Zusammentreffen mit einem durch den künftigen, dinglich gesicherten Erwerb eines Dritten beschränkten Eigentume zu erhalten. Bei der Obligationsconfusion dagegen handelt es sich nicht um die Aufsaugung eines schwächeren Rechts durch ein stärkeres, sondern es kommt überhaupt nur ein Recht in Betracht, welches durch das Aufeinandertreffen unvereinbarer rechtlicher Eigenschaften zu Grunde geht; der Schuldner ist deshalb nicht weniger Schuldner, der Gläubiger nicht weniger Gläubiger, weil der Vermögenskomplex, zu dem die Forderung oder die Schuld gehörte, die Bestimmung hat, später auf eine andere Person überzugehen. Die größere Widerstandsfähigkeit, welche im römischen Rechte das

[24] l. 60/58 pr. D. ad S. C. Treb. 36, 7: „. . . *quoniam actio eo confusa per Trebellianum redintegrari non potest* . . .“, l. 61/59 D. eod., vgl. Windscheid, Pand. III § 665 Note 4a, Brinz, Pand. III § 430 Note 50 S. 447.

dingliche Recht im Verhältnis zur Obligation der Confusion gegenüber erweist, ist also nichts als ein Symptom für die Verschiedenheit der Principien, auf denen die Confusion bei beiden beruht. Wenn das moderne Recht gleichwohl auch die Obligation in gewissen Fällen unversehrt aus einer nur zeitweiligen Vereinigung ihrer beiden Seiten hervorgehen läßt, so beruht dies auf Gründen, welche mit den hier erörterten nichts zu thun haben und in ganz anderem Zusammenhange klarzulegen sind.[25]

Beschränkt sich nun die hier dargestellte absorbierende Confusion auf das Verhältnis von Eigentum und dinglichem Recht? Oder ist sie nicht vielmehr eine allgemeinere gesetzliche Erscheinung, überall da Platz greifend, wo ein Recht mit einem aus ihm abgeleiteten von qualitativ anderem und beschränkterem Inhalt zusammentrifft? Beispielsweise bei der Vereinigung von Emphyteuse und (vom Emphyteuta eingeräumten) Nießbrauch, von Pfandrecht und Afterpfand, Nießbrauch und (vom Nießbraucher bestellten) Pfandrecht? Betreffs der Forderung erhebt sich dieselbe Frage, wenn an ihr ein Pfandrecht, ein Nießbrauch, kurz eines jener Rechte bestellt ist, welche sich, an Sachen begründet, als dingliche darstellen.

Zur Bejahung der Frage müssen alle diejenigen kommen, welchen ein Recht an einem Rechte in der Art denkbar ist, daß das regierte Recht, wenn auch in anderem und alsdann näherer Bestimmung bedürftigem Sinne als die Sache,[26] als Gegenstand des regierenden Rechts angesehen werden kann. Denn hier besteht die gleiche Beziehung rechtlicher Abstufung zwischen voller Zuständigkeit des Rechts, und Zuständigkeit nur innerhalb der Grenzen des beschränkten Rechts, wie zwischen Eigentum und dinglichem Recht hinsichtlich der Sache und demgemäß dieselbe Consolidationskraft.

Weniger klar ersichtlich ist die principielle Stellung derjenigen, welche die Idee eines Rechts am Rechte verwerfen und sie durch den Gedanken der sog. konstitutiven Succession ersetzen,[27]

---

[25] Hierüber vgl. unten § 17.

[26] Cf. WINDSCHEID, Pandekten I § 48a. Ziff. 1.

[27] Vgl. namentlich EXNER, Kritik des Pfandrechtsbegriffs, S. 53 f., MANSBACH, Nießbrauch an Forderungen S. 38 f.

wonach in den Fällen, in denen der Sprachgebrauch von Rechten an Rechten redet, vielmehr eine besonders geartete Succession vorliegt, insofern als der Auktor ein von seinem Recht qualitativ verschiedenes und nur im Zeitpunkt der Begründung von dem seinigen materiell abhängiges Recht constituiert.[28]

Da der Successionsgedanke es mit sich bringt, daß das „Tochterrecht" alsbald nach seiner Begründung von seinem „Mutterrecht" völlig getrennte Bahnen wandelt,[29] so kann jedenfalls ein Grund für den Untergang des Tochterrechts bei seiner Vereinigung mit dem Mutterrecht nicht aus einem noch bestehenden Verhältnisse rechtlicher Abhängigkeit des ersteren entnommen werden.

Es fragt sich nur, ob nicht die Anwendung des Gesichtspunkts, durch welchen die Vertreter der hier ins Auge gefaßten Theorie das durch die konstitutive Succession geschaffene Rechtsverhältnis näher zu individualisieren bestrebt sind, „der gestaltende ökonomische Zweck", um deswillen das Tochterrecht verliehen wurde, ein ähnliches Ergebnis wie bei der ersterwähnten Auffassung herbeiführen könnte. Vielleicht wäre in ihrem Sinne zu argumentieren, daß bei Vereinigung des Mutterrechts und Tochterrechts in einer Hand die selbständige Fortexistenz des letzteren überflüssig werde, weil die Erreichung des genannten Zwecks dem Inhaber beider Rechte durch das Mutterrecht ausreichend garantiert sei. Es mag dahingestellt sein, ob dies ein ausreichender positiver Grund für den Untergang des Tochterrechts wäre. Jedenfalls beruhte der Untergang hier nicht auf den der *confusio* eigentümlichen Grundsätzen, sondern auf einer rein praktischen, von außen hinzutretenden Erwägung.

Welche dieser Auffassungen zutrifft, kann, da die Quellen

---

[28] Exner S. 54, Mansbach, a. a. O. S. 37.

[29] Exner S. 58. Das neue Recht des Successors ist zwar auch „materiell abhängig von dem Recht des Auktors, auf Grund dessen es entstand, aber es bleibt nicht in solcher Abhängigkeit; vielmehr löst es sich durch den Successionsakt von seinem Stamme gleichsam ab, dergestalt, daß es in sein neues selbständiges Dasein allerdings jene Gebrechen mit hinüber trägt, die ihm von Geburt anhaften (darunter auch möglicherweise Keime der Auflösung), aber fortan nicht mehr affiziert werden kann von den späteren Schicksalen des Stammrechts".

eine direkte Entscheidung nicht enthalten, nur durch die principielle Erörterung über die Berechtigung beider Ansichten überhaupt klargestellt werden. Diese wird jedoch zweckmäßig nicht an dieser Stelle vorgenommen, sondern mit der Betrachtung der sog. Relativität der Confusion verflochten, für welche die hier erörterte Differenz vorzugsweise in Betrachtung kommt und wo wenigstens einiges Quellenmaterial und damit ein positiver Anhalt für Prüfung und Kritik vorhanden ist. Im voraus sei bemerkt, daß nach der im § 14 zu entwickelnden Auffassung auch ein Recht in noch näher darzulegendem Sinne Gegenstand eines anderen Rechtes sein kann und demnach der ersterwähnte Standpunkt gebilligt wird, wonach eine wahre absorbierende Confusion nicht nur zwischen Eigentums- und dinglichem Recht, sondern überall stattfindet, wo volle Rechtszuständigkeit und Zuständigkeit kraft beschränkteren Rechts in einer Person zusammentreffen, sofern nur das beschränktere Recht unmittelbar aus dem umfänglicheren abgeleitet ist. Hiernach versteht es sich von selbst, daß auch die Grundsätze, welche die Confusionswirkung limitieren, nach den der absorbierenden Confusion eigentümlichen Gesichtspunkten zu bestimmen sind.

§ 5.

Die Bürgschaftsconfusion.

Auch der Ausgangspunkt der Bürgschaftsconfusion ist, wie im § 1 des Näheren dargelegt ist, ein rein formaler: aus dem Satze, daſs Niemand für sich selbst eine Bürgschaft übernehmen kann („*non enim intellegi posse, ut quis pro se fideiubendo obligetur*“, l. 21 § 2 D. de fideiuss. 46, 1), wird abgeleitet, daß die bestehende *fideiussio* bei ihrem Zusammentreffen mit der Hauptschuld vernichtet werde. Das Mittelglied bei dieser Folgerung ist die Vorstellung, daß ein Rechtsverhältnis zu Grunde gehen müsse, wenn es in eine Lage gerate, in der es nicht hätte begründet werden können. Indessen erleidet dieser Satz eine bedeutsame Einschränkung. Der Untergang der Bürgschaft, welcher bei durchgreifender Geltung der erwähnten logischen Deduktion die unterschiedslose Folge der Vereinigung von Bürgschaft und Hauptschuld sein müßte, soll doch nur eintreten: „*Quotiens plenior rei promittendi obligatio invenitur*“ (l. 95 § 3 D. de solut. 46,3). Bereits oben (S. 22) ist das Verhältnis klargelegt worden, in dem dieser Satz zu dem formalen Confusionsprincip steht: Er schränkt es ein, aber doch nur in den festumrissenen Grenzen, die durch die Bedeutung des „*plenior*“ gezogen sind. Es gilt daher zunächst, den quellenmäßigen Begriff der Pleniorität der Hauptobligation festzustellen. Dahinter erhebt sich die Frage, ob dieser Begriff sich mit dem modernen gemeinrechtlichen deckt.

Was den ersten Punkt betrifft, so belehrt uns die

l. 5 D. de fideiuss. 46, 1: Ulpian lib. XLVI. ad Sabinum in den Worten:

„*Generaliter Iulianus ait eum, qui heres extitit ei, pro quo intervenerat, liberari ex causa accessionis et solummodo quasi heredem rei teneri. denique scripsit, si fideiussor heres extiterit ci, pro quo fideiussit, quasi reum esse obligatum, ex causa fideiussionis liberari: reum vero reo succedentem ex duabus causis esse obligatum. nec enim potest repperiri, quae obligatio quam peremat: at in fideiussore et reo repperitur, quia rei obligatio plenior est*“

in Verbindung mit der

l. 50 D. de fideiuss. 46, 1. Papinian. lib. XXXVII. quaest.: „*Debitori creditor pro parte heres extitit accepto coherede fideiussore: quod ad ipsius quidem portionem attinet, obligatio ratione confusionis intercidit, aut (quod est verius) solutionis potestate: sed pro parte coheredis obligatio salva est, non fideiussoria, sed hereditaria, quoniam maior tollit minorem*“

daß die Hauptschuld *ceteris paribus* schon als Principalschuld „*maior*“ und „*plenior*“ als die bloß accessorische Bürgschaft ist. Soll die Bürgschaft das Zusammentreffen mit der Hauptobligation überstehen, so muß sie letzterer gegenüber ein Plus von rechtlicher Kraft enthalten. Auf sie angewendet verlangt also der Begriff der Pleniorität ein höheres Maß von rechtlicher Intensität. Was nun deren nähere Bestimmung angeht, so hat es der römischen Jurisprudenz durchaus fern gelegen, den Satz aufzustellen, daß die Bürgschaft überall da *plenior* sei, wo der Gläubiger irgend ein Interesse an der Aufrechterhaltung der Bürgschaft habe. Sie ist vielmehr geneigt, den Plenioritätsbegriff, als Träger einer positiven Ausnahme von den Confusionsgrundsätzen, auf das Engste einzuschränken. Die Bürgschaft wird als *plenior* nur dann anerkannt, wenn sie dem Gläubiger aus dem Grunde größere rechtliche Vorteile bietet, als die Hauptobligation, weil die rechtliche Intensität der letzteren unter das normale Maß herabgesunken ist; und selbst hier ist noch eine Einschränkung zu machen, sofern in Betracht gezogen wird, auf welchem Grunde die Abschwächung der Hauptschuld beruht. Dies ist nunmehr im einzelnen aus den Quellen zu erweisen.

Aus l. 21 § 2 D. de fideiuss. 46, 1 folgt zunächst, daß die *fideiussio* neben der naturalen Hauptschuld aufrecht erhalten wird.[1] Das Fragment betrifft speciell den Fall der Naturalschuld eines später freigelassenen Sklaven. Aber auch da ist die Bürgschaft als *plenior* anzusehen, wo die Hauptschuld bloß wegen einer entgegenstehenden *exceptio* natural ist. Man denke z. B. an den Fall, daß sich Jemand für die Darlehensschuld eines Haussohnes *donandi animo*[2] verbürgt hat und den Haussohn beerbt. Da die exc. S. C. Macedoniani auf ihn als Erben übergeht (l. 7 § 10 D. de S. C. Maced. 14, 6), so steht auch nach der Beerbung eine in

---

[1] l. 21 § 2 D. de fideiuss. 46, 1. African. lib. VII quaest.: „*Servo tuo pecuniam credidi: eum tu manumisisti: deinde eundem fideiussorem accepi. si quidem in eam obligationem fideiubeat, quae adversus te in annum sit, obligari eum ait. sin vero in naturalem suam, potius ut nihil agatur. non enim intellegi posse ut quis pro se fideiubendo obligetur. quod si hic servus manumissus fideiussori suo heres existat, durare causam fideiussionis putavit et tamen nihilominus naturalem obligationem mansurum, ut, si obligatio civilis pereat, solutum repetere non possit. nec his contrarium esse, quod, cum reus fideiussori heres existat, fideiussoria obligatio tollatur, quia tunc duplex obligatio civilis cum eodem esse non potest. retro quoque, si fideiussor servo manumisso heres extiterit, eadem adversus eum obligatio manet, quamvis et naturaliter teneatur nec pro se quis fideiubere possit.*“ Die Stelle enthält zugleich einen neuen Beleg für die civile Natur der *confusio*, s. oben § 1 S. 13—17: Nur wenn sie mit einer civilen Hauptschuld zusammentrifft, muß die Bürgschaft untergehen, „*quia tunc duplex obligatio civilis cum eodem esse non potest*“. Neben der naturalen Hauptschuld kann sie bestehen trotz des „*nec pro se quis fideiubere potest*“ und des Satzes „*ea quae initio*“ etc. (S. 8 f.).

[2] In diesem Falle steht nur dem Hauptschuldner, nicht dem Bürgen die exc. S. C. Maced. zu, l. 9 § 3 D. de S. C. Maced. 14, 6.

rechtlicher Beziehung abgeschwächte Hauptobligation neben der vollkräftigen Bürgschaft, bleibt daher letztere als *plenior* erhalten.

Dennoch ist es möglich, daß die Hauptschuld mit einem Verteidigungsmittel ausgestattet ist, welches dem Bürgen nicht zusteht, und daß trotzdem die Bürgschaft bei ihrem Zusammentreffen mit der Hauptschuld nicht als *plenior* aufrecht erhalten wird. Einen solchen Fall behandelt der zweite Teil der vielumstrittenen l. 95 § 3 D. de solut. 46, 3. Papinian. lib. XXXVIII quaest.:

„*Quod volgo iactatur, fideiussorem, qui debitori heres extitit, ex causa fideiussionis liberari, totiens verum est, quotiens rei plenior promittendi obligatio invenitur. nam si reus dumtaxat fuit obligatus, fideiussor liberabitur. e contrario non potest dici, non tolli fideiussoris obligationem, si debitor propriam et personalem habuit defensionem: nam si minori XXV annis bona fide pecuniam credidi, isque nummos acceptos perdidit et intra tempora in integrum restitutionis decessit herede fideiussore, difficile est dicere causam iuris honorarii, quae potuit auxilio minori esse, retinere fideiussoris obligationem, quae principalis fuit et cui fideiussoris accessit sine contemplatione iuris praetorii. auxilium igitur restitutionis fideiussori, qui adolescenti heres extitit, intra constitutum tempus salvum erit.*“

Leider ist die Stelle in ziemlich verdorbenem Zustande überliefert. Besonders der zweite Satz (*nam si reus* etc.) ist offenbar unvollständig. Lassen wir ihn und seine gewöhnliche Emendation zunächst bei Seite und halten uns an den übrigen Teil der Stelle, so betont der einleitende Satz, daß die Bürgschaft nicht in allen Fällen bei ihrem Zusammentreffen mit der Hauptschuld untergehe, sondern nur, wenn letztere *plenior* sei, während von „*e contrario*“ an davor gewarnt wird, die Ansprüche an die Pleniorität der Hauptschuld zu hoch zu spannen. „Umgekehrt darf man nicht sagen, die Bürgschaft werde nicht aufgehoben, wenn der Schuldner ein eigentümliches, nur ihm persönlich zustehendes Verteidigungsmittel habe; denn wenn ich einem Minderjährigen gutgläubig Geld dargeliehen und dieser die empfangenen Münzen verloren hat, sodann innerhalb der Restitutionsfrist mit Hinterlassung des Bürgen als Erben gestorben ist, läßt sich schwerlich sagen, daß das prätorische Rechtsmittel, welches dem Minderjährigen hätte Hilfe bringen können und dessen Voraussetzungen nur bei der Hauptobligation begründet waren[3] — zu der die Verpflichtung des Bürgen, ohne daß das prätorische Recht in Betracht gezogen worden wäre, hinzutrat — die Bürgschaft aufrecht erhalte." Bei der Interpretation giebt namentlich der Passus: *„et cui fideiussoris accessit sine contemplatione iuris praetorii“* Anlaß zu Meinungsverschiedenheiten. Die gewöhnliche Ansicht[4] faßt ihn als nachträgliche Präcisierung des Thatbestandes in dem Sinne, daß Papinian damit seinen Ausspruch zuguterletzt auf den Fall einschränke, daß die Verbürgung nicht gerade zur Sicherstellung des Gläubigers gegen die Erbittung der Restitution durch den Minderjährigen erfolgt sei. Weshalb diese Einschränkung? Hierauf wird folgende Antwort gegeben: Überall da, wo der Bürge sich nicht ausdrücklich zum Zwecke der Sicherstellung des Gläubigers gegen die mögliche Restitution des Schuldners verbürgt habe, komme ihm die Restitution des Hauptschuldners zu Gute. Freilich nicht auf dem Wege, daß er, der Bürge, auch seinerseits Restitution verlangen könne, wohl aber auf dem, daß er sich dem Gläubiger gegenüber auf die Restitution des Hauptschuldners berufen könne. Hier sei also die Bürgschaft trotz des äußeren Anscheins nicht *plenior*; es sei daher nur konsequent, wenn die Bürgschaft hier untergehe. Könne sich dagegen der Bürge auf das Verteidigungsmittel des Hauptschuldners nicht berufen (z. B., wenn er sich zu dem Zwecke verbürgt habe, den Gläubiger gegen die Restitution sicherzustellen), so sei die Bürgschaft allerdings plenior und bleibe beim Zusammentreffen mit der Hauptschuld aufrecht.

So sehr diese Auslegung sich durch ihre Rücksichtnahme auf das berechtigte Interesse des Gläubigers empfiehlt, so stehen ihr doch schwerwiegende innere Bedenken entgegen; Papinian

---

[3] Der Relativsatz *„quae principalis fuit“* ist nicht auf *„fideiussoris obligationem“*, sondern auf *„causam iuris honorarii“* zu beziehen. Der Satzteil *„retinere fideiussoris obligationem“* gehört offenbar an das Ende des Satzes, wonach die richtige Beziehung von selbst hervortritt.

[4] Vertreten besonders durch Girtanner, Bürgschaft II S. 493 f., Vangerow, Pand. I S. 313 f., Witkowski, De confusione obl. S. 46 f.

stellt als *thema probandi* an die Spitze, daß eine „*propria et personalis defensio*" des Hauptschuldners nicht genüge, die mit ihr zusammentreffende Bürgschaft vor der Confusion zu bewahren, und schickt sich an, diesen Satz durch das Beispiel der nur dem Hauptschuldner zuständigen *restitutio in integrum* zu beweisen. Und durch eine ganz an den Schluß gestellte und rein parenthetisch angefügte Bemerkung sollte er gerade den Fall ausnehmen, in dem das Verteidigungsmittel des Hauptschuldners sich im wahrsten Sinne als ihm allein zukommend und auf seine Person beschränkt erweist, nämlich wenn der Bürge sich auf die Restitution des Hauptschuldners nicht berufen kann? Einen solchen Mangel an Präcision in der Formulierung des Beweisthemas und an Stetigkeit der gedanklichen Entwickelung sollte man Papinian wenigstens so lange nicht zutrauen, als nicht jedes Mittel, einen befriedigenden Sinn in der Stelle zu finden, erschöpft ist.

Ein anderer Schriftsteller[5] sucht der erwähnten Schwierigkeit dadurch zu begegnen, daß er die Worte: „*sine contemplatione iuris praetorii*" gerade umgekehrt dahin versteht, daß der Bürge den Gläubiger gegen die Restitution habe sicherstellen wollen. Hierdurch wird allerdings die Harmonie mit dem Beweisthema hergestellt, denn in diesem Falle kommt dem Bürgen die *restitutio in integrum* des Hauptschuldners nicht zu Gute, handelt es sich also um ein Verteidigungsmittel, das im wahrsten Sinne des Wortes nur dem Hauptschuldner persönlich zusteht: aber die Auslegung der betreffenden Worte in dem erwähnten Sinne ist sprachlich unmöglich, so daß hieran die Interpretation scheitert.

Meines Erachtens ist der Passus: „*quae principalis fuit et cui fideiussoris accessit sine contemplatione iuris praetorii*" eine bloße Parenthese, grammatisch zu „*causam iuris honorarii*" gehörig und dazu bestimmt, rasch im Vorbeigehen nachzuweisen, daß es sich bei der *in integrum restitutio* in allen Fällen um ein Verteidigungsmittel handle, welches streng genommen, nur dem Schuldner zustehe; der supponierte Einwand ist, daß unter Umständen der Bürge

[5] Burchardi, Die Lehre von der Wiedereinsetzung in den vorigen Stand S. 413 f., 574 f.

von der Restitution des Hauptschuldners profitiere und in diesen Fällen die Wiedereinsetzung nicht als ein dem Hauptschuldner ausschließlich zuständiges Verteidigungsmittel gelten könne; er wird zurückgewiesen durch die Bezugnahme darauf, daß die rechtlichen Voraussetzungen für das Einschreiten des Prätors auch in diesem Falle ausschließlich der Hauptobligation anhaften („*causam iuris honorarii .... quae principalis fuit*") und diese ausschließliche Beziehung des prätorischen Rechts auf die Hauptobligation wird noch besonders durch den Fall illustriert, daß bei der Verpflichtung des Bürgen die Minderjährigkeit des Schuldners überhaupt nicht zur Sprache gekommen ist, — vielleicht, weil weder Bürge noch Gläubiger davon Kenntnis gehabt haben. Eine direkte Beziehung dieser letzteren Möglichkeit zu der Frage, wann die dem Hauptschuldner erteilte Restitution auch dem Bürgen zu Gute komme, — eine Annahme, auf welcher die übliche Interpretation hauptsächlich beruht — liegt überhaupt nicht vor.[6] Es geht daher nicht an, die Entscheidung PAPINIANS auf den Fall zu beschränken, daß der Bürge eine Sicherstellung des Gläubigers gegen die Restitution nicht übernommen hat. Sie gilt vielmehr für alle Fälle, in denen der Hauptschuldner, welcher Restitution verlangen konnte, bevor diese bewilligt worden ist, vom Bürgen beerbt worden ist, einerlei, ob Letzterem die erlangte Wiedereinsetzung zu Gute gekommen wäre, oder nicht, und ob er

---

[6] Es ist der herrschenden Meinung (WINDSCHEID, Pand. I § 120 Note 18, VANGEROW, Pand. I § 183 Anm. 1) wohl darin beizustimmen, daß der Bürge sich niemals auf die dem Hauptschuldner gewährte Restitution berufen kann, wenn er sich dem Gläubiger speciell in dem Sinne verbürgt hat, ihn gegen die mögliche Restitution zu schützen: l. 13 D. de min. 4, 4, Paulus, rec. sent. I 9 § 6. Aber keineswegs läßt sich umgekehrt behaupten, daß dem Bürgen die Restitution des Hauptschuldners stets zu Gute komme, wenn er sich nicht mit der erwähnten Maßgabe verbürgt habe. Vielmehr kommt es hier nach l. 13 pr. D. de min. 4, 4 ganz auf die Lage des Falles an: „*in summa perpendendum erit praetori, cui potius subveniat, utrum creditori an fideiussori: nam minor captus neutri tenebitur*". Daher kann es nach l. 1 C. de fideiuss. min. 2, 23 vorkommen, daß der Minderjährige vermöge der erteilten Restitution zwar vor dem Gläubiger gesichert ist, aber dem Rückgriffe seines — durch die Restitution nicht geschützten — Bürgen unterliegt, falls er nicht auch gegen diesen Restitution erlangt.

den Gläubiger speciell gegen die Wiedereinsetzung des Minderjährigen gesichert hat, oder nicht. Der Grund hierfür liegt in der Natur der Wiedereinsetzung in den vorigen Stand als eines persönlichen und extraordinären[7] Hilfsmittels. Infolgedessen erscheint, juristisch betrachtet, die gegen eine Obligation mögliche Restitution nicht in dem Sinne als Abschwächung derselben, wie eine ihr anhaftende *exceptio*; sondern die Obligation steht in voller rechtlicher Geltung, bis die bewilligte Restitution sie entkräftet.[8] Hiernach ist es freilich möglich, daß die Stellung des Gläubigers infolge der Confusion verschlechtert wird. Denn da der Bürge, wie der Schlußsatz der l. 95 § 3 D. de solut. ausdrücklich bezeugt, in seiner Eigenschaft als Erbe des Hauptschuldners die Wiedereinsetzung in den vorigen Stand nachsuchen kann, so wird der Gläubiger infolge der Bürgschaftsconfusion da schlechtergestellt, wo der Bürge sich ihm gegenüber auf die dem Hauptschuldner erteilte Restitution nicht hätte berufen können. Aber dies beweist nur, daß für die Beantwortung der Frage, unter welchen Umständen die Bürgschaft als stärkere Verbindlichkeit neben der Hauptschuld aufrecht erhalten werde, das Interesse des Gläubigers nicht unbedingt maßgebend ist. Ganz unzweideutig geht dies auch aus l. 38 § 5 D. de solut. 46, 3 (Africanus. lib. VII. quaest.) hervor. Die Stelle lautet: „*Qui pro te apud Titium fideiusserat, pignus in suam obligationem dedit: post*

[7] „*extraordinarium auxilium*", l. 16 pr. D. de min. 4, 4.

[8] Daher liegt die Annahme nicht fern, daß die „*propria et personalis defensio*" im ursprünglichen Texte ihren Gegensatz in einer Bemerkung Papinians über die Wirkung einer der Hauptobligation entgegenstehenden *exceptio* (als normalen Verteidigungsmittels) fand, in welchem Zusammenhange immerhin auch der naturalen Hauptobligation gedacht sein mochte. Die Compilatoren hätten dann bei der unglücklichen Zusammenziehung des Satzes die Bezugnahme auf die *exceptio* gestrichen. Die gewöhnliche Emendation (Cuiacius lib. XI obs. cap. 34 und tract. ad Africanum in l. 21 § 2 D. de fideiuss. 46, 1) und Mommsen, Digesta Bd. II pag. 717) schließt sich bekanntlich an die Basiliken an: *εἰ γὰρ ὁ ἐναγόμενος φύσει μόνον ἠνείχετο, οὐκ ἀπόλλυται*" (Heimbach, Tom. III pag. 126). Aber es fehlt hier, wie schon Merillius (lib. III cap. 23 Variantium ex Cuiacio, Editio Venet. Tom. III pag. 889) richtig bemerkt, an dem Gegensatze, auf welchen das „*e contrario*" hinweist. In ganz anderem Sinne (ohne Rücksicht auf die *confusio*) versteht Brinz, Pand. II § 255 Note 38 i. f. unsere Stelle.

idem heredem te instituit. quamvis ex fideiussoria causa non tenearis, nihilominus tamen pignus obligatum manebit. at si idem alium fideiussorem dederit atque ita heredem te instituerit, rectius existimari ait, sublata obligatione eius, pro quo fideiussum sit, eum quoque, qui fideiusserit, liberari."

Ist eine Bürgschaft mit Sicherheiten (Pfändern, Afterbürgschaft) versehen, welche der Hauptschuld mangeln, so hat der Gläubiger beim Zusammentreffen von Hauptschuld und Bürgschaft ein Interesse an der Erhaltung der letzteren schon deshalb, weil sie allein die juristische Unterlage jener Accessionen ist. Trotzdem erkennt die römische Jurisprudenz in einem solchen Falle die Bürgschaft nicht als plenior an, sondern läßt sie durch Confusion untergehen. Konsequenz davon ist der Untergang der Afterbürgschaft (Satz 3 cit.); und wenn umgekehrt das Pfandrecht aufrecht erhalten wird, so geschieht dies nicht, weil die zu Grunde liegende Bürgschaft fortbesteht,[9] sondern trotz der Vernichtung dieser: „*quamvis ex fideiussoria causa non tenearis*". Noch weniger vermögen bloß faktische Vorteile die Bürgschaft „plenior" als die Hauptobligation erscheinen zu lassen; das Nähere hierüber ist im § 1 anläßlich der Erörterung des Schulstreites zwischen Sabinianern und Proculianern ausgeführt worden.

Das vorstehends Ausgeführte bezieht sich zunächst bloß auf die *fideiussio*; inwieweit gilt es auch für die andern Bürgschaftsformen? Die Frage ist keineswegs unbestritten.[10] Von vorn herein ist zu bemerken, daß für ihre Entscheidung die vielen allgemeinen Aussprüche, welche die Quellen über das Zusammen-

---

[9] Wie Girtanner, Bürgschaft S. 188, Dernburg, Pfandrecht II S. 592 und Baron, Gesammtrechtsverhältnisse S. 360 annehmen. Dagegen Witkowski, De confusione obl. S. 45, Friedmann S. 79—82.

[10] Girtanner (Bürgschaft I S. 88 f.) nimmt an, daß weder das *mandatum qualificatum*, noch das *constitutum debiti alieni* bei ihrem Zusammentreffen mit der Hauptschuld untergingen und nimmt gerade deshalb für die *fideiussio* einen eigenartigen accessorischen Charakter in Anspruch. Bezüglich des Mandats ist diese Ansicht, wie quellenmäßig nachweisbar (l. 24 D. de fideiuss. 46, 1), falsch. Witkowski (S. 48, 49) dagegen läßt sowohl das *mandatum qualificatum*, als das Constitut durch Confusion untergehen. Die herrschende Meinung hat sich für die Anwendung der Confusionsgrundsätze auf das Creditmandat, nicht aber auf das Constitut entschieden.

treffen von Obligationen von gleicher oder verschiedener Stärke, oder auch von Hauptobligationen und solchen, *„quae sequellae locum obtinent“* enthalten, absolut unverwertbar sind. Aussprüche wie die der l. 5 D. de fideiuss. 46, 1 (cf. auch l. 13 D. de duob. reis 45, 2) *„nam ubi aliqua differentia est obligationum potest constitui alteram per alteram perimi: cum vero duae eiusdem sint potestatis, non potest repperiri, cur altera potius quam altera consumeretur“* sind sogar, wie gleich zu zeigen, nicht richtig. Die andern, welche das Princip aufstellen, daß diejenige Obligation, *„quae sequellae locum obtinet“* bei ihrem Zusammentreffen mit der Hauptschuld untergehe, enthalten keine Lösung, sondern nur eine Formulierung des Problems, denn es ist gerade die Frage, welche Obligationen in dem Sinne bloße Anhänge einer anderen sind, daß sie beim Zusammentreffen mit ihr in ihr aufgehen.

Auch hier muß wieder auf den Satz zurückgegriffen werden, den wir als Grundprincip der römischen Confusionslehre kennen gelernt haben: Die Unmöglichkeit der Coexistenz der stärkeren und der schwächeren Verpflichtung neben einander besteht nur soweit, als es von vorn herein unmöglich gewesen wäre, beide Verpflichtungen in derselben Person nebeneinander zur Entstehung zu bringen; insoweit sind die zu allgemein redenden l. 13 D. de duob. reis 45, 2 und l. 5 D. de fideiuss. 46, 1 einzuschränken. Beispielsweise kann zwischen mehreren correalen Beziehungen sehr wohl ein Unterschied in der rechtlichen Stärke bestehen; die eine kann mit einer exceptio behaftet sein, von der die andere frei ist (l. 93 pr. D. de solut. 46, 3), die eine kann bedingt oder betagt sein, während die andere pur ist (§ 2, I. de duob. reis 3, 16, l. 7, l. 9 § 3 D. de duob. reis 45, 2). Trotzdem ist, wenn hier die Beziehungen der auf derselben Seite stehenden Subjekte sich vereinigen, durch l. 93 pr. cit. der Eintritt einer *confusio* absolut ausgeschlossen. Ganz mit Recht; denn die correalen Beziehungen können in dieser verschiedenen Stärke schon von vorn herein nebeneinander begründet werden.

Prüfen wir daraufhin zunächst das Creditmandat. Ist es möglich, daß die Klage aus dem Creditgeschäft und die *actio mandati contraria* aus dem vollzogenen Auftrage zur Creditgewährung von vornherein gegen ein und dieselbe Person gehen?

Wie ist z. B. der Fall zu beurteilen, daß Jemand, welcher ein Darlehen aufzunehmen beabsichtigt, denjenigen, von dem er es nehmen will, beauftragt, ihm, dem Mandanten selbst, zu creditieren? Inhaltlich ist gegen ein solches Mandat, da ein Interesse des Mandanten an der Creditgewährung vorliegt, nichts einzuwenden; da aber das Ziel des Mandats in demselben Augenblicke erreicht wird, in dem die Darlehnsvaluta gezahlt und dem Mandatar die Darlehensklage erworben wird, so erlischt das Mandat, und dem Darlehensgeber steht nicht die *a. mandati contraria*, sondern nur die Darlehensklage zu. Dies wird bewiesen durch die interessante

l. 10 § 4 D. mand. 17, 1 (Ulpian. lib. XXXI ad edict.),

welche zwar nicht unseren Fall direkt, wohl aber den nach gleichen Gesichtspunkten zu behandelnden anderen Fall enthält, daß der Darleiher den künftigen Schuldner beauftragt hat, sich ein Darlehen von seinen geschäftsführenden Sklaven (Basiliken: „*παρὰ τῶν διοικητῶν μου*“) auszahlen zu lassen:

„*Si quis Titio mandaverit, ut ab actoribus suis mutuam pecuniam acciperet, mandati eum non acturum Papinianus lib. III responsorum scribit, quia de mutua pecunia eum habet obligatum. et ideo usuras eum petere non posse quasi ex causa mandati, si in stipulationem deductae non sunt.*“

Auch hier erlischt das Mandat in demselben Augenblicke, in dem die Darlehensklage entsteht, ist die Coexistenz der Mandatsklage und der Darlehensklage ausgeschlossen.[11] Hieraus folgt: Wird die Identität des mit der *a. mandati contraria* Haftenden und des Hauptschuldners nachträglich hergestellt, so muß die *a. mandati contraria* erlöschen; die Confusionsgrundsätze finden also auf das *mandatum qualificatum* Anwendung. Ein ausdrückliches Zeugnis hierfür findet sich in

l. 24 D. de fideiuss. 46, 1. Marcellus lib. sing. respons.:

Lucius Titius, cum pro Seio fratre suo apud Septicium intervenire

[11] Beiläufig bemerkt ist diese aus den neueren Compendien völlig verschwundene Stelle (zu welcher das Basilikenscholion des Cyrill [Heimbach II pag. 83, VI pag. 268) und die Glosse zu vergleichen ist, meines Erachtens ein schlagender Beleg dafür, daß das Mandat unter Umständen die Funktion eines Vorvertrags übernehmen konnte.

vellet, epistolam ita emisit: „si petierit a te frater meus, peto des ei nummos fide et periculo meo": post quam epistulam Septicius Seio pecuniam numeravit: deinde Titius inter reliquos et Seium fratrem pro tertia parte reliquit heredem. quaero, an, quia adversus Seium debitorem Septicii confusa sit actio pro tertia parte, qua Titio fratri suo heres extitit, cum coheredibus eius agere in solidum possit. Marcellus respondit cum coherede Seii non pro maiore quam hereditaria parte mandati agi posse",

denn die Entscheidung beruht darauf, daß die Klage des Gläubigers gegen den Creditmandanten zu dem Teile, zu dem der Hauptschuldner diesen beerbt hat, confundiert sei.

Anders verhält es sich mit dem Constitut; denn *constitutum debiti proprii und debiti alieni* sind nicht Rechtsgeschäfte verschiedener Art, sondern unterfallen derselben rechtlichen Kategorie. Daher unterliegt es keinem Bedenken, das *constitutum debiti alieni* nach der Vereinigung der Rollen des Constituenten und des Schuldners in einer Person aufrecht zu erhalten, als wäre von vorn herein die eigene Schuld constituiert worden.[12]

Nunmehr ist die Frage zu prüfen, ob der Plenioritätsbegriff im Laufe der geschichtlichen Entwickelung eine Veränderung erfahren hat. Bei den Glossatoren ist eine solche nicht nachweisbar; noch Azo[13] nennt als einzigen Fall, in dem der Bürgschaft stärkere Kraft beigemessen wird, als der Hauptschuld, den, daß sie vollgiltig, die Hauptobligation aber bloß natural ist;[14] ebenso die Glosse zu l. 21 § 3 D. de fideiuss. 46, 1 und l. 95 § 3 D. de solut. 46, 3. Nur Rogerius[15] hatte, wie Bartolus und Paulus de Castro übereinstimmend berichten, eine Sondermeinung, die darauf beruhte, daß seine Digestenhandschrift in l. 95 § 3 D. de

---

[12] Infolge der im modernen Rechte erfolgten Annäherung der einzelnen Bürgschaftsformen an einander hat dieser Unterschied an praktischer Bedeutung verloren; daß er völlig beseitigt sei, möchte ich nicht annehmen. Anders Girtanner, Bürgschaft S. 189 f.

[13] Gest. um 1230, s. v. Savigny, Gesch. d. röm. R. im M.A. Bd. V S. 8.

[14] Comm. in Cod. lib. IV Tit. de hered. actionibus Num. 5: „*Si debitor fideiussori, vel e converso succedat, accessoria semper tollitur: et non principalis: nisi principalis sit tantum naturalis: tunc enim durat utraque:* ut ff. de fideiuss. l. heres § quod si hic servus (l. 21 § 2 D. 46, 1).

[15] Vgl. über ihn v. Savigny a. a. O. IV S. 194 f.

solut. 46, 3 statt der zwei Negationen (*non potest dici non tolli*) nur eine hatte („*non potest dici tolli*"). Er nahm infolgedessen an, daß die Bürgschaft als plenior immer auch dann aufrecht erhalten werde, wenn sie mit einer Hauptschuld zusammentreffe, gegen die Restitution erbeten werden könne.[16]

Schon die Postglossatoren nehmen aber den Begriff der Pleniorität in weiterem Sinne, indem sie das Princip aufstellen, daß die Bürgschaft überall da erhalten bleibe, wo ihr Untergang die Lage des Gläubigers verschlechtern würde. So z. B. Bartolus ad. l. 95 § 3 D. de solut. 46, 3 (Tom. VI. Fol. 90b. Num. 2): „*Nam tu debes scire, quod tunc demum successione extinguitur obligatio fideiussoria, quando per hoc conditio creditoris deterior non fit*".[17] Den Ausgangspunkt nahm diese Begriffserweiterung von der l. 3 pr. D. de separ. 42, 6. Papinian. lib. XXVII. quaest.: „*Debitor fideiussori heres extitit, eiusque bona venierunt: quamvis obligatio fideiussionis extincta sit, nihilominus separatio impetrabitur petente eo, cui fideiussor fuerat obligatus, sive solus sit hereditarius creditor, sive plures; neque enim ratio iuris, quae causam fideiussionis propter principalem obligationem, quae maior fuit, exclusit, damno debet adficere creditorem, qui sibi diligenter prospexerat.*"

Während die Entscheidung Papinians nur besagt, daß der Prätor aus der erwähnten Billigkeitsrücksicht der confundierten Bürgschaftsobligation doch in den Grenzen zur Befriedigung verhilft, die durch die Erteilung des *beneficium separationis* bezeichnet sind — womit der Eintritt der Confusion, die Wirkungslosigkeit der Bürgschaft in jeder anderen Beziehung nicht geleugnet, son-

---

[16] Bartolus zu l. 95 § 3 D. de solut. 46, 3 (Tom. VI Fol. 90b.): „*Iste est difficilis § multum, et in versu ‚e contrario' habet duplicem literam, secundum unam est ibi una tantum negatio, secundam alium est ibi negatio duplex. . . . Advertatis primam lecturam, prout est una negatio tantum, tenet Rogerius, ex quo nota, quod propter beneficium restitutionis in integrum, quod competit principali, conservatur obligatio fideiussoris, ne extinguatur successione*".

[17] Ähnlich Paulus de Castro, Comm. Tom. VI Fol. 63 ad l. si reus promittendi (13 D. de duob. reis 45, 2): Keine Confusion „*si principalis esset minus efficax*". Vgl. noch Iason de Mayno ad l. Debitori tuo (l. 7 C. de pact. 2, 3) Comm. Tom. VII Fol. 61 Num. 4.

dern bestätigt wird[18] — fassen die Postglossatoren umgekehrt den erwähnten Satz als ein die Bürgschaftsconfusion beschränkendes Princip; von diesem Standpunkte aus wurde namentlich die Frage beantwortet, ob der Bürge, welcher die überschuldete Erbschaft des Hauptschuldners *cum beneficio inventarii* angetreten habe, sich darauf berufen könne, daß die Bürgschaftsobligation durch Confusion erloschen sei? Sie wird verneint, *„quia per hoc fieret conditio creditoris deterior, quod esse non debet"* (Bartolus ad l. 95 § 3 D. de solut. 46, 3 Num. 4) oder auch mit der Begründung, daß hier die Hauptobligation zwar in rechtlicher Beziehung plenior sei, als die Bürgschaft, nicht aber in faktischer.[19] Da Girtanner S. 187 bis 189 über diesen Punkt die reichhaltigsten Literaturnachweise bringt, so mag es genügen, in der folgenden Note[20] nur zwei der instruktivsten Äußerungen wiederzugeben, um

---

[18] Vgl. oben § 1 S. 28.

[19] So Dynus nach dem Referate des Paulus Castrensis im Comm. zu l. 95 § 3 D. de solut. 46, 3, Tom. VI Fol. 102 *„dicit Dynus, quod licet principalis esset efficax de iure, tamen non de facto"*.

[20] Cinus, Comm. in Cod. ad § in computatione (l. 22 § 9 C. de iure delib. 6, 30) Num. 1, Fol. 389 b: *„Pone, quod fideiussor succedit reo et adiit, et fecit inventarium. Post apparet, hereditatem esse non solvendo; numquid dicetur fideiussor liberatus? Videtur quod sic, quia certum est, quod obligatio fideiussoris confunditur* ut ff. de fideiuss. l. generaliter et de solut. l. si duo § fin. . . *et sic ex illa non potest conveniri. Item, nec ex obligatione rei, quia non est solvendo, nec ultra vires hereditatis tenetur propter inventarium, ut hic. E contra videtur, quod non sit liberatus, quia quotiens succedit fideiussor reo non obligato efficaciter, non confunditur actio,* ut ff. de fideiuss. l. heres § quodsi. *Sed patet, quod hic non est efficaciter obligatus, ex quo non potest solvere,* ut l. nam is etc. ff. de dolo. *In contrarium videtur, quia beneficium civile, quod facit obligationem inutilen, non facit obligationem fideiussoris durare,* ut ff. de solut. l. Stichum § quod volgo, *secundum unum intellectum: ergo beneficium inventarii, quod facit heres tenetur non ultra vires hereditarias; non debet facere obligationem fideiussoris remanere. Ista quaestio debet determinari, quod quantum ad obligationem fideiussoriam, non nocet confectio inventarii creditori, quia diligentia sua* etc. ut ff. de separ. l. debitor (l. 3 pr. D. 42, 6). pro hoc facit dictus § quod vulgo (l. 95 § 3 D. de solut. 46, 3) *secundum alium intellectum.*

Bartolus ad l. 95 § 3 D. de solut. Num. 4 (Tom. VI, Fol. 90 b): *Ultimo formo quaestionem, fideiussor succedit debitori efficaciter obligato et fecit inventarium, nunc si convenitur ut fideiussor: dicit, quod obligatio fideiussoria*

die Anschauung des Gedankenganges im einzelnen zu vermitteln. Drängte somit der Plenioritätsbegriff, indem er zu principieller Abrundung zu gelangen suchte, über die römischrechtlichen Schranken hinaus, so darf doch nicht übersehen werden, daß er zunächst auf den Fall noch nicht angewendet wurde, daß die Bürgschaft dem Gläubiger wegen speciell mit ihr und nicht mit der Hauptschuld verknüpfter Sicherungsmittel in besonderer Hinsicht Vorteile bot. So legen sowohl Bartolus[21] als Paulus de Castro[22] die l. 38 § 5 D. de solut. 46, 3 völlig richtig in dem Sinne aus, daß die die Grundlage der Accessionen bildende Bürgschaft untergehe und suchen nur nach einer Erklärung dafür, wie es komme, daß das für die Bürgschaft bestellte Pfand trotzdem fortdauere, während die Afterbürgschaft zu Grunde gehe. Und doch sollte man meinen, daß von ihrem erweiterten Plenioritätsbegriff aus zunächst die Frage hätte aufgeworfen werden müssen, ob die Bürgschaft nicht um deswillen plenior sei, als die Hauptschuld, weil sie mit jenen nicht zuständigen Accessionen versehen sei. Gegen Ende der Postglossatorenzeit taucht indessen thatsächlich auch die letzterwähnte Betrachtungsweise auf; so nimmt Iason de Mayno im Falle der l. 38 § 5 D. de solut. nicht Untergang der Bürgschaft und Fortdauer des Pfandrechts trotz ihres Unterganges, sondern Bestehenbleiben der Bürgschaft, wenn sie durch Pfand gesichert ist, an — eine Auffassung, die sich den unzweideutigen Worten des Textes gegenüber („*quamvis ex fideiussoria causa non tenearis*“) nur durch den Gedanken erklären läßt, die durch Pfandrecht gesicherte Bürgschaft sei plenior als die Hauptobligation und bleibe deshalb beim Zusammentreffen mit ihr erhalten.[23] Der gleiche erweiterte Begriff, wie bei den Post-

est extincta, quia succedit principali, si convenitur ut principalis heres, dicit, hereditas est non solvendo, et fecit inventarium, quaeritur, quid iuris? Dynus posuit hanc quaestionem supra de fideiuss. l. generaliter (l. 5 D. 46, 1). *et determinat, quod fideiussor non potest uti ista exceptione, quod eius obligatio sit extincta. Nam per hoc fieret condicio creditoris deterior, quod esse non debet,* d. l. debitor de separ. (l. 3 pr. D. 42, 6) et l. heres § quodsi hic servus supra de fideiuss. (l. 21 § 2 D. 46, 1).

[21] Comm. in l. 38 § 5 D. de solut. Tom. VI Fol. 84b.

[22] Comm. in l. 38 § 5 D. de solut. Tom. VI Fol. 93b.

[23] Iason de Mayno, Comm. in l. debitori tuo (l. 7 C. de pact. 2, 3,

glossatoren, findet sich bei den deutschen Praktikern.[24] Und die moderne gemeinrechtliche Doctrin hat diesen Umfang nicht geschmälert, sondern im Gegenteil noch erweitert. Nicht genug damit, daß die Bürgschaft für stärker angesehen wird, welche durch Pfand gesichert, mit der pfandlosen Hauptschuld zusammentrifft,[25] herrscht eine starke Strömung, unter Beseitigung der hier einschlagenden Entscheidung der l. 38 § 5 D. de solut. 46, 3 die Bürgschaft auch da für plenior zu erklären, wo eine Afterbürgschaft für sie besteht.[26]

Ist es zulässig, diesen Schritt über die römischen Quellen hinaus zu thun? Auf Grund der Entwickelung des Plenioritätsbegriffes seit dem Mittelalter scheint mir diese Frage anstandslos

---

Tom. VII Fol. 61 Num. 4b: „*Ultimum casum* (scil. das Erlöschen der Bürgschaft infolge der Confusion mit der Hauptschuld) *limita*, *nisi fideiussor dedisset hypothecam vel pignus.*“

[24] Nachweise bei Girtanner, Bürgschaft S. 180. Hinzugefügt werden kann: Lauterbach, De confusione cap. 52: „*In genere obtinet, quod confusio obligationum non inducitur, si inde damnum sensurus est creditor.*“

[25] Cf. die in Note 8 an erster Stelle angeführten Schriftsteller.

[26] So zuerst Girtanner, Bürgschaft S. 512: „Auch in dem Falle, wo der Bürge einen anderen Bürgen für sich gestellt, dürfen wir wohl die Bürgschaft als *maior* im Verhältnisse zur Hauptschuld betrachten und demnach ihre Fortdauer behaupten.“ Cf. auch S. 492. (Zu bemerken ist übrigens, daß die römischen Juristen den Ausdruck „*maior*“ in dem hier von Girtanner angenommenen Sinne niemals verwenden. „*Maior*“ ist die Hauptobligation im Gegensatze zur bloß accessorischen, l. 50 D. de fideiuss. 46, 1, l. 3 pr. D. de separ. 42, 6, „*plenior*“ ist die im concreten Falle mit höherer rechtlicher Intensität ausgestattete Obligation und dies kann auch die accessorische im Verhältnis zur principalen sein.) Neuerdings ist namentlich Dernburg, Pfandrecht Bd. II S. 592 und Pand. II § 82 Note 6 S. 225 für den weiteren Plenioritätsbegriff eingetreten. Wenn er freilich annimmt, daß bereits Papinian diesen weiteren Begriff aufgestellt habe, so kann ihm darin von dem hier vertretenen Standpunkte aus nicht beigestimmt werden, s. oben S. 71 und l. 95 § 3 D. de solut. 46, 3, l. 3 pr. de separ. 42, 6. Für die Aufrechterhaltung der von einer Afterbürgschaft gefolgten Bürgschaft beim Zusammentreffen mit der Hauptschuld wohl auch Vangerow, welcher sich (Pand. III S. 381) auf Girtanner bezieht. Dagegen halten an der Entscheidung Africans auch für das moderne gemeine Recht fest: Hasenbalg, Bürgschaft S. 672, 680 f., Goldschmidt in Jherings Jahrb. f. Dogm. Bd. 26 S. 353, Windscheid, Pand. II § 480 Note 2 und Brinz, Pand. II § 255 bei und in Note 50, S. 189.

bejaht werden zu müssen; es unterliegt keinem Zweifel, daß der moderne Rechtsverkehr die Sicherung der Hauptschuld durch Accessionen als Steigerung des rechtlichen Wertes der ersteren auffasst; daß die römische Jurisprudenz bezüglich der fideiussio nicht dazu gelangte, dem Rechnung zu tragen, beruht auf der streng accessorischen Natur dieses Rechtsinstituts; für die moderne Bürgschaft ist die hier bezeichnete Schwierigkeit nicht unüberwindlich.[27] Es läßt sich daher für das gemeine Recht der Satz aufstellen, daß die Bürgschaft bei ihrem Zusammentreffen mit der Hauptschuld ausnahmslos dann erhalten bleibt, wenn sie dem Gläubiger im Verhältnis zur Hauptschuld irgend einen Vorteil, sei er rechtlicher, oder auch bloß faktischer Natur, bietet. Im einzelnen ergiebt sich hiernach folgendes Resultat: Die Bürgschaft bleibt trotz ihrer Vereinigung mit der Hauptschuld bestehen:

1. Wenn der den Bürgen beerbende Hauptschuldner insolvent ist, oder, bei Beerbung des Hauptschuldners durch den Bürgen,

---

[27] Wie namentlich die modernen Gesetzgebungen beweisen, welche die Confusion der Bürgschaft beim Zusammentreffen mit der Hauptschuld überhaupt abgeschafft haben, A.L.R. Teil I Tit. 16 § 495, Österr. Allg. B.G.B. Teil III 6. Hauptst. § 1445, oder wenigstens ganz allgemein bestimmen, daß die Bürgschaft infolge Confusion mit der Hauptschuld nicht erlischt, wenn sie dem Gläubiger Vorteile gewährt, welche die Hauptforderung nicht mit sich bringt (Sächs. B.G.B. § 1465). — Es spricht viel dafür, daß die größere Widerstandsfähigkeit der Bürgschaft gegen die Confusion, wie sie sowohl in den Bestimmungen der genannten Partikularrechte, wie in der im vorstehenden dargelegten historischen Entwickelung zu Tage tritt, auf deutschrechtliche Einflüsse zurückzuführen ist; denn nach älterer deutscher Auffassung haftet der Bürge dem Gläubiger an erster Stelle (zufolge seiner Bestellung durch *wadiatio*, s. Heusler, Institutionen des deutschen Privatrechts II § 123 S. 241, er ist „*loco wadii*“, dient, wie ein Pfand, dem Gläubiger als Ersatz des Schuldners, vgl. auch Stobbe Lehmann, Handbuch des deutschen Privatrechts III § 120 S. 109 f.). Bei dieser Auffassung ist aber ein Grund dafür, weshalb bei dem Zusammentreffen der Eigenschaft des Bürgen und des Hauptschuldners die Bürgschaft untergehen sollte, nicht einzusehen. Wie fremd die Idee der Unvereinbarkeit von Bürgschaft und Hauptschuld dem deutschen Rechte ist, geht daraus hervor, daß man im Falle des Mangels eines Bürgen dem zur Bürgenstellung Verpflichteten sogar die Selbstverbürgung nachließ, vgl. Stobbe-Lehmann III § 238 S. 363.

wenn der Bürge seine Haftung wegen der Hauptschuld durch Errichtung eines Inventars beschränkt.

2. Wenn die Bürgschaft durch Accessionen (Pfand, Afterbürgschaft) gesichert ist, welche der Hauptschuld mangeln.

3. Wenn der Hauptschuld eine Einrede anhaftet. Vorausgesetzt ist jedoch hierbei: a) daß die Einrede so geartet ist, daß sie auch dem Erben des Hauptschuldners zusteht. Denn wäre dies nicht der Fall, so würde die Hauptschuld in der Hand des Erben vollkräftig, so daß bei Beerbung des Hauptschuldners durch den Bürgen der Confusion der Bürgschaft nichts im Wege stände. b) daß die Einrede nicht auch dem Bürgen als solche zu Gute kommt; denn wenn auch der Bürge von ihr Gebrauch machen kann, so gewährt dem Gläubiger die Bürgschaft nicht mehr Vorteile als die Hauptschuld.[28]

4. Wenn die Bürgschaft vollgiltig, die Hauptschuld nur natural ist.

5. Wenn gegen die Hauptschuld Wiedereinsetzung in den vorigen Stand zulässig ist, vorausgesetzt, daß der Bürge als solcher sich auf die erteilte Wiedereinsetzung nicht hätte berufen können.

6. Wenn die Bürgschaft unter härteren Bedingungen übernommen worden ist, als die Hauptschuld.[29]

---

[28] Wegen der einzelnen Fälle vgl. Windscheid, Pand. II § 477 Note 15.
[29] Vgl. Girtanner, Bürgschaft S. 492.

II. Teil.

Die Confusion im Einzelnen.

§ 6.

Der Thatbestand der Confusion.

Die Confusion beruht auf dem Zusammentreffen unvereinbarer rechtlicher Eigenschaften in einer Person; ein und demselben Subjekte wird die Eigenschaft des Schuldners und Gläubigers, des Eigentümers und des dinglich Berechtigten, des Hauptschuldners und des Bürgen aufgeprägt. In den an Zahl und Bedeutung weit überwiegenden Fällen geschieht dies durch Succession. Nur vereinzelt läßt das Recht beide inkompatible Seiten des Rechtsverhältnisses von vorn herein in ein und derselben Person entstehen.[1]

Diese Auffassung entspricht der über die rechtliche Natur des Confusionsvorganges herrschenden. Eine abweichende Ansicht

---

[1] Ein Beispiel bietet die l. 7 § 1 D. de stip. serv. 45, 3 Ulpian. lib. XLVIII ad Sabinum: „*Si servus communis ab uno ex sociis stipulatus sit, si quidem nominatim alteri socio, ei soli debetur: sin autem sine ulla adiectione pure stipulatus sit, reliquas partes is servus ceteris sociis praeter eam partem, ex qua promissor dominus esset, adquiret.*“ Man darf nicht sagen (wie dies Friedmann, Wirkungen der confusio S. 32, unter unzutreffender Polemik gegen Windscheid thut), daß im zweiten Falle in der Person des Herrn, von welchem der gemeinschaftliche Sklave sich versprechen läßt, Berechtigung und Verpflichtung überhaupt nicht zu Stande käme; wäre der Herr um deswillen außer Stande, zu dem auf ihn treffenden Teile aus der Stipulation des Sklaven zu erwerben, weil er zugleich Promittent ist, so müßte dieser Teil den Miteigentümern des Sklaven erworben werden: „*quod enim alteri ex dominis adquirere non potest, id ad eum, qui ad obligationem admittitur, pertinet*“ (l. 9 D. de stip. serv. 45, 3, vgl. l. 1 § 4 D. eod.). Wenn also in unserem Fragment der Promittent den Anteil der Genossen um seinen Teil schmälert, so ist dies nur dadurch erklärlich, daß auch er

hat allein Baron (Gesamtrechtsverhältnisse S. 336 f.) speciell für die Obligationsconfusion aufgestellt und noch in der neuesten Auflage seiner Pandekten (§ 270 II.) festgehalten. Nach ihm ist die Vereinigung von Forderung und Schuld ein Ding der Unmöglichkeit, weil es undenkbar ist, daß jemand Gläubiger und Schuldner zugleich sei; folglich könne die Confusionswirkung nicht erklärt werden durch die auf dem Wege der Succession herbeigeführte Vereinigung der einander widerstreitenden rechtlichen Eigenschaften, sondern müsse zurückgeführt werden auf die Unmöglichkeit der Succession in sie.[2]

---

zu seinem Teile Gläubiger wird und daß erst dann die Teilobligation durch Confusion vernichtet wird. S. Windscheid II § 352 Note 5, Kretschmar, Secum pensare S. 47, 48; übereinstimmend Schwedler, Erlöschen d. Schuldverhältnisse S. 15. Unrichtig, im Anschluß an Friedmann und mit falscher Wiedergabe der hier vertretenen Ansicht: Mosler, Zur Lehre von der Konfusion S. 34. — Das „*partem facere*“ ist die Konsequenz der in den §§ 9, 10 näher zu entwickelnden Eigentümlichkeit der Confusionswirkung. Auf wesentlich gleichen Gesichtspunkten beruht die Entscheidung der l. 67 § 3 D. de leg. II, wo der Erbe des Fiduciars in demselben Augenblicke, in dem er Schuldner in der Fideicommisforderung wird, als einer der wahlweise mit dem Fideicommis bedachten Familienmitglieder ein festes Recht auf das Fideicommis erst erwirbt (arg. § 7 cit. l.). Denn da der Erblasser die Wahl unterlassen hat, so greift nunmehr der Satz ein: „*si neminem eligat, omnes ad petitionem fideicommissi admitti videri*“. Folglich tritt partielle Confusion mit der Wirkung einer „*tacita pensatio*“ (vgl. l. 33 D. solut. matr. 24, 3) und der Einschränkung der Anteile der Mitberechtigten ein. Nicht auf Confusion lassen sich dagegen die Prälegatsgrundsätze zurückführen, wenngleich dieser Gesichtspunkt in beschränktem Umfange (besonders für das Damnationslegat) von Vertretern der sog. Erfolgs(Evanescenz)theorie, z. B. Arndts bei Glück Bd. 47 S. 75, thatsächlich angelegt worden ist. Dagegen sprechen entscheidend die Grundsätze über die sog. Accrescenz beim Prälegat. Wäre der auf den Prälegatar treffende Teil eine confundierte Legatsportion, so müßte der Prälegatar hinsichtlich ihrer die Collegatare einschränken (*partem facere*, wie in l. 67 § 3, 4 D. de leg. II, l. 34 § 13 D. de leg. I), während in Wirklichkeit die umgekehrte Folge eintritt (l. 34 § 12 D. de leg. I). Über die ganze Frage s. Kretschmar, Natur des Prälegats S. 254 f. Unnötige Schwierigkeiten macht sich Schwedler, Erlöschen der Schuldverhältnisse S. 15, indem er die Prälegatsgrundsätze zu l. 7 § 1 D. de stip. serv. in einen künstlich geschaffenen Gegensatz bringt.

[2] Die Grundzüge seiner Beweisführung sind folgende:

a) Jede Forderung geht beim Tode des Gläubigers unter, wenn kein

Es ist mit Recht gegen BARON geltend gemacht worden, einmal, daß seine Theorie mit der Entscheidung der l. 7 § 1 D. de stip.

Universalsuccessor an seine Stelle tritt und er außerdem zwar Aktiva, aber keine Schulden hinterlassen hat.

b) Jede Schuld geht beim Tode des Schuldners unter, wenn kein Universalsuccessor an seine Stelle tritt und wenn er außerdem keine Aktiva hinterlassen hat. (S. 336—340.)

Hiermit wird

c) der Satz in Verbindung gebracht, daß die vermögensrechtliche Persönlichkeit des Erblassers den Antritt der Erbschaft durch den Erben nicht überdauere, sondern in der Persönlichkeit des Erben aufgehe; BARON giebt ihm die eigentümliche Wendung: „Die *hereditas* geht durch den Erwerb der Erbschaft unter". (S. 340.)

Auf dieser Grundlage wird nun folgendermaßen argumentiert:

„Wenn ein Gläubiger seinen Schuldner beerbt, so ist mit dem Erbschaftsantritt die *hereditas* des Schuldners untergegangen, weil es gar kein Aktivvermögen desselben mehr giebt; die Fortdauer der Schuld hängt davon ab, ob sie auf den Gläubiger übergegangen ist. Ebenso ist, wenn ein Schuldner seinnen Gläubiger beerbst, die *hereditas* des Gläubigers untergegangen, weil sie in das Vermögen des Schuldners übergegangen ist; die Fortdauer der Forderung hängt also davon ab, ob diese auf den Schuldner übergegangen ist. Die Frage nun aber: Kann ein Gläubiger in die Schuld, ein Schuldner in die Forderung succedieren? ist entschieden zu verneinen; die Succession würde etwas Unmögliches bewirken; sie würde bewirken, daß Jemand Gläubiger und Schuldner zugleich sei; da dies undenkbar, so erfolgt keine Succession; deshalb geht die Schuld unter (weil keine *hereditas* des Schuldners und kein Successor in die Schuld vorhanden ist, es also an jedem Rechtsobjekt fehlt, deshalb die Forderung, weil keine *hereditas* des Gläubigers und kein Successor in die Forderung vorhanden ist, es also an jedem Rechtssubjekt fehlt."

Das πρῶτον ψεῦδος dieser Beweisführung ist die gemeinschaftliche Subsumtion des Falles, wo der Nachlaß ohne Erben bleibt, und desjenigen, wo er angetreten worden ist, unter den Begriff des „Untergangs der *hereditas*". Sowohl die Fälle an sich, als ihre rechtlichen Consequenzen sind grundverschieden. So bleibt bei erblosem Tode des Hauptschuldners die Bürgschaft bestehen (l. 1 § 14 D. dep. 16, 3, vgl. GIRTANNER, Bürgschaft S. 85, JHERING, Jahrb. f. Dogm. X S. 499 Note 71), während sie bei der Confusion der Hauptschuld ausnahmslos zu Grunde geht, so hat der im Eviktionsprocesse unterlegene Käufer doch dann keinen Rückgriff gegen den Verkäufer, wenn der Sieger im Processe ohne irgend einen Successor verstorben ist (l. 57 pr. D. de evict. 21, 2 „*quia rem habere ei licet*"), während der den Eigentümer der erkauften Sache beerbende Käufer allerdings einen Regress gegen den Verkäufer ausüben kann, wenn auch nicht auf Grund der Eviktionsstipulation,

serv. 45, 3 unvereinbar sei[3] sodann, daß der der *confusio* regelmäßig beigelegte Satisfactionseffekt die Vorstellung eines vom Gläubiger vermöge seiner Succession gemachten Erwerbs involviere.[4] Einen direkteren und völlig durchschlagenden Beweis liefert aber folgende Erwägung: Wo es sich um die Frage handelt, was der Erbe aus der Erbschaft erhalten hat, werden nur diejenigen Vermögensrechte in Rechnung gestellt, welche vom Erblasser auf ihn wirklich übergegangen sind, nicht diejenigen, welche zwar im Augenblicke des Todes des Erblassers vorhanden, aber aus irgend einem Grunde nicht in die Vermögenssphäre des Erben eingetreten sind. Hierin tritt zugleich die erhebliche praktische Bedeutung der Auffassungsverschiedenheit zu Tage. In den Quellen findet sich das erwähnte Princip hinsichtlich der Berechnung der Falcidia ausdrücklich ausgesprochen in l. 32 pr. D. ad leg. Falc. 35, 2, Maecianus lib. IX. fideicommiss.:

„Poenales actiones sive legitimae, sive honorariae exceptis popularibus in bonis actoris non ideo minus computandae sunt, quia morte reorum intercidere possunt. e contrario autem eaedem actiones nihil bonis rei defuncto eo detrahunt. sed ne in actoris quidem bonis defuncto eo iniuriarum actio poterit computari, quia et ipse simul cum eo intercidit, ut usus fructus et id quod in dies menses annosve singulos alicui quoad vivat debeatur. etenim ea demum obligatio rei bonis deminutionem praestat, quae in heredem transit. nec contrarium est, quod vivente reo eo minus in bonis eius intellegebatur: nam et si ita stipulatus esset, ut cum moreretur deberi ei inciperet, tamen augerentur bona eius, quemadmodum, si ipse sub eadem condicione promisisset, defuncto eo minuerentur."

Hieraus folgt: Fände bei der Confusion ein Eintritt des erbenden Gläubigers oder Schuldners in die Obligation nicht statt,

---

so doch mit der *a. emti* (l. 9, 41 § 1 D. de evict. 21, 2). Übrigens bemerkt Baron selbst S. 355, „daß der Fall, wo der Schuldner nichts hinterlassen hat, von dem anderen Falle, wo die *hereditas* bloß deshalb nicht vorhanden ist, weil sie in das Vermögen des Erben übergegangen ist, weit abliegt". Aber damit wird die Grundlage seiner Beweisführung von ihm preisgegeben.

[3] Windscheid, Pand. II § 352 Note 5, zustimmend Dernburg, Pand. II § 67 Note 4 und Kretschmar, Secum pensare S. 48.

[4] Kretschmar, Secum pensare S. 47.

sondern ginge diese vorher wegen der Unmöglichkeit der Succession unter, so könnte die confundierte Obligation bei der Berechnung der Falcidischen Quart überall nicht in Ansatz gebracht werden. Geht aber thatsächlich eine Succession vor sich, nur eine solche, die wegen des Zusammentreffens der unvereinbaren Eigenschaften in der Person des Erben die Zerstörung der Forderung nach sich zieht, so steht mindestens das oben ausgesprochene Princip nicht im Wege, die confundierte Forderung als Erbschaftsaktivum, die confundierte Schuld als Erbschaftspassivum einzustellen, denn die Voraussetzung hierfür, das „*transire in heredem*“ ist bei dieser Auffassung des Confusionsherganges erfüllt. Thatsächlich trifft nun die letztere Behandlung der confundierten Forderung bei der Berechnung der Falcidia sowohl wie überall da zu, wo es sich um die Feststellung dessen handelt, was der Erbe aus der Erbschaft erhalten hat.[5] Und sie trifft weiter zu nicht nur bei der peremtorischen, sondern auch bei der absorbierenden Confusion; so ist z. B. der Erbschaftsverkäufer zur Restitution der confundierten Dienstbarkeit verpflichtet, mit der eines seiner Grundstücke zu Gunsten eines erbschaftlichen Grundstücks belastet war; denn Gegenstand des Kaufs ist der Inbegriff der auf den Erben übergegangenen Vermögensrechte des Erblassers und unter diesen befindet sich auch die Dienstbarkeit, wenn sie auch infolge des Übergangs und der dadurch bewirkten Confusion nicht mehr als formell selbständiges Recht in der Hand des Erbschaftsverkäufers existiert.

Endlich findet, was speciell die Bürgschaftsconfusion angeht, die herrschende Meinung eine direkte Stütze in der häufig für interpoliert gehaltenen

l. 14 D. de fideiuss. 46, 1. Iulian. lib. XLVII digest.: „*Cum reus promittendi fideiussori suo heres extitit, obligatio fideiussoria peremitur: quid ergo est? tamquam a reo debitum petatur et, si exceptione fideiussori competente usus fuerit, in factum replicatio dari debebit, aut doli mali proderit.*“

---

[5] l. 1 § 18, l. 56 pr. §§ 1, 2, 3, l. 83 D. ad leg. Falc. 35, 2, l. 15 § 3, l. 54 D. eod., cf. unten S. 132 f. Vgl. auch die Grundsätze über die Berechnung beim Erbschaftskauf (S. 136 f.).

Ist der Text richtig überliefert, so rechnet die Stelle mit der Möglichkeit, daß der Hauptschuldner, welcher den Bürgen beerbt hat, dem Gläubiger auf die Hauptklage hin die dem Bürgen zuständig gewesene *exceptio* entgegensetze. Dies befremdet auf den ersten Blick. Woher soll der Hauptschuldner die Befugnis nehmen, sich der Hauptklage gegenüber auf die mit der Bürgschaft verknüpfte Einrede zu berufen? Ist es doch für den Fall der Beerbung des einen Correalschuldners durch den andern in den Quellen direkt ausgesprochen, daß die für die eine correale Beziehung begründete *exceptio* der andern auch dann nicht zu Gute kommt, wenn beide Beziehungen sich in einer Hand vereinigen[6]; und zwar läßt sich aus dem gewählten Ausdruck mit Sicherheit schließen, daß es hier zur Unschädlichmachung der *exceptio* keiner *replicatio* bedarf, sondern daß sie ohne weiteres unstatthaft ist, überhaupt nicht berücksichtigt wird: *„ut ita possis animadvertere, exceptioni locus sit, necne."* Sollte derselbe Gesichtspunkt nicht auch bei der Beerbung des Bürgen durch den Hauptschuldner zutreffen, ja, hier noch viel mehr, weil die Bürgschaft confundiert wird? Diese Argumentation ist unzutreffend; gerade die bei der Beerbung des Bürgen eintretende Confusion ermöglicht es dem Hauptschuldner, sich auf die dem Bürgen zustehende *exceptio* zu berufen; denn sie involviert die Vorstellung eines Aufgehens der Bürgschaftsobligation in der Hauptschuld, während bei der Beerbung des einen Correalschuldners durch den anderen die beiden Einzelobligationen beziehungslos nebeneinander stehen bleiben: *„duas obligationes sustinet"* (l. 5 D. de fideiuss. 46, 1). Es bedarf daher nur noch der Vorstellung, daß die *exceptio* als selbständiges

---

[6] l. 93 pr. D. de solut. 46, 3 Scaevola lib. sing. quaest. publ. tract.: *„Si duo rei sint stipulandi et alter alterum heredem scripsit, videndum, an confundatur obligatio. placet non confundi. quo bonum est hoc dicere? quod, si intendat dari sibi oportere, vel ideo dari oportet ipsi, quod heres extitit, vel ideo, quod proprio nomine ei deberetur. atquin magna est huius rei differentia: nam si alter ex reis pacti conventi temporali exceptione summoveri poterit, intererit, is qui heres extitit, utrumne suo nomine an hereditario experiatur, ut ita possis animadvertere, exceptioni locus sit, necne.* § 1. *Item si duo rei sint promittendi et alter alterum heredem scripsit non confunditur obligatio."* Das *„non"* fehlt im Text, ist aber unzweifelhaft zu ergänzen, vgl. l. 5 D. de fideiuss. 46, 1, l. 13 D. de duob. reis 45, 2.

Gegenrecht von dem auf die *fideiussio* bezüglichen Confusionsprocesse nicht berührt wird, um die Annahme zu rechtfertigen, daß sie dem Hauptschuldner nach der Beerbung des Bürgen an sich zusteht und daher, wo ihr Gebrauch der Billigkeit widerstreiten würde, durch *replicatio* erst entkräftet werden muß.[7]

---

[7] Zu einer völlig anderen Erklärung unseres Fragments gelangt Lenel (Zeitschr. f. Rechtsgesch. VIII, Rom. Abt.) auf Grund eines Emendationsvorschlages, welcher darin gipfelt, die Worte *„fideiussori competente“* zu streichen und die *exceptio* von einer dem Hauptschuldner zuständigen Einrede zu verstehen. Es ergäbe sich dann der Sinn, daß der Gläubiger den Schuldner mit der Hauptklage belangen und die entgegengestellte Einrede desselben durch die Berufung darauf entkräften könne, daß der Beklagte Successor des Bürgen geworden sei, dem diese Einrede nicht zugestanden habe. Es muß zugegeben werden, daß die von Lenel zur Rechtfertigung der Emendation vorgebrachten Gründe sehr gewichtig sind (hierzu gehört in erster Linie der Nachweis des Zusammenhangs, in dem der Jurist unsere Frage erörterte). Auch stände der Sinn, welcher sich bei Annahme der vorgeschlagenen Emendation ergäbe, insofern mit anderen Quellenentscheidungen im Einklange, als unter Umständen der exceptivisch geschützte Schuldner, welcher in eine vollkräftige Schuld gleichen Inhalts succediert, nicht nur, wie natürlich, aus letzterer belangt werden kann, sondern auch hinsichtlich seiner ursprünglichen Schuld die *exceptio* verliert: l. 95 § 2 D. de solut.: *„aliquando evenit, ut inanis obligatio aditione hereditatis confirmetur. nam si heres, qui restituerit ex Trebelliano hereditatem, fideicommissario heres extiterit, vel mulier, quae pro Titio intercesserat, eidem heres extiterit, incipit obligatio civilis propter hereditatem eius, qui iure tenebatur, auxilium exceptionis amittere“*; ähnlich l. 8 § 13 D. ad S. C. Vell. 16, 1: *„nihil enim eius interest, qua actione convenietur“*. Aber die Emendation Lenel's scheitert an dem Umstande, daß bei dem Thatbestande, den sie notwendig voraussetzt: Eine dem Hauptschuldner zuständige *exceptio*, welche dem Bürgen nicht zu Gute kommt, die Bürgschaft *plenior* wäre (cf. § 5). Denn wenn dieser Umstand auch nicht hinderte, daß für den Gläubiger ein Interesse begründet sein könnte, die Haupt- und nicht die Bürgschaftsklage anzustellen (hierauf beruft sich Lenel a. a. O. S. 203 f.), so wäre doch mit der Pleniorität der Bürgschaft der kategorische Ausspruch des Juristen: *„obligatio fideiussoria perimitur“* unvereinbar — man müßte denn annehmen, daß zu Julians Zeit der Satz, die Bürgschaft, welche *plenior* sei, bleibe beim Zusammentreffen mit der Hauptschuld bestehen, noch nicht aufgestellt gewesen sei. Dies behauptet indessen Lenel nicht, und es spricht gegen eine solche Annahme, daß Africans Quästionen, deren enge Beziehung zu Julian außer Zweifel steht (cf. Krüger, Gesch. der Quellen und Literatur des röm. Rechts § 23 Note 26 S. 177, Karlowa, Röm. Rechtsgesch. I, 713 a. E.), be-

Für die hier vertretene Interpretation fällt sehr stark die in der Note 6 mitgeteilte l. 93 pr. D. de solut. 46, 3 ins Gewicht; sie bezeichnet als wichtgste Konsequenz des Nichteintritts der Confusion, daß nach wie vor unterschieden wird, gegen welche der correalen Beziehungen die *exceptio* statt habe: „*quo bonum est hoc dicere? etc.* Die unterscheidende Folge des Eintritts der *confusio* wäre demnach im Sinne des Juristen, daß die ursprünglich nur der einen correalen Beziehung anhaftende *exceptio* nunmehr auch der andern entgegengesetzt werden könnte.

Aus dem Gesagten erhellt einmal, daß bei der *confusio* in der That eine Vereinigung der einander widerstreitenden rechtlichen Eigenschaften stattfindet und daß dann erst, infolge der Unmöglichkeit der Coexistenz dieser rechtlichen Eigenschaften in einer Person das Rechtsverhältnis zu Grunde geht; sodann, daß gerade dieses Thatbestandselement den Schlüssel zu einer Reihe wichtiger Unterschiede in der Behandlung der *confusio* anderen Rechtsaufhebungsgründen gegenüber liefert. Es liegt daher ein gleich großes praktisches wie theoretisches Interesse vor, von dem Begriffe der *confusio* alle diejenigen Vorgänge auszuscheiden, bei denen es nicht zu einer Vereinigung der verschiedenen Seiten des Rechtsverhältnisses kommt, sondern dieses schon vor erfolgter Vereinigung untergeht. Es gehören hierher Fälle, die wegen der Gleichheit der übrigen Bedingungen leicht zu einer Verwechslung mit der *confusio* führen können, z. B. die Beerbung des Nießbrauchers durch den Eigentümer, des mit der Strafklage Belangbaren durch den Beschädigten, des Beleidigten durch den Beleidiger; denn Nießbrauch, Strafklage und *a. iniuriarum* erlöschen schon durch den Tod des Berechtigten, bez. Verpflichteten, also vor und nicht infolge der Succession; sie haben sich demnach — activ oder passiv — keinen Augenblick im Vermögen des

---

reits die Wirkung der Plenioritát der Bürgschaft kennen (l. 21 § 2 D. de fideiuss. 46, 1). Gegen Lenel auch Geib, Zur Dogmatik des römischen Bürgschaftsrechts S. 95, der aber m. E. zu weit geht, wenn er aus der Stelle die Folgerung zieht, daß mit der für den Normalfall aufgestellten Regel „mehr als die *ex causa accessionis* sich ergebende vollständige Wert- und Bedeutungslosigkeit der *fideiussoria obligatio* nicht statuiert werden sollte“; vgl. dagegen § 5.

Successors befunden, und hierauf beruht es, daß sie sämtlich, abweichend vom Falle der Confusion, bei der Berechnung der Falcidia nicht in Ansatz kommen, (s. die oben mitgeteilte l. 32 pr. D. ad leg. Falc. 35, 2).[8] Allgemein gefaßt: Wahre Confusion ist begrifflich unmöglich:

1. wenn der Berechtigte dem Verpflichteten succediert in allen den Fällen, in denen die Verpflichtung nicht auf den Successor übergeht, sondern mit dem Tode des Verpflichteten erlischt (praktisch namentlich hinsichtlich der Strafklagen, soweit sie auf eigentliche Strafe gerichtet sind und nicht auf Schadenersatz),

2. wenn der Verpflichtete dem Berechtigten succediert in allen den Fällen, in denen das Recht nicht auf den Successor übergeht sondern mit dem Tode des Berechtigten erlischt (persönliche Servituten und unter den Forderungsrechten namentlich die *actiones vindictam spirantes*).[9]

---

[8] Das Gleiche ist beim Erbschaftskauf zu berücksichtigen: l. 2 § 18 D. de hered. vend. 18, 4: „*et idcirco teneri venditori hereditatis . . . ita tamen, si eius debiti adversus heredem actio esse poterat ne forte etiam ex his causis, ex quibus cum herede actio non est, cum emptore agatur*“.

[9] Hiermit stimmt überein, daß der Ausdruck „*consolidatio*“ (oder *confusio*) in Hinsicht auf den Nießbrauch schlechthin nur dann angewendet wird, wenn der Nießbraucher das Eigentum der in seinem Nießbrauch stehenden Sache erwirbt (§ 3 J. de usufr. 2, 4, l. 4 D. usufr. quemadm. cav. 7, 9). Im umgekehrten Falle (Erwerb des Nießbrauchs durch den Eigentümer) wird er nur angewendet, wenn der Erwerb durch Singularsuccession erfolgte (l. 78 § 2 D. de iure dot. 23, 3, § 3 J. de usufr. 2, 4), nicht, wenn der Eigentümer den Nießbraucher beerbte; eine Verwechslung beider Fälle liegt nahe und ist selbst von einem so scharfsinnigen Denker, wie G. Hartmann, an einer Stelle nicht vermieden worden (cf. Jahrb. für Dogm. XVII S. 135 unten). Dagegen hat das O.L.G. Frankfurt (Beschl. v. 23./9. 92 in Seuff. Arch. Bd. 48 S. 268 f.) erkannt, daß in dem von ihm behandelten Falle trotz des äußeren Anscheins keine Confusion, sondern vorheriges Erlöschen vorlag. Die Quellen scheiden richtig auch in der Terminologie, indem sie in den Fällen, in welchen der Nießbrauch nicht durch Confusion, sondern aus einem in der Person des Nießbrauchers gelegenen Grunde erlischt, nicht von Consolidation, sondern von „*redire usufructus ad proprietatem*“ sprechen. Cf. Fragm. Vat. 83 und den Index des Stephanos zu l. 3 § 2 D. de usufr. accresc. (bei Zach. a Lingenthal, Supplement zu Heimbachs Basiliken S. 96), welcher betont, daß das „*redire*“ (ἐπανοδρομή) vorheriges Erlöschen des Nieß-

Die Vereinigung beruht auf Universal- oder Singularsuccession. Sie kann herbeigeführt werden entweder dadurch, daß die Träger der inkompatibelen Eigenschaften einander direkt, oder dadurch, daß ein und derselbe Dritte beiden succediert.[10]

Wir wenden uns zunächst zur Universalsuccession; sie kann unbestritten schon im römischen Rechte und so auch im heutigen Ursache der Confusion bei allen Kategorien unvereinbarer Eigenschaften sein.[11] Von den Einzelfällen der Universalsuccession[12] bedarf der Erbgang besonders deshalb einer näheren Betrachtung, weil hier die bekannte Theorie von der Fortdauer der vermögensrechtlichen Persönlichkeit des Erblassers im Erben[13] eine für die Confusionslehre nicht immer harmlose Rolle gespielt hat. Macht man nämlich mit dem Gedanken, daß die vermögensrechtliche Persönlichkeit des Erblassers den Antritt der Erbschaft über-

---

brauchs voraussetzt (speciell im Gegensatz zu „*accrescere*“) (*προσαύξησις*): „*ἕτερόν ἐστιν προσαύξησις οὐσουφρούκτου καὶ ἕτερον ἐπαναδρομή· ἡ μὲν γὰρ προσαύξησις συνιστάμενον ἔτι δηλοῖ τὸν οὐσούφρουκτον, ἡ δὲ ἐπαναδρομὴ σβεσθέντα.*“

[10] Beispiele für den letzten, in den Quellen nicht selten vorkommenden Fall enthalten: l. 20 pr., 24 D. de hered. vend. 18, 4, l. 41 § 2 in fine D. de evict. 21, 2, l. 71 pr. D. de fideiuss. 46, 1, l. 2 C. de solut. 8, 42 (Succession des Fiscus „*licet diversis stationibus*“), l. 24 C. de fideiuss. 8, 40.

[11] Confusion dinglicher Rechte (speciell Servituten) l. 18 D. de serv. 8, 1, l. 9 D. comm. praed. 8, 4 etc. Obligationsconfusion: l. 50, 71 D. de fideiuss. 46, 1, l. 75, 95 § 2 D. de solut. 46, 3 etc. Bürgschaftsconfusion: l. 5 D. de fideiuss. 46, 1, l. 95 § 3 D. de solut. 46, 3 etc.

[12] Erbgang, Succession des Fiscus und der ihm vorgehenden Korporationen in die *bona vacantia*, vgl. Windscheid, Pand. III § 622, Brinz, Pand. III § 431 S. 450 f. Fusion zweier Aktiengesellschaften (vgl. Arch. f. bürgerl. Recht Bd. 9, S. 46 f., S. 51, Goldschmidts Zeitschr. f. H.R. Bd. 27 Nr. 3, bes. S. 372, 374 f., 376. Staub, Kommentar zum Handelsgesetzbuche, 3. und 4. Aufl. S. 611—616, bes. S. 614). Der im classischen Recht praktische Fall der Arrogation des Gläubigers durch den Schuldner ist in dem Augenblicke veraltet, in dem die Aktiva des Arrogierten nicht mehr *per universitatem* auf den Arrogierenden übergingen, sondern dem Arrogierten als *peculium adventicium* blieben.

[13] Gegen dieselbe neuestens Hölder in der Zeitschrift d. Savigny-Stiftg. f. R.G. Bd. XVI, bes. S. 223, 234, 244 f. Die weitverzweigte Literatur über die Lehre s. bei Windscheid, Pand. II § 528 Note 6, Krit. Überschau Bd. I Nr. VIII, Brinz, Pand. III § 357 Note 2.

dauere, Ernst, so läßt sich, da nach wie vor zwei begrifflich getrennte Subjekte einander gegenüberstehen, ein innerer Grund für die rechtsvernichtende Wirkung der Confusion nicht einsehen; dies ist denn auch den Vertretern der erwähnten Theorie von Anfang an entgegengehalten worden.[14] Diese ihrerseits haben die Schwierigkeit auf die verschiedenste Art zu beseitigen versucht; so SCHEURL[15] durch eine starke Abschwächung des Persönlichkeitsgedankens, indem die Selbständigkeit der Persönlichkeit des Erblassers im Verhältnis zum Erben im Grunde preisgegeben wird („*hereditas* und *heres* haben nicht mehr gesonderte Gebiete, sondern das Rechtsgebiet der *hereditas* ist nunmehr auch nur ein Stück des Rechtsgebiets der jetzt allein diese ursprünglich gesonderten Rechtsgebiete beherrschenden Persönlichkeit des Erben“); GIRTANNER, indem er den Solutionsgedanken zum Confusionsprincip erhebt; KUNTZE endlich[16] ist im völligen Widerspruche mit den Quellen soweit gegangen, als Princip der Obligationsconfusion das Fortbestehen der Obligation anzunehmen und die rechtsvernichtende Wirkung als eine aus praktischen Rücksichten getroffene Modification der Confusionsgrundsätze zu betrachten. Alle diese Versuche sind mißlungen und sie mußten es, weil ihre Grundlage, die Idee der Fortexistenz der vermögensrechtlichen Persönlichkeit des Erblassers im Erben unhaltbar ist.[17] Durch den Erwerb der Erbschaft werden alle Rechte des Erblassers direkt, ohne daß es eines Mittlers bedürfte, mit der Person des Erben verknüpft und ebenso direkt geht die Vernichtung

---

[14] Zuerst von JHERING in den Abhandlungen aus dem röm. Recht S. 244. Cf. auch FRIEDMANN S. 34.

[15] Beiträge zur Bearbeitung des röm. Rechts I. S. 43, 49.

[16] Die Obligation und die Singularsuccession des heut. röm. Rechts S. 217 f., bes. S. 219, auf welche Darstellung er in seiner neueren Schrift: Die Obligationen im röm. und heut. Recht, Lpzg. 1886, S. 164 verweist. Gegen KUNTZE: FITTING, Correalobligationen S. 129 Note 160, WITKOWSKI S. 35, 39, FRIEDMANN S. 35.

[17] Im Allgemeinen ist auf die eingehenden Ausführungen HÖLDERS a. a. O. zu verweisen (s. Note 13), durch die die genannte Theorie wohl nun endgiltig widerlegt ist. Wegen einzelner in die Lehre von der Confusionswirkung einschlagender Fragen vgl. unten § 15.

der aufeinandertreffenden unvereinbaren rechtlichen Eigenschaften vor sich.

Was die Singularsuccession anlangt, so kann sie von jeher Ursache der Confusion dinglicher Rechte sein. Dagegen ist dem römischen Rechte die Herbeiführung der Obligationsconfusion auf dem Wege der Singularsuccession fremd, weil die Obligation nach römischer Auffassung mit ihrem Subjekte untrennbar verknüpft ist. Doch kann es infolge der Ausbildung der Cession zu einem praktisch sehr ähnlichen Resultate kommen; wenigstens in einem Falle der *cessio necessaria* findet in den Quellen die Cession der Forderung seitens des Gläubigers an den Schuldner mit der Wirkung Verwendung, daß zwar nicht die *obligatio*, wohl aber die *actio* confundiert und dadurch der Schuldner befreit wird. Der hier ins Auge gefaßte Fall ist in l. 13 D. de leg. II. (31). Pomponius lib. VII. ex Plautio enthalten:

„*Qui duos reos eiusdem pecuniae habebat, Titium atque Maevium ita legavit: Quod mihi Titius debet, Maevio heres meus dato; quod Maevius debet, Seio dato. His verbis onerat heredem; nam cum actiones suas Mevio praestiterit adversus Titium, videtur Maevius facto eius liberatus esse, et idcirco Seio heres tenebitur.*“

Der Erblasser, welcher zwei Correalschuldner hat, vermacht, was der eine ihm schuldig ist, dem andern, und einem Dritten, was ihm der bedachte *correus* schuldet. Stellt man, wie erforderlich, auf den wahren Willen des Testators ab,[18] so kann es keinem Zweifel unterliegen, daß die correale Forderung doppelt hat vergeben werden sollen, nicht anders, als es in der ähnlichen Verfügung der l. 82 § 5 D. de leg. I. (30) der Fall ist.[19] Dann aber hat gemäß der bekannten, für das *disiunctim* angeordnete Damnationslegat geltenden Regel der eine Bedachte die correale Forderung (den Gegenstand des Vermächtnisses) selbst, der andere die *aestimatio* zu beanspruchen. Der Erbe muß daher, wenn als Gegenstand des Vermächtnisses auch nur die Schuld des einen *correus* bezeichnet ist, dem Bedachten doch die Klagen gegen

---

[18] Cf. l. 12, 96 D. de V. S. 50, 17, l. 24 D. de reb. dub. 34, 5.

[19] Vgl. Brinz, Pand. III S. 328 Note 68, Fitting, Natur der C.O. S. 184, 185.

beide *correi* cedieren. Dieser Verpflichtung thut es keinen Abbruch, daß der Bedachte selbst einer der Correalschuldner ist: Dem bedachten *correus* wird nicht nur die gegen seinen Genossen, sondern auch die gegen ihn selbst gerichtete Klage cediert („*actiones*“); die Folge davon ist, daß der bedachte *correus* durch Confusion der gegen ihn gerichteten Klage frei wird, während die Klage gegen seinen Mitschuldner in seine Hand übergeht.[20] Also: Das römische Recht kennt zwar nicht die Confusion der Obligation, wohl aber die der *actio* auf dem Wege der Singularsuccession, und dieser Gesichtspunkt wird zur Erklärung der Befreiung des Schuldners namentlich da angewendet, wo dieser im Correalverhältnis steht und gleichzeitig mit seiner Befreiung den Anspruch gegen seinen Mitverpflichteten erwerben soll. In der That ist hier die Cession der sämtlichen Klagen an den *correus debendi* der einfachste und kürzeste Weg, da ein und derselbe Akt infolge der in der Person des Cessionars eintretenden Confusion diesen von seiner Schuld befreit und zugleich die Ansprüche gegen die übrigen Schuldner auf ihn überträgt: eine ebenso zweckmäßige als elegante Verwendung der die *confusio* im Correalverhältnisse charakterisierenden Wirkung der „*exemtio personae.*“

---

[20] Umgekehrt nimmt Baron, Gesamtrechtsverhältnisse S. 341, an, daß nur die Klage gegen Titius cediert werde, und schließt hieraus (unter Heranziehung der erwähnten l. 82 § 5 D. de leg. I) auf die Unmöglichkeit der Cession der Klage an den Schuldner selbst. Meines Erachtens scheitert diese Auslegung (abgesehen von dem Plural „*actiones*“) an den Worten „*videtur Maevius facto eius liberatus esse*“. Die Befreiung des bedachten *correus* wird hiernach als direkte Folge der Cession aufgefaßt. Würde aber die *actio* gegen den bedachten *correus* nicht mit cediert, bliebe sie also beim Erben zurück, so würde der bedachte *correus* vom Erben erst durch den besonderen Eintritt eines Befreiungsgrundes (etwa Abschluß eines *pactum de non petendo* oder nach classischem Recht durch Litiscontestation mit dem *correus*) frei. Die gleiche Erwägung (daß die Befreiung des Mävius nicht unmittelbar auf die Verfügung des Erblassers, sondern auf das „*factum*“ des Erben zurückgeführt wird, spricht gegen die an sich naheliegende Erklärung Schwedlers, Erlöschen der Schuldverhältnisse etc. S. 12, Mävius werde kraft des auf seine Befreiung gerichteten Willens des Erblassers einfach durch *exceptio doli* frei, die Forderung gegen ihn werde nicht mitcediert, weil der Testator dies nicht angeordnet habe.

Im modernen Rechte, welches nach richtiger Ansicht mit dem Princip der Unübertragbarkeit der Obligation gebrochen hat, begegnet die Annahme einer durch Singularsuccession herbeigeführten Confusion der Forderung selbst keiner Schwierigkeit.[21] Praktisch wird dieser Confusionsfall auch hier meist da werden, wo einer von mehreren Gesamtschuldnern befreit werden und zugleich in die Obligation gegen die übrigen Gesamtschuldner eintreten soll. Denn auch hier können beide verschiedene Wirkungen vermittelst des Confusionsgedankens durch einen einheitlichen Akt, die Cession der Gesamtobligation an den zu befreienden Mitschuldner erreicht werden. Einen interessanten Beleg dafür, wie natürlich sich hier der Confusionsgesichtspunkt einstellt, gewährt eine in Seufferts Archiv Bd. 17 Nr. 144 mitgeteilte Entscheidung des O. A. G. Jena. Dort war an einen von drei correal, unter Ausschluß des *beneficium divisionis* verhafteten Bürgen, nachdem er den Gläubiger befriedigt hatte, die Forderung samt ihren Accessionen cediert worden. Er klagt die cedierte Forderung nach Abzug des auf ihn fallenden Anteils, also in Höhe von $^2/_3$ gegen einen der Mitbürgen ein. Das Gericht giebt der Klage statt auf Grund der Erwägung, daß infolge der Cession zwar in der Person des Klägers Confusion eingetreten sei, die Klagen gegen die Mitbürgen aber hiervon gemäß l. 71 pr. D. de fideiuss. 46, 1 nicht berührt worden seien. Von gleichen Gesichtspunkten geht eine bei Bolze Bd. XIX Nr. 174 S. 109 mitgeteilte Reichsgerichtsentscheidung v. 6./11. 1894 aus. (Vgl. auch Hellmann in der Krit. Vierteljahrschrift Bd. 38 S. 50.).

Auf einen andern Fall durch Singularsuccession herbeigeführter Obligationsconfusion hat Korn in der Zeitschrift für deutschen Civilproceß Bd. XI S. 302 hingewiesen. Läßt der Gläubiger im Zwangsvollstreckungsverfahren eine eigene Schuld pfänden,[22] und sich an Zahlungstatt überweisen, so geht die über-

---

[21] Speciell für die preußische Praxis bezeugt Rehbein, Entsch. d. O.Trib. III S. 217 in der Note, daß die Frage, ob Confusion bei Forderungen auch durch Singularsuccession herbeigeführt werden könne, nie bezweifelt worden sei. Ein Beispiel von (partieller) Confusion durch Singularsuccession s. in E.R.G. Bd. 29 Nr. 23 S. 80 f.

[22] Die Zulässigkeit einer solchen Pfändung wird gegenüber der früher

wiesene Forderung durch Confusion unter, d. h. der Gläubiger im Vollstreckungsverfahren wird in seiner Eigenschaft als Schuldner in der gepfändeten Forderung frei. Für den Gläubiger kann es namentlich dann von Wert sein, diesen Weg einzuschlagen, wenn ihm die Möglichkeit, mit der Klagforderung gegen die eigene Schuld zu compensieren, verschlossen ist.[23]

Auch dann kann ein Interesse des Schuldners begründet sein, durch Cession der Forderung und nicht durch Erlaß frei zu werden, wenn die Forderung mit einem von dritter Seite bestellten Pfande versehen ist und einer der Fälle vorliegt, in denen das Pfandrecht die Confusion der versicherten Forderung überdauert.

Übrigens wird, wie Friedmann S. 28 richtig bemerkt, im modernen gemeinen Rechte die Obligationsconfusion ebensogut wie durch Cession der Forderung an den Schuldner, so auch durch Schuldübernahme seitens des Gläubigers herbeigeführt.

Selbstverständlich unterscheidet sich die Wirkung der durch Singularsuccession herbeigeführten Vereinigung von Forderung und Schuld in einer Person in keiner Weise von der durch Universalsuccession herbeigeführten; es tritt also die Vernichtung der Obligation ein, falls nicht einer der in § 17 erörterten Gründe, welche die zerstörende Wirkung der Vereinigung hindern, vorliegt.[24]

---

herrschenden abweichenden Meinung überzeugend ausgeführt von Korn in der Zeitschr. f. Deutsch. Civ.-Proc. XI S. 294 f., Oertmann im C.A. Bd. 81 S. 61 f. und in der Reichsgerichtsentscheidung Bd. XX S. 365 f.

[23] Vgl. hierzu die citierte Reichsgerichtsentscheidung S. 372, 374 und Oertmann a. a. O. S. 123.

[24] Es wäre überflüssig, eine so selbstverständliche Sache besonders hervorzuheben, wenn sich nicht in der Literatur die Meinung vertreten fände, die Zerstörung der Obligation infolge ihrer Cession an den Schuldner beruhe nicht auf Confusion, sondern unmittelbar auf Parteiwillen, der als Erlaß oder irgend ein anderes auf Liberation des Schuldners gerichtetes Rechtsgeschäft zu deuten sei; mitunter wird daraus die Folgerung gezogen, die Forderung brauche, trotzdem die Cession wirksam sei, also die Übertragung der Forderung auf den Schuldner herbeigeführt habe, doch da nicht unterzugehen, wo diese Absicht den Parteien fremd gewesen sei (so Friedmann a. a. O. S. 29). Dies ist entschieden unrichtig. Ist die Cession an den Schuldner erfolgt und liegt keins der objektiven Thatbestandselemente vor, welche die rechtsvernichtende Wirkung der Vereinigung aus-

Zum Schluß einige Worte über die Erfordernisse der Vereinigung. Damit die Wirkung der Rechtsvernichtung eintritt, muß ein und dieselbe Person wenigstens auf einen Augenblick Subjekt beider einander widerstreitender rechtlicher Eigenschaften geworden sein. Das die Vereinigung herbeiführende Rechtsgeschäft darf daher keinesfalls nichtig sein.[25] Dagegen schadet ein solcher Mangel in der *causa* des zu Grunde liegenden Rechtsgeschäftes, welcher nicht die Nichtigkeit des Übertragungsaktes herbeiführt, principiell nichts; die infolge der Übertragung sich vollziehende Vereinigung der inkompatibelen Eigenschaften löst den Confusionseffekt sofort aus, so daß auch bei späterer Trennung der Personenrollen das Rechtsverhältnis nicht ohne neuen Begründungsakt hervortreten kann. Bezeichnend hierfür ist die Entscheidung der l. 70 § 2 D. de leg. I (30). Kauft Jemand einen Sklaven, wegen dessen ihm die *actio furti* zustand und kommt es zur Redhibition, so kann er nicht mit der *a. furti* gegen den Verkäufer klagen, denn diese ist als Noxalklage infolge der Eigentumsübertragung an ihn durch Confusion erloschen; es besteht nur ein obligatorischer und durch Retentionsrecht gesicherter An-

---

schließen, so kann die Thatsache allein, daß die Parteien sich den Confusionseffekt nicht vergegenwärtigt haben, den Eintritt der Confusion nicht hindern. Sie haben sich dann eben einer Geschäftsform bedient, die sich zur Erzielung des von ihnen vorgestellten Erfolgs als untauglich erweist. Nur die Frage kann aufgeworfen werden, ob da, wo der Eintritt der Confusionswirkung in klar ersichtlichem Widerspruche zu dem von den Parteien verfolgten rechtsgeschäftlichen Zwecke steht, durch Umdeutung der Cession in ein anderes Rechtsgeschäft, bei welchem die Forderung bestehen bleiben kann, geholfen werden darf. Diese Frage bejaht eine bei Budde, VIII S. 124—129, mitgeteilte Entscheidung des O.A.G. Rostock, übrigens von dem unrichtigen Ausgangspunkte aus, daß eine Cession der Forderung an den Schuldner selbst undenkbar sei. Gegen letztere Auffassung s. auch Windscheid, Pand. II § 352 Note 5 am Ende, Dernburg, Pand. II § 67 Note 4.

[25] Daher keine Confusion im Falle der l. 7 § 6 D. de donat. inter vir. et ux. 24, 1 wegen Nichtigkeit des Übertragungsaktes. Auf ähnlichem Gesichtspunkte beruht es, wenn im classischen Rechte die durch *bonorum possessio* herbeigeführte Vereinigung nur dann zur Confusion führt, wenn sie dem Civilerben gegenüber *cum re*, nicht wenn sie *sine re* ist, vgl. l. 95 § 8 D. de solut. 46, 3 und dazu Fitting, Natur der Correalobligationen S. 114 Note 145 gegen Ende.

spruch des Käufers gegen den Verkäufer, ihn wegen der eingetretenen Confusion schadlos zu halten.[26] Ebensowenig wird die Confusionswirkung dadurch ausgeschlossen, daß schon im Augenblicke des Eintritts der Vereinigung für denjenigen, in dessen Person sie sich vollzieht, die obligatorische Verpflichtung zur Wiederaufhebung der Vereinigung begründet ist.[27] Anders, wenn die Wiederaufhebung der Vereinigung mit dinglicher Wirkung erfolgt, s. darüber § 17.

Indessen giebt es eine Reihe von Fällen, in denen trotz der Vereinigung inkompatibeler rechtlicher Eigenschaften in einer Person das betreffende Rechtsverhältnis nicht untergeht. Die Be-

---

[26] Im modernen Rechte kann der Fall in der Wendung praktisch werden, daß Jemand ein Tier kauft, wegen dessen ihm die *actio de pauperie* zustand und daß es zur Redhibition kommt.

[27] Beispiel: Damnationslegat eines Grundstücks, welches (aktiv oder passiv) mit Grundstücken des Erben im Servitutenverbande steht, l. 18 D. de serv. 8, 1, l. 70 § 1, l. 116 § 4, l. 84 § 4 D. de leg I (30). Vgl. zum Beweise des Satzes etwa noch: l. 70 §§ 1, 2 D. de leg. I: Obligatorische, durch Auftrag begründete Verpflichtung zur Weiterübertragung des Eigentums, welches sich in der Hand des Mandatars mit einem diesem zustehenden dinglichen Rechte vereinigt hat: l. 78 pr. D. de iure dot. 23, 3, l. 7 § 1 D. de fund. dot. 23, 5: Confusion infolge der Dosbestellung, trotzdem der Ehemann nach den einschlagenden Dotalrechtssätzen (im justinianeischen Recht auf Grund der *actio ex stipulatu*, l. un. § 13 C. 5, 13) obligatorisch zur Rückgabe der *dos*, also zur Wiederaufhebung der Vereinigung verbunden ist. Es kann fraglich erscheinen (obgleich ein Zweifel in der Literatur noch nie hervorgetreten ist), ob die Entscheidung der letzterwähnten Stellen noch zutrifft, nachdem Justinian der Ehefrau neben ihrem persönlichen Anspruch auf Herausgabe der *dos* eine *utilis rei vindicatio* gewährt hat; wer in diesem Rechtsmittel eine in Wahrheit dingliche Garantie für die Rückkehr der *dos* an die Frau erblickt (s. über die verschiedenen Ansichten Windscheid, Pandekten II § 503 Note 4) muß meines Erachtens nach Analogie der l. 75 (73) § 1 D. ad S. C. Treb. 36, 1 ein direktes Wiederhervortreten der Dienstbarkeit oder des Nießbrauchs im Falle der Auflösung der Ehe annehmen, also die rechtsvernichtende Wirkung der Vereinigung leugnen, vgl. hierzu § 4 und § 17. Daß freilich die Jurisprudenz der justinianeischen und späteren Zeit diese Konsequenz nicht gezogen hat, ergiebt sich daraus, daß nicht nur beide Stellen in den Basiliken Aufnahme gefunden haben, sondern auch die beigegebenen Scholien (vgl. besonders das Scholion zu cap. 7 Bas. 29, 6, in welchem auf Thaleläus Bezug genommen wird) beide Stellen durchaus im alten Sinne auslegen.

stimmung dieser Fälle ist derjenige Teil der Confusionslehre, der am meisten dem positiven Rechte angehört; es handelt sich um die Frage, wieweit das Recht, von praktischen Rücksichten geleitet, die auf logischem Wege aus dem Inhalte der subjektiven Berechtigung abgeleiteten Confusionsgrundsätze einschränken will. Es ist daher durchaus verständlich, daß gerade in diesem Punkte das moderne Recht am meisten vom römischen Rechte abweicht. Der Unterschied läßt sich dahin charakterisieren, daß das moderne gemeine Recht in der Einschränkung der Confusionswirkung weiter geht, als das römische. Was die einzelnen Fälle angeht, so ist ein speciell der absorbierenden Confusion eigener, die Aufrechterhaltung des inhaltlich beschränkteren Rechts neben dem umfänglicheren, wegen seiner im konkreten Falle höheren Intensität bereits oben (§ 4) ausführlich besprochen worden. Andere Fälle, welche auch bei der peremtorischen Confusion vorkommen, beruhen darauf, daß schon im Augenblicke der Vereinigung deren Wiederaufhebung mit dinglicher Wirkung ins Auge gefaßt ist (z. B. Eintritt der Vereinigung in der Person des Fiduciars) oder daß das Recht mit einer besonderen Form ausgestattet ist, welche es gegen die Confusion widerstandsfähig macht (Inhaberpapier). Die nähere Erörterung dieser Frage muß, um so mehr, als es sich mit einer umfänglichen Literatur auseinanderzusetzen gilt, einem besonderen § vorbehalten bleiben (s. § 17.).

§ 7.
Die Wirkung der Confusion im Allgemeinen.

Die Wirkung des Zusammentreffens rechtlich unvereinbarer Eigenschaften ist normalerweise (die Ausnahmen s. im § 17) die Vernichtung des Rechtsverhältnisses. So erlöschen die Grunddienstbarkeiten beim Zusammentreffen des Eigentums am herrschenden und dienenden Grundstück in einer Hand, woraus namentlich folgt, daß sie bei späterer Veräußerung des einen Grundstücks nicht ohne neuen Begründungsakt wieder hervortreten.[1] So er-

[28] Oder der Bürgschaft, welche plenior ist, neben der Hauptschuld.

[1] l. 30 pr. D. S.P.U. 8, 2. Paulus lib. XV ad Sabinum: „*Si quis aedes, quae suis aedibus servirent, cum emisset, traditas sibi accepit, confusa sublataque servitus est et si rursus vendere vult, nominatim imponenda ser-*

lischt der Nießbrauch dadurch, daß der Nießbraucher das Eigentum, oder umgekehrt der Eigentümer den Nießbrauch erwirbt.[2] Wie die Grunddienstbarkeiten müssen auch Emphyteuse und Superficies durch Vereinigung der Rollen des Emphyteuta bezw. Superficiars mit der des Eigentümers in einer Person dauernd zu Grunde gehen. Die rechtsvernichtende Wirkung der Confusion auf die Obligationen ist unzähligen Stellen bezeugt; besonders bezeichnend ist, daß auch die Naturalobligationen ihr unterliegen.[3] Endlich tritt auch bei der Bürgschaftsconfusion der Untergang der Bürgschaft mit *ipso iure* Wirkung ein.

Mit dieser Constatierung der rechtsvernichtenden Wirkung der Confusion (mit deren näherer Entwicklung der § 8 sich zu beschäftigen hat) ist nun aber die Charakteristik der Confusionswirkung keineswegs erschöpft. Sie enthält vielmehr ein den andern Untergangsgründen gegenüber durchaus eigenartiges Element, dessen Existenz sich dadurch dokumentiert, daß zugleich mit dem formalen Untergange des Rechtsverhältnisses unter Umständen gewisse Nebenwirkungen ausgelöst werden, die bei andern Rechtsvernichtungsgründen nicht zu beobachten sind und die darauf hinweisen, daß die Confusion ihnen gegenüber hinsichtlich der Wirkung auf den vermögensrechtlichen Kern des Rechts eine Sonderstellung einnimmt. In diesen Zusammenhang gehört es zum Beispiel, daß die confundierten Rechte und Verpflichtungen trotz ihres formalen Untergangs doch überall da, wo der Vermögenscomplex, zu dem sie gehörten, als solcher in Betracht kommt, als Aktiva und Passiva eingestellt werden; in diesem

---

vitus est; alioquin liberae veniunt." Vgl. l. 10 D. comm. praed. 8, 4. Ulpian. lib. X ad Sabinum: „*Quidquid venditor servitutis nomine sibi recipere vult, nominatim recipi oportet: nam illa generalis receptio ‚quibus est servitus utique est' ad extraneos pertinet, ipsi nihil prospicit venditori ad iura eius conservanda: nulla enim habuit, quia nemo ipse sibi servitutem debet.*" rel.

[2] l. 78 pr. D. de iure dot. 23, 3, l. 5 pr. D. si usufr. pet. 7, 6, l. 4 D. usufr. quemadm. cav. 7, 9 vgl. l. 6 D. de manumiss. test. 40, 4.

[3] Arg. l. 21 § 3 D. de fideiuss. 46, 1: „*Quodsi stipulator reum heredem instituerit, omnimodo fideiussoris obligationem peremit, sive civilis, sive tantum naturalis in reum fuisset.*" Vgl. auch Lefebvre, De la confusion p. 22. Partielle Confusion einer Naturalobligation: l. frater a fratre (l. 38 D. de cond. ind. 12, 6).

Sinne bleibt die Confusion bei der Berechnung desjenigen, was der Erbe aus der Erbschaft hat, unberücksichtigt,[4] wovon dann Anwendung beim Erbschaftskauf, der Berechnung der Falcidischen Quart und in den Fällen eines zwischen den confundierten Vermögensmassen bestehenden Regresses gemacht wird.[5] Um den letzten Grund für diese Eigentümlichkeit der Confusionswirkung klarzustellen, ist es nötig, die Beziehungen des subjektiven Rechts zum Vermögen eingehend ins Auge zu fassen, und im Anschluß daran die einzelnen Fälle zu erörtern, in denen das erwähnte specifische Element der Confusionswirkung hervortritt. Gerade diese Fälle haben bisher in der Confusionstheorie eine sehr stiefmütterliche Behandlung gefunden, indem man sie — vielfach mit ganz heterogenen Fällen vermischt — unter Verzicht auf die Anlegung eines einheitlichen Gesichtspunktes aufzählte und ihnen höchstens das Geleitwort mit auf den Weg gab, daß sie „mit dem Principe der rechtsvernichtenden Wirkung der Confusion nicht im Widerspruche ständen".[6] Gelingt es, diese Fälle unter einem einheitlichen Gesichtspunkte, der sich zugleich als Kriterium der Confusionswirkung darstellte, zusammenzufassen, so wird dies offenbar nicht nur die Freiheit in der Behandlung etwa neu auftauchender ähnlicher Fälle steigern, sondern auch die Erkenntnis der Eigenart der Confusionswirkung den übrigen Rechtsaufhebungsgründen gegenüber fördern. Dies soll im § 9 versucht werden.

§ 8.

Die Wirkung der Confusion im Einzelnen.

a) Rechtsvernichtende Wirkung.

Die Confusion wirkt nicht als bloßer Hemmungsgrund, sondern zerstört das Recht in seiner Individualität. Dieser Gegensatz deckt

---

[4] Ein Gedanke, dem mitunter die Wendung gegeben wird, es sei zu halten, als wäre ein Anderer Erbe geworden (also keine Confusion eingetreten, Julian l. 2 § 15 D. de hered. vend. 18, 4), oder, beim Erbschaftskauf, als sei der Käufer selbst Erbe geworden (Pomponius in der l. 9 D. comm. praed. 8, 4). Hierher gehört auch das „*intellegitur maior hereditas ad debitorem pervenire*" des Paulus in l. 41 § 2 D. de evict. 21, 2.

[5] Das Nähere über diese Fälle s. im § 9.

[6] Friedmann, Wirkungen der confusio S. 42.

sich zwar nicht mit dem zwischen *ipso iure* Wirkung und bloß exceptivischer Entkräftung eines Rechtes, da letzterer Gegensatz seine Prägung zum Teil specifisch römischrechtlichen Institutionen und Rechtssätzen verdankt. Aber er stellt ein wesentliches Element dieses Gegensatzes dar, und in diesem Sinne ist die der *confusio* in den Quellen zugeschriebene *ipso iure* Wirkung auch für das heutige gemeine Recht von Bedeutung. Es folgt daraus vor Allem, daß der Richter sie schon dann zu berücksichtigen hat, wenn sie nur aus dem thatsächlichen Anführen des Klägers erhellt;[1] bei bloßer rechtshemmender Wirkung der Confusion könnte er es nur, wenn der Beklagte sich auf den Eintritt der Confusion als Mittel seiner Verteidigung beriefe. Weiter kann der spätere Wegfall der Confusionsvoraussetzungen nicht ohne weiteres die Wiedererweckung des Rechts zur Folge haben; denn der in der *ipso iure* Wirkung sich manifestierende Gedanke der Vernichtung des Rechts bedeutet nichts Anderes, als daß keine spätere Veränderung die Möglichkeit gewähren soll, irgend eine rechtliche Folge an den ursprünglichen Rechtsbegründungsakt anzuknüpfen und damit eine Continuität zwischen dem ursprünglichen und dem neu hervortretenden Rechte herzustellen, welche den Zustand der Wirkungslosigkeit als bloß episodischen erscheinen ließe. Umgekehrt schließt der Gedanke einer bloßen Hemmung des Rechts, welche seinen

---

[1] Ein wichtiger Anwendungsfall dieses Satzes ist, daß ein Versäumnisurteil gegen den Beklagten nicht erlassen werden darf, wenn sich aus den Anführungen des Klägers die Thatsache der Confusion ergiebt. Man denke an eine Bürgschaftsklage. Der Kläger beantragt gegen den nicht erschienenen Beklagten Versäumnisurteil; aus seinem Vortrage ergiebt sich, daß er seine Legitimation auf die Beerbung des ursprünglichen Gläubigers gründet, zugleich aber auch, daß er der Hauptschuldner in der eingeklagten Forderung ist. Die Klage ist abzuweisen, denn infolge der rechtsvernichtenden Wirkung der in der Person des Klägers eingetretenen Vereinigung ist der Bürge *ipso iure* befreit worden, also stellt sich der Klagantrag als nicht gerechtfertigt dar § 296 Abs. 2 C.P.O. Wirkte die Confusion als bloßer Hemmungsgrund (wie die Verjährung), so hinderte der Umstand, daß sie aus den Anführungen des Klägers hervorginge, den Erlaß des Versäumnisurteils nicht, weil der Klagantrag so lange als gerechtfertigt erschiene, als sich nicht der Beklagte auf die Hemmung des Rechts des Klägers berufen hätte. Vgl. Thon, Die rechtsverfolgende Einrede S. 47.

Bestand unangetastet läßt, die Folgerung in sich, daß das Recht beim Wegfall des Hemmnisses vollwirksam wieder hervortritt.[2]

Mit diesen Ausführungen scheint eine rechtliche Erscheinung in Widerspruch zu stehen, die von den Verteidigern der Ansicht, daß der Gegensatz zwischen der Vernichtung des Rechts und seiner Hemmung durch peremtorische Einrede im heutigen Rechte alle Bedeutung verloren habe, mit Vorliebe verwertet wird. Es giebt eine Reihe von Fällen, von denen einige auch in die Confusionslehre einschlagen, in denen die eingetretene Rechtsvernichtung in dem Sinne wieder aufgehoben wird, daß das frühere Recht ohne Dazwischenkunft eines neuen Rechtsbegründungsaktes, also als ein nicht nur inhaltlich, sondern auch formell mit dem ursprünglichen identisches wieder in die Erscheinung tritt.[3]

---

[2] Bekanntlich ist die Frage, wie weit der Gegensatz zwischen Aufhebung *ipso iure* und *ope exceptionis* im heutigen Rechte noch praktisch sei, äußerst bestritten. Die berechtigte Reaktion gegen eine zu weit getriebene Differenzierung der Verteidigungsgründe hat in der neueren Literatur vielfach dazu geführt, jede principielle Verschiedenheit derselben (soweit sie dem Gebiete des materiellen Rechts angehören) in Abrede zu stellen. So nach dem Vorgange von Albrecht, Die Exceptionen des gem. teutschen Civilprozesses, namentlich Brinz, Pand. I S. 369 f., IV S. 399 f., Lenel, Über Ursprung und Wirkung der Exceptionen, bes. §§ 12, 15 f., Hölder, Pand. § 65 S. 365. Demgegenüber hält die herrschende Meinung mit Recht an dem Gegensatze zwischen Rechtsvernichtung und Rechtshemmung fest, vgl. Windscheid, Pand. I § 47 Note 1, Dernburg, Pand. § 137, Regelsberger, Pand. § 192 Ziff. III und IV. Auch das Bürgerliche Gesetzbuch macht diesen Unterschied und bringt ihn in der Terminologie zum Ausdrucke. („Einrede" für den Umstand, welcher dem Verpflichteten nur die Möglichkeit gewährt, sich durch Berufung auf ihn dem Anspruche zu entziehen, während die rechtsvernichtenden Thatsachen zusammen mit den rechtshindernden unter dem Ausdrucke „Einwendung" begriffen werden, cf. B.G.B. §§ 390, 813 einer-, 404, 1148 andererseits, dazu die Motive Bd. I S. 359, 360.) Freilich sind über den Inhalt der genannten Begriffe nach B.G.B. bereits jetzt sehr von einander abweichende Ansichten in der Literatur hervorgetreten, vgl. die Bemerkung Fischers (Note 6 zu § 202) in seiner Handausgabe zum B.G.B. (in der 2. Auflage übrigens erheblich modificiert) einerseits, die Kritik Küntzels bei Gruchot Bd. 41 S. 434 f. andererseits. Neuestens Friedenthal, Einwendung u. Einrede in der C.P.O. und nach dem B.G.B., besonders S. 34 f.

[3] Besonders bezeichnend ist die l. 41 § 3 D. de furt. 47, 2: „*Si quis post noxam admissam hostium servus fuerit factus, videndum est, an ex-*

Wir haben uns hier besonders mit der

l. 21 § 2 D. de inoff. test. 5, 2. Paulus lib. III. resp.: *„Idem respondit, evicta hereditate per inofficiosi querelam ab eo, qui heres institutus esset, perinde omnia observari oportere, ac si hereditas adita non fuisset, et ideo et petitionem integram debiti heredi instituto adversus eum, qui superavit competere, et compensationem debiti.“*

auseinanderzusetzen.[4]

Zweifellos ist hier mit dem Antritte des Testamentserben die rechtsvernichtende Wirkung der Vereinigung eingetreten. Erst nachträglich ereignet sich ein Umstand, welcher den die Vereinigung herbeiführenden Akt entkräftet. Der eingesetzte Erbe unterliegt im Inofficiositätsprocesse. Bis zu dem Augenblicke, in dem durch den Sieg des Intestaterben das Testament entkräftet wird, war er in Wahrheit Erbe. In allen Rechtsfragen, welche in dieser Zwischenzeit entstehen, ist davon auszugehen, daß die Rechte, welche zwischen ihm und dem Erblasser bestanden, durch Confusion erloschen sind. Kommt aber nach der Entreißung der Erbschaft ein Rechtsverhältnis, welches zwischen dem Erblasser und dem eingesetzten Erben bestand, zur rechtlichen Beurteilung, so ist es so anzusehen, als wäre die Vereinigung und damit die Vernichtung des Rechts niemals eingetreten. Es zeigt sich also hier eine Erscheinung, welche oben als Characteristicum der Einrede bezeichnet worden ist, die „Wiedererweckbarkeit“ des Rechtsverhältnisses auch bei der rechtsvernichtenden Confusion? Hierauf ist zu erwidern: Hier, wie überall sonst, wo an ein an sich erloschenes Rechtsverhältnis von neuem Rechtsfolgen angeknüpft werden, wird dies vermittelt durch die Idee der Rückwirkung. In diesem einen Falle ist das Resultat, welches sich aus dem Zusammenwirken von *ipso iure* wirkendem Aufhebungsakt und der

---

tinguatur actio. et Pomponius scripsit, extingui actionem, et si fuerit reversus, postliminio vel quo alio iure renasci eam actionem debere: et ita utimur“, vgl. auch das „*interim extinguitur*“ Ulpians in l. 59 § 1 D. de condic. 35, 1 und Lenel, Ursprung und Wirkung der Exceptionen § 16 S. 119 f.

[4] Wegen l. 57 D. de usufr. 7, 1 und l. 38 § 1 D. de leg. I, sowie wegen der Bedeutung des Gedankens der Pendenz und der Rückwirkung für die Confusionslehre im einzelnen vgl. unten § 18.

kraft besonderer Rechtsvorschrift eintretenden Rückwirkung ergiebt, demjenigen gleich, welches der nachträgliche Wegfall einer peremtorischen Einrede nach sich zieht. Aber beim Wegfall der *exceptio* beruht dieses Resultat auf der Natur derselben als bloßen Hemmungsgrundes, bei dem rechtsvernichtenden Akte dagegen auf der Paralysierung seiner normalen Wirkung durch den Gedanken der Rückwirkung. Die Gleichheit des Resultats in diesem Sonderfalle — die überdies auf diejenigen Lehren beschränkt ist, in denen mit dem Gedanken der Rückwirkung operiert wird, — darf also nicht als Argument für die heutige Bedeutungslosigkeit des Gegensatzes zwischen Aufhebung *ipso iure* und *ope exceptionis* verwertet werden.

Die Confusion vernichtet das Recht seiner juristischen Erscheinung nach. Hieraus folgt in erster Linie: Es kann nicht mehr übertragen werden. Daher der Satz, daß die Servituten nach Vereinigung des herrschenden und dienenden Grundstücks in einer Hand bei späterer Veräußerung des einen derselben nicht von selbst wieder hervortreten, sondern neu begründet werden müssen, auch wenn der bisherige Eigentümer sie ganz in der der Servitut entsprechenden Weise weiter benutzt hätte.[5] Daher die bezüglich des Erbschaftskaufes geltenden Sätze, nach denen der Käufer direkt weder in die confundierten Rechte noch in die confundierten Verpflichtungen eintritt, sondern nur ein Anspruch auf deren Wiederherstellung begründet wird.[6]

Das an die Spitze gestellte Princip ist an sich sehr durchsichtig; praktisch ergeben sich indessen oft erhebliche Schwierigkeiten, wenn ein Übertragungsgeschäft im Gange ist und während desselben Confusion eintritt. Hier handelt es sich um den Moment, in welchem das Recht aus dem einen Vermögen in das andere übertritt. Hierüber herrscht namentlich in der Lehre von der Cession und der Schuldübernahme Streit. Wenn nun auch auf das Für und Wider in der höchst verwickelten Controverse nicht bis ins Einzelne eingegangen werden kann, so ist doch kurz zu

---

[5] l. 30 pr. D. S. P. U. 8, 2, l. 10 D. comm. praed. 8, 4.

[6] l. 2 §§ 6, 15, 18, 19 D. de hered. vend. 18, 4, l. 20, 24 D. eod. l. 9 D. comm. praed. 8, 4.

den verschiedenen Ansichten Stellung zu nehmen, und darzulegen, zu welchen Konsequenzen sie in der Confusionsfrage führen. Die Hauptdifferenz in der Cessionslehre dreht sich bekanntlich um den Punkt, ob die Forderung schon im Augenblicke der Übertragung oder erst mit der Denuntiation (wofür andere die irgend wie erlangte Kenntnis des Schuldners von der erfolgten Übertragung setzen) in das Vermögen des Cessionars eintritt. Die Vertreter der ersten Meinung sind wieder darüber uneinig, ob der ursprüngliche Gläubiger bis zur Denuntiation neben dem Cessionar Gläubiger bleibt, oder sofort aufhört, es zu sein und nur faktisch (infolge seiner fortdauernden Legitimation als Gläubiger) die Möglichkeit besitzt, durch Annahme von Zahlung u. s. w. den Schuldner zu befreien.[7] Das Richtige dürfte sein, daß im entwickelten Cessionsgeschäfte der späteren Kaiserzeit der Cessionar schon durch die Übertragung die Forderung erwirbt.[8] Zweifelhafter kann erscheinen, ob der Cedent sofort die Gläubigereigenschaft verliert, wie nach dem Vorgang von Bähr in Jherings Jahrbüchern f. Dogmatik Bd. I. S. 414 f. namentlich Brinz, Pand. II. S. 391—394, Dernburg, Pand. II. § 48 und Eisele, die a. utilis des Cessionars S. 46, 50 f. annehmen, oder ob er bis zur Denuntiation (bez. erlangter Kenntnis) Gläubiger bleibt, welche Ansicht besonders von Windscheid, Pand. II. § 331 und Attenhofer in der Zeitschrift des Bernischen Juristenvereins Bd. XVI—XVIII vertreten wird.[9] Praktische Gründe sprechen für die erste Meinung.[10] Auf unser Thema angewendet ergiebt sich hieraus:

---

[7] Die neueste (annähernd vollständige) Übersicht über die verschiedenen Meinungen s. bei Valckenberg, Die Denuntiation bei der Cession der Forderungsrechte, Gießener Inauguraldissertation 1895, S. 10 f.

[8] Der Ausdruck für den Erwerb eines selbständigen Rechts ist die dem Cessionar ohne Nachweis der Denuntiation lediglich auf Grund des Übertragungsgeschäfts gewährte *a. utilis*. Im Übrigen vgl. die classischen Ausführungen Bährs in Jherings Jahrb. f. Dogm. Bd. I S. 414 f.

[9] Sie ist übrigens keineswegs neu. Schon Donell hat sie (Comm. ad Codicem Tit. de novationibus i. f.).

[10] Sie schließt vor allen Dingen aus, daß der Cessionar nach erfolgter Cession vom Verluste der Forderung in weiterem Umfange bedroht ist, als dies durch die Rücksichtnahme auf das berechtigte Interesse des Schuldners unbedingt geboten ist; vgl. dazu Dernburg, Pandekten II § 48 am Ende.

I. Beerbt der Cedent nach erfolgter Cession den Schuldner (oder dieser jenen), so wird das Gläubigerrecht des Cessionars nicht beeinträchtigt, einerlei, ob die Denuntiation bereits erfolgt ist oder noch nicht. Und zwar nach der hier vertretenen Bähr'schen Ansicht schon deshalb nicht, weil in der Person des Cedenten überhaupt keine Confusion eintritt, da er die Eigenschaft des Gläubigers bereits verloren hat.[11] Hiermit steht freilich die aus den Quaestionen Africans entnommene

l. 20 pr. D. de hered. vend. 18, 4: „*Si hereditatem mihi Lucii Titii vendideris ac post debitori eiusdem heres existas, actione ex emto teneberis.*"

in Widerspruch. Denn trotzdem der Erbe den Schuldner seines Erblassers erst nach dem Verkaufe der Erbschaft beerbt hat, also nach der hier angenommenen Auffassung die Confusion ausgeschlossen sein müßte, weiß die Stelle nichts von einer Klage aus der ursprünglichen Forderung, sondern verweist den Erwerber auf die Klage aus dem Erbschaftskauf. Es geht nicht wohl an, in unserem Fragment (oder in dem Umstande, daß ihm ein Platz in der Compilation gegönnt worden ist), nur den Satz ausgesprochen zu finden, daß der Erbschaftskäufer sich neben der der *a. utilis*, mit der er die Forderung geltend machen könne, der Klage aus dem Erbschaftskaufe bedienen könne, um den Verkäufer zur Herausgabe des Vorteils, der ihm infolge der Confusion zugeflossen sei, zu zwingen.[12] Denn beide Klagen beruhen auf

[11] Vgl. Bähr, Jahrb. f. Dogmatik I S. 434. Nach Windscheids Auffassung bleibt das Recht des Cessionars gleichfalls unberührt, denn es tritt zwar Confusion in der Person des Cedenten ein, diese wirkt aber ebensowenig auf das Recht des Cessionars, wie bei der Correalobligation die in der Person des einen *correus* eintretende Confusion auf die obligatorische Beziehung des andern. S. Pand. II § 331 Note 11. Dagegen kommen diejenigen, welche das Gläubigerrecht des Cessionars erst durch die Denuntiation entstehen lassen, zu dem Ergebnisse, daß der Cessionar wegen der in der Person des Cedenten eingetretenen Confusion nicht mehr in der Lage sei, sich die Forderung anzueignen, sondern aus dem obligatorischen Rechtsverhältnisse zu klagen habe, welches der Cession zu Grunde liege. Sie stehen damit auf dem Standpunkte der gleich zu besprechenden l. 20 pr. D. de hered. vend. 18, 4). Vgl. Valckenberg a. a. O. S. 26, 29.

[12] So Schmid, Cession Bd. II S. 122 f., E. A. Seuffert in Seufferts Pandektenrecht § 297 Note 4.

unvereinbaren Voraussetzungen. Ist die Confusion eingetreten, so kann aus der Obligation nicht mehr geklagt werden. Ist sie nicht eingetreten, so kann der Erbe aus ihr keinen Vorteil gezogen haben, zu dessen Herausgabe er dem Erbschaftskäufer vermöge der *a. emti* verpflichtet wäre. So werden wir auf die historische Vereinigung hingewiesen, welche dahin geht, daß die Stelle vom Standpunkt der *a. mandata* aus geschrieben worden ist und lediglich infolge eines Versehens der Compilatoren in den Digesten Aufnahme gefunden hat.[13]

Ein Umstand bleibt jedoch hier auffällig. Sollte die ganze Folgezeit nicht bemerkt haben, daß die vom Standpunkte der *a. mandata* aus getroffene Entscheidung nicht mehr stimme, seitdem dem Erbschaftskäufer *a. utilis* gewährt wurde?[14] Haben wir doch Belege dafür, daß die classischen Juristen sich der principiellen Tragweite der Neuerung voll bewußt waren.[15] Vielleicht ließe sich eine Erklärung hierfür in der Formelconception der speciell dem Erbschaftskäufer zuständigen *a. utilis* finden. Das Resultat der l. 20 würde auch nach Einführung der *a. utilis* aus einem speciell in der Formulierung derselben gelegenen Grunde noch zutreffend gewesen sein, wenn die Formel die Fiktion enthielt, daß der Erbschaftskäufer den Verkäufer der Erbschaft beerbt habe. Hierüber nun ist Folgendes zu bemerken: Daß die Formel der dem Erbschaftskäufer gewährten *a. utilis* die Fiktion: „*si heres esset*" enthielt, ist aus historischen Gründen sehr wahrscheinlich; sie konnte dann im unmittelbaren Anschluß an die Formel der *actio Serviana*, mit welcher der Käufer einer insolventen Erbschaft gegen die Nachlaßschuldner klagen konnte, gebildet werden und von dieser ist uns bezeugt, daß sie die erwähnte Fiktion enthielt. Aber wurde der Käufer als Erbe des Erbschaftsverkäufers oder als der des Erblassers fingiert? Man ist zunächst unbedingt geneigt, Letzteres anzu-

---

[13] So Windscheid, Pand. II § 331 Note 11 und wohl auch Fitting, Natur der Correalobligationen S. 107 Note 137, der zuerst auf die Bedeutung der Stelle aufmerksam gemacht hat.

[14] Dies geschah bekanntlich durch Antoninus Pius, also in frühclassischer Zeit (l. 16 pr. D. de pact. 2, 14).

[15] Vgl. die Einleitung von Ulpians Begründung in l. 16 pr. D. de pact. 2, 14: „*Nam ex quo rescriptum est a Divo Pio*" etc.

nehmen, und in der That hat Eisele, die *a. utilis* des Cessionars S. 15 f. bei seiner Polemik gegen die Fiktion der Erbenqualität des Käufers nur diese Alternative in Betracht gezogen. Dennoch läßt sich meines Erachtens strikt nachweisen, daß nur die Fiktion, der Käufer sei Erbe des Erbschaftsverkäufers geworden, in Betracht kommen kann. Die Fiktion hat durchgehends, wo sie, wie hier, in positiver Gestalt auftritt, die Funktion, dasjenige Stück des Thatbestandes zu ersetzen, welchem die civilrechtliche Geltung mangelt; indem sie dafür ein civilrechtlich erhebliches Thatbestandselement einschiebt, füllt sie genau die — vom Standpunkte des Civilrechts aus — bestehende Lücke aus. Es giebt kein Beispiel, daß sie darüber hinausgreifend solche Elemente des Thatbestandes verdrängte, welchen civilrechtliche Wirksamkeit zukommt. So wird bei der *a. Publiciana* nur dasjenige, was zum Ersitzungsthatbestand fehlt, supponiert, bei der Ausdehnung römischer Gesetze auf Peregrinen nur die Fiktion der Civität eingeschoben, u. s. w. (Dasselbe gilt übrigens *mutatis mutandis* auch für die negative Fiktion; beispielsweise wird bei den durch *capitis deminutio* untergegangenen Geschäftsobligationen nur die *capitis deminutio* wegfingiert). Würde aber beim Erbschaftskaufe der Käufer als Erbe des Erblassers fingiert, so würde ein nach Civilrecht erhebliches Stück seiner Legitimation durch die Fiktion unterdrückt. Denn er leitet seine Berechtigung nicht vom Erblasser, sondern vom Erben ab, auf den die Klagen des Erblassers nach Civilrecht übergegangen sind. Die Folge der verfehlten Formelconception wäre, daß, bevor die Formel erteilt werden könnte, also *in iure*, der größte Teil der Sachverhandlung erledigt werden müßte. Nicht nur hätte dem Prätor eine doppelte Legitimationsprüfung obgelegen (Erbenqualität des Verkäufers und Eigenschaft des Klägers als Erbschaftskäufer, cf. Eisele a. a. O.), sondern auch die Erörterung der Frage, ob die Forderung etwa durch eine Leistung des Schuldners an den Erben getilgt sei. Alle diese Fragen werden an ihren normalen Ort, das *iudicium* verwiesen, wenn der Richter angewiesen wird:

1. Die Giltigkeit des Kaufs zu prüfen.

2. Falls diese feststehe, den Mangel der Legitimation des Erbschaftskäufers durch die Fiktion zu decken, daß er die Erb-

schaft vom Erben (nicht gekauft, sondern) geerbt habe.[16] Bei solcher Conception der Formel aber war im Falle des l. 20 pr. D. de hered. vend. 18, 4 eine *actio utilis* des Erbschaftskäufers gegen den Erben wegen seiner fingierten Personenidentität mit diesem nicht möglich, so daß man hier aushilfsweise zur Klage aus dem Erbschaftskaufe greifen mußte. Die moderne Theorie hat natürlich keinen Anstoß, dieses Überbleibsel des früheren Rechtszustandes, das mit der Aufhebung des Formularprocesses jede innere Berechtigung verloren hatte, zu conservieren.

II. Wird der Schuldner nach erfolgter Cession vom Cessionar beerbt, so geht die Forderung durch Confusion unter, auch wenn die Denuntiation noch nicht erfolgt war; denn der Cessionar ist bereits (alleiniger) Gläubiger.[17] —

Auch bei der Schuldübernahme ist für die Beurteilung der Confusionswirkung der Zeitpunkt des Eintritts des neuen Schuldners wichtig. Dieser Zeitpunkt unterliegt keinem Zweifel, wenn sich die Schuldübernahme durch Vertrag des Gläubigers mit dem neu eintretenden Schuldner vollzieht. Durchaus nicht zweifellos ist er dagegen bei der durch Vertrag des bisherigen Schuldners mit dem neu eintretenden bewirkten Schuldübernahme. Je nachdem das Verhältnis als Vertrag zu Gunsten eines Dritten (des Gläubigers) oder auf selbständiger Grundlage construiert wird,[18] wird der Eintritt des Schuldners in die Obligation nach Befinden bis auf den Moment des Vertragsschlusses zwischen Schuldner und Schuldübernehmer vorgerückt, oder bis auf den Zeitpunkt der Genehmigung des Vertrags durch den Gläubiger zurückgesetzt. Vollzieht sich hier die Confusion zwischen Gläubiger und ur-

---

[16] Hiernach unterliegt die Zusammenschließung der oben erörterten Elemente zur Formel keinen Schwierigkeiten, indessen ist der Versuch einer wortgetreuen Reconstruktion derselben bei dem Mangel jedes formellen Anhaltspunktes zwecklos.

[17] Die Auffassung WINDSCHEIDS führt hier ebenso wie diejenige, welche den Forderungserwerb des Cessionars erst an die Denuntiation knüpft, zu dem Ergebnisse, daß der Cessionar als Erbe des Cessus vom Cedenten belangt werden kann.

[18] Vgl. hierüber WINDSCHEID, Pand. II § 338 Note 6 und neuestens ECK in JHERINGS Jahrbüchern f. Dogm. Bd. 35 S. 299, KIPP, daselbst Bd. 36 S. 355, 356, sowie R.G.E. Bd. 32 Nr. 40, Bd. 33 Nr. 39 S. 185 f.

sprünglichem Schuldner vor dem kritischen Zeitpunkte, so kann von einer Inanspruchnahme des Schuldübernehmers auf Grund der ursprünglichen Forderung nicht die Rede sein, er haftet vielmehr lediglich aus dem obligatorischen Rechtsverhältnisse, welches der Schuldübernahme zu Grunde liegt. Die später eintretende Confusion schadet natürlich nichts.[19]

Durch Confusion des Rechtsverhältnisses wird ferner die Möglichkeit des rechtswirksamen Beitritts eines Dritten zu demselben ausgeschlossen.[20] Das confundierte Recht kann nicht mehr verletzt werden, nicht mehr durch Verjährung oder Nichtgebrauch verloren gehen;[21] es können keine Rechte mehr an ihm begründet werden. Speciell die confundierte Obligation ist weder noviert, noch constituiert zu werden fähig.[22] Vor allem aber zieht die Confusion des Rechts den Untergang derjenigen Nebenrechte nach sich, welche in strengem Sinne accessorisch sind. Dies sind in erster Linie die Zinsen. Der Zinsenlauf erlischt von dem Augenblicke der Confusion des Hauptanspruchs an, einerlei, ob eine Verpflichtung zu späterer Restitution desselben besteht, oder nicht.[23]

---

[19] Die Grundsätze des römischen Rechts sind wegen der verschiedenen Bedeutung des römischen Schuldübernahmevertrags unanwendbar. Da dieser niemals unmittelbar Rechte zwischen dem Gläubiger und dem neu eintretenden Schuldner erzeugt, sondern hierzu stets die Neubegründung einer Obligation zwischen diesen Personen erforderlich ist, so hat die Frage keinen Sinn, wieweit die Rechtsstellung des Schuldübernehmers durch die Confusion zwischen Gläubiger und Schuldner berührt wird. Tritt solche Confusion ein, bevor der Schuldübernehmer sich dem Gläubiger verpflichtet hat, so kann unter allen Umständen nur ein obligatorischer Anspruch des Schuldners gegen den Schuldübernehmer in Fruge kommen. Hierauf beruht die Entscheidung der l. 24 D. de her. vend. 18, 2.

[20] Wichtig für diejenigen Fälle des zu Gunsten eines Dritten abgeschlossenen Vertrags, in denen nach der Absicht der Contrahenten der Dritte ein eigenes Recht aus dem Vertrage erst durch seinen Beitritt erwerben sollte.

[21] Eine Anwendung des Satzes auf den confundierten Nießbrauch s. in l. 78 pr. D. de iure dot. 23, 3: „. . *nec est, quod non utendo maritus amittat.*“

[22] Vgl. Entscheidung des O.A.G. Celle v. 10./7. 1873 in Seufferts Archiv Bd. 28 Nr. 110.

[23] Hierauf beruht die Entscheidung der l. 60/58 pr. D. ad S. C. Treb. 36, 1. Ein Fiduciarerbe hat nach dem Erwerbe der Erbschaft den Schuld-

Eingehendere Betrachtung erfordert die Wirkung der Confusion der Hauptschuld auf die Bürgschaft und das Pfandrecht.

1. Wirkung der Confusion der Hauptschuld auf die Bürgschaft.

Daß die Bürgschaft infolge der Confusion der Hauptschuld untergeht, ist in den Quellen in einer ganzen Reihe von Stellen bezeugt.[24] Was aber ist der innere Grund dieser Bestimmung? Die römische Jurisprudenz stellt nicht weniger als drei verschiedene Gesichtspunkte zur Auswahl. Die Bezugnahme auf die accessorische Natur der Bürgschaft,[25] auf den Satz: „*Nemo potest pro eodem apud eundum obligatus esse*“[26] und auf die der Confusion anhaftende Wirkung der Zahlung.[27] Wie kam die römische Jurisprudenz zu dieser Mannigfaltigkeit der Gesichtspunkte? Die

---

ner in einer zinstragenden Erbschaftsforderung beerbt. Folge davon ist die Confusion der Forderung, die nach römischer Auffassung (s. dagegen den Schluß der Note) bei der Restitution nicht ohne weiteres zu Gunsten des Fideicommissars wieder auflebt, sondern nur insofern auf den Umfang der Restitutionspflicht einwirkt, als der Fideicommissar einen entsprechenden Betrag auf Grund des Fideicommisses fordern kann. Hierbei kommen aber Zinsen nur bis zum Augenblicke der Confusion in Betracht; von der durch Confusion vernichteten Forderung laufen keine Zinsen; die bei etwaigem Verzuge geschuldeten sind Zinsen nicht von der ursprünglichen Forderung, sondern von dem kraft des Fideicommisses geschuldeten Betrage. Übrigens ist die Frage berechtigt, ob speciell der Fall der l. 60/58 pr. D. 36, 1 im heutigen Rechte noch praktisch ist; sofern beim Universalvermächtnis die Forderungen in ruhendem Zustande erhalten bleiben, liegt kein rechtlicher Grund vor, die Zinsen, die während der Dauer der Vereinigung fällig werden, nicht in Rechnung zu stellen. Denn nur für die vernichtete Forderung ist der Schluß, daß sie keine Zinsen mehr tragen könne, zwingend, nicht für die bloß in einen Zustand geminderter rechtlicher Wirksamkeit herabgesunkene.

[24] l. 21 § 3, l 33, l. 38 § 1, l. 50, l. 71 pr. D. de fideiuss. 46, 1, l. 34 § 8, l. 38 § 5 D. de solut. 46, 3, l. 40 D. de evict. 21, 2.

[25] l. 38 § 5 D. de solut. 46, 3: „*sublata obligatione*“, cf. l. 33 D. de fideiuss. 46, 1: „*stipulatio evanescit*“.

[26] l. 71 pr. D. de fideiuss. 46, 1: „*sed et accessiones ex eius persona liberari propter illam rationem, quia non possunt pro eodem apud eundem obligati esse, ut quemadmodum incipere alias non possunt, ita nec remaneant*“, l. 34 § 8 D. de solut. 46, 3, l. 21 § 3 D. de fideiuss. 46, 1.

[27] l. 50 D. de fideiuss. 46, 1: „*obligatio ratione confusionis intercidit, aut (quod est verius) solutionis potestate.*“

Antwort ist auf historischem Gebiete zu suchen. In der älteren Theorie herrscht, wie oben dargelegt, der formale Satz, daß ein Rechtsverhältnis zu Grunde gehen muß, wenn es in eine Lage gerät, in der es nicht hätte begründet werden können. In eine solche Lage wird die Bürgschaft durch die Confusion der Hauptschuld aus zwei Gründen gebracht. Einmal wird durch die Confusion die Hauptschuld, deren Existenz Voraussetzung für die Begründung der Bürgschaft ist, *ipso iure* getilgt; hier beruht der Schluß auf den Untergang der Bürgschaft auf dem Gedanken der Accessorietät. Sodann führt der Thatbestand der Confusion zu der Folge, daß der Bürge derjenigen Person, in der die Confusion sich vollzieht, für ihre eigene Vertragstreue einzustehen hätte. Dies aber ist rechtlich unzuläßig, nicht, wie gewöhnlich angenommen wird,[28] aus Utilitätsrücksichten, sondern aus Gründen, welche mit dem inneren Wesen der *fides* zusammenhängen. Mit dieser ist es unvereinbar, daß Jemand aus der Verletzung der Vertragstreue einen Vorteil ziehen könnte, auf Kosten desjenigen, der für diese Vertragstreue einstand. Hierauf beruht die durchgreifende Geltung des Satzes, der auch da die Vernichtung der Bürgschaft herbeiführt, wo eine lediglich den Utilitätsstandpunkt einnehmende Betrachtung vielleicht geneigt wäre, die Bürgschaft trotz der Confusion der Hauptschuld fortbestehen zu lassen. Man denke an den Fall, daß der Bürge sich *donandi animo* verbürgt hatte. —

Haben nun die beiden hier zunächst erörterten Gesichtspunkte insofern eine gemeine Grundlage, als beide auf dem Satze beruhen: „*Ea, quae initio recte constiterunt, resolvuntur, cum in eum casum reciderunt, a quo non potuissent incipere*,“ so decken sie sich doch in der praktischen Anwendung nicht völlig. In einer sehr großen Anzahl hierher gehöriger Fälle ist freilich der Untergang der Bürgschaft sowohl aus dem Gesichtspunkte der Accessorietät, wie aus dem Satze „*Nemo potest pro eodem apud eundem obligatus esse*“ herzuleiten. Es giebt aber auch Fälle, in denen nur der eine der beiden Gesichtspunkte zutrifft. So ist die Anwendbarkeit

---

[28] Fitting, Natur der Correalobligationen S. 106, Friedmann, Confusio S. 52.

des Princips „*Nemo pro eodem apud eundem*“ auf den Umkreis der Fälle beschränkt, in denen die Confusion der durch Bürgschaft gesicherten Forderung durch Vereinigung der Rollen des Gläubigers und Schuldners erfolgt. Setzen wir dagegen den nach römischem Rechte möglichen Fall,[29] daß die Confusion der gesicherten Forderung durch Zusammentreffen der Eigenschaft des Hauptschuldners und des Bürgen erfolgt (was dann eintreten kann, wenn die gesicherte Forderung eine Bürgschaft ist), so ist der Satz „*Nemo pro eodem apud eundem*“ unanwendbar und der Untergang der Bürgschaft kann allein auf den Gesichtspunkt der Accessorietät gegründet werden. Einen solchen Fall behandelt die l. 38 § 5 D. de solut 46, 3 (vgl. unten S. 123). Andererseits erstreckt sich auch die Wirkungskraft des Satzes „*Nemo potest pro eodem apud eundem obligatus esse*“ über das vom Gedanken der Accessorietät beherrschte Gebiet hinaus. Unter Umständen läßt er nämlich die Bürgschaft als unzulässig erscheinen, trotzdem eine (naturale) Hauptschuld besteht. Ein Bürge kann nicht angenommen werden für die Naturalschuld des Gewalthabers dem Gewaltunterworfenen gegenüber:

> l. 56 § 1 D. de fideiuss. 46, 1: „*Item si filius a patre, vel servus a domino stipuletur, nec fideiussor acceptus tenetur, quia non potest pro eodem et eidem esse obligatus. ex diverso ergo patre a filio, vel domino a servo stipulato, fideiussor acceptus tenetur*“

und zwar lediglich deshalb nicht, weil die Bürgschaft sofort dem Gewalthaber erworben werden und dadurch die verpönte Constellation herbeigeführt werden würde, daß der Bürge dem Hauptschuldner für dessen eigene Vertragstreue verhaftet wäre. Der umgekehrte Fall: Verbürgung für die Naturalschuld des Gewaltunterworfenen ist zulässig.

Wie verhält sich nun hierzu der Gesichtspunkt, daß die Confusion als Zahlung wirke und die Bürgschaft aus diesem Grunde untergehe? Um dies zu verstehen, ist ein doppelter Umstand zu berücksichtigen. Einmal versagte das erwähnte Formalprincip, auf das die soeben erörterten Gesichtspunkte zurückweisen, in

---

[29] Wegen des heutigen Rechts vgl. dagegen oben S. 87 Ziff. 2.

einer Reihe von Fällen den Dienst. Es sei hier nur daran erinnert, daß beim erblosen Tode des Hauptschuldners die Bürgschaft fortbesteht, obgleich sie unter diesen Umständen nicht hätte begründet werden können.[30] Es wiederholt sich hier die Erscheinung, welche wir bei der Entwicklung der absorbierenden Confusion constatiert hatten: Der Gedanke, daß das Rechtsverhältnis zu Grunde gehen müsse, wenn es in eine Lage gerate, in der es nicht hätte begründet werden können, ist nicht überall durchführbar, weil wichtige Interessen des Rechtslebens ihm vielfach entgegenstehen. Hierdurch wird das Bestreben der römischen Juristen erklärlich, an Stelle des durchlöcherten Formalprincips eine andere Unterlage für die Beurteilung unserer Frage zu gewinnen. Sodann aber wirkt die Confusion thatsächlich in einer großen Anzahl von Fällen der Zahlung gleich;[31] in diesen kann daher das Erlöschen der Bürgschaft auf die im Gefolge der Confusion eingetretene Wirkung der Befriedigung zurückgeführt werden. Bezeichnend hierfür ist die von Papinian herrührende

l. 50 D. de fideiuss. 46, 1: „*Debitori creditor pro parte heres extitit accepto coherede fideiussore: quod ad ipsius portionem attinet, obligatio ratione confusionis intercidit, aut (quod est verius) solutionis potestate; sed pro parte coheredis obligatio salva est non fideiussoria, sed hereditaria, quoniam maior tollit minorem,*“

wo der materielle Gesichtspunkt der Befriedigung dem formalen der Confusion gegenüber mit großer Entschiedenheit in den Vordergrund gerückt wird. Unter diesen Umständen erhebt sich die Frage: ‚Hat sich der Gesichtspunkt der Befriedigung auf Kosten der beiden anderen zu ausschließlicher Geltung durchgerungen?‘ Die Consequenz wäre, daß der Bürge infolge der Confusion der Hauptschuld nur dann frei würde, wenn der Confusion im konkreten Falle die Wirkung materieller Befriedigung zukäme, nicht aber, wenn die Confusion, ohne materielle Befriedigung mit sich zu führen, die Obligation lediglich in formalem Sinne zerstörte.

---

[30] l. 1 § 14 D. dep. 16, 3, vgl. dazu oben S. 12 Note 15; im classischen Rechte gehört die Entscheidung hierher, daß der Bürge verhaftet bleibt, trotzdem die Hauptschuld durch *capitis deminutio* des Hauptschuldners zu Grunde gegangen ist: l. 5 pr. D. qui satisd. cog. 2, 8.

[31] Das Nähere über diesen Punkt s. im § 10.

Diese Frage ist entschieden zu verneinen. Beweis dafür: Die Quellen erkennen zu einer Zeit, wo ihnen das Operieren mit dem Gesichtspunkte der Zahlung schon ganz geläufig ist, den Untergang der Bürgschaft wegen Confusion der Hauptschuld in einem Falle an, in dem dieser Confusion die Wirkung der Zahlung abgesprochen wird. Dieser Fall ist in l. 71 pr. D. de fideiuss. 46, 1 enthalten.[32] Der Fiscus ist Rechtsnachfolger sowohl des einen von zwei Correalschuldnern, als des Gläubigers geworden. Der von ihm belangte Bürge, welcher für beide Correalschuldner eingetreten war, beruft sich auf die eingetretene Confusion. Der Jurist verkennt nicht, daß der Beklagte beider Bürgschaften ledig geworden wäre, wenn die in der Person des einen *correus* eingetretene Confusion der Zahlung gleich wirke. Er weist aber diese Idee zurück und folgert daraus, daß der Beklagte für die nicht confundierte correale Beziehung als Bürge weiter hafte. Aber — und dies ist es, was uns hier speciell interessiert, — er spricht zugleich aus, daß der Beklagte von der Bürgschaft für denjenigen *correus*, welchem der Fiscus succedirt sei, frei geworden sei. „*Et puto, aditione hereditatis confusione obligationis eximi personam: sed et accessiones ex eius persona liberari propter illam rationem, quia non possunt pro eodem apud eundem obligati esse, ut quemadmodum incipere alias non possunt, ita nec remaneant.*“ Mit anderen Worten: Wo der materielle Gesichtspunkt der Zahlung unanwendbar ist, wird zur Rechtfertigung des Erlöschens der Bürgschaft infolge Confusion der Hauptschuld nach wie vor auf den formalen Gesichtspunkt zurückgegriffen. Es ergiebt sich hieraus das praktisch wichtige Resultat, daß die Verwendung des Gesichtspunkts der Zahlung keineswegs die Bedeutung hat, den Untergang der Bürgschaft infolge Confusion der Hauptschuld auf die Fälle einzuschränken, in denen der Confusion wirklich Befriedigungswirkung zukommt. Vielmehr zieht schon die formale Zerstörung der Hauptschuld, wie sie stets Folge der Confusion ist, den Untergang der Bürgschaft nach sich.[33]

---

[32] Von dem gleichfalls hierher gehörigen, in der l. 38 § 5 D. de solut. enthaltenen Falle kann abgesehen werden, weil er (s. oben S. 86, 87) im heutigen Rechte nicht mehr praktisch ist.

[33] Im Gegensatze zu der hier vertretenen Meinung beruht Girtanners

Weit widerstandsfähiger gegen den infolge der Confusion der gesicherten Forderung drohenden Untergang erweist sich das Pfandrecht. In der Theorie ist dies von jeher richtig erkannt worden.[34] Diese größere Widerstandsfähigkeit zeigt sich darin, daß das Pfandrecht bei Confusion der Hauptschuld nicht schlechthin untergeht, sondern nur dann, wenn die Confusion die Wirkung der Befriedigung in ihrem Gefolge hat. Der Beweis hierfür ergiebt sich aus l. 38 § 5 D. de solut. 46, 3 verbunden mit l. 61/59 pr. D. ad S. C. Treb. 36, 1.

In l. 38 § 5 D. de solut. 46, 3[35] tritt infolge Vereinigung von Bürgschaft und Hauptschuld in einer Person Confusion ein. Geht deshalb das für die Bürgschaft bestellte Pfandrecht unter? Der Jurist verneint dies, obgleich er in dem scheinbar ganz gleichartigen Falle, daß für den Bürgen ein Afterbürge eingetreten ist, Letzteren frei werden läßt. Woher kommt diese Differenz? Ein Grund ist nicht angegeben, er läßt sich aber leicht aus der Vergleichung der l. 61/59 D. ad S. C. Treb. erkennen.[36] In

Darstellung (Bürgschaft S. 501 f., 510) auf der Idee: Da der Untergang der Bürgschaft sich auf die der Confusion immanente Wirkung der Zahlung zurückführen lasse, so falle jede Nötigung fort, ihn als Konsequenz des accessorischen Verhältnisses der Bürgschaft zu betrachten. Dies ist, wie dargelegt, mit der Entscheidung der l. 71 pr. D. de fideiuss. 46, 1 unvereinbar. Die moderne Literatur begnügt sich meist damit, zu constatieren, daß die Bürgschaft infolge Confusion der Hauptschuld untergehe, ohne sich auf eine nähere Prüfung der in Betracht kommenden Gesichtspunkte einzulassen. Vgl. etwa noch Friedmann, Wirkungen der confusio S. 50.

[34] Vgl. z. B. Cuiacius ad l. 33 D. solut. mat. 24, 3 (Ad Africanum tractatus VII Tom. I Fol. 1222: „*Confusio tollit omnem obligationem personalem, non rei tantum, sed etiam fideiussoris et mandatoris, alioquin fideiussor eidem pro eodem ipse esset obligatus, quod est absurdum; realem non tollit, qualis est pignoris obligatio,* l. debitor (61/59) ad Trebell.“ rel.

[35] „*Qui pro te apud Titium fideiusserat, pignus in suam obligationem dedit: post idem heredem te instituit. quamvis ex fideiussoria causa non tenearis, nihilominus tamen pignus obligatum manebit. at si idem alium fideiussorem dederit atque ita heredem te instituerit, rectius existimari ait, sublata obligatione eius, pro quo fideiussum sit, eum quoque, qui fideiusserit, liberari.*“

[36] l. 61/59 D. ad S. C. Treb. 36, 1. Paulus libro IV. quaest.: „*Debitor sub pignore creditorem heredem instituit eumque rogavit restituere hereditatem filiae suae, id est testatoris; cum nollet adire ut suspectam, coactus iussu*

diesem Fragmente handelt es sich freilich nicht um eine Bürgschafts-, sondern um eine Obligationsconfusion. Aber hinsichtlich der formal juristischen Folge — Zerstörung des Rechts seiner juristischen Erscheinung nach — besteht zwischen beiden Confusionsarten kein Unterschied. Der in l. 61/59 D. ad S. C. Treb. behandelte Fall ist folgender: Ein durch Pfand gesicherter Gläubiger ist von seinem Schuldner zum Erben eingesetzt und mit dem Fideicommiß belegt worden, die Erbschaft an die Tochter des Erblassers herauszugeben. Da dem Gläubiger die Erbschaft der Überschuldung verdächtig ist, so tritt er sie nicht aus freien Stücken an, sondern läßt sich auf Grund des S. C. Pegasianum zum Antritte zwingen. Nach erfolgter Restitution der Erbschaft wird die Frage praktisch, ob die durch den Erbantritt erfolgte Confusion der gesicherten Forderung den Untergang des Pfandrechts nach sich gezogen hat. Dies wird verneint. Selbst wenn der Fiduciar die Sache nicht mehr besitzt, sie etwa anläßlich der Restitution der Erbschaft an die Fideicommissarin herausgegeben hat, soll er sie dieser mit der *a. Serviana* wieder abnehmen können: „*Verum est enim, non esse solutam pecuniam*". Hier ist der Grund, welcher das Pfandrecht trotz der Confusion der Forderung aufrecht erhält, vollkommen klar ausgesprochen. Trotzdem es sicher ist, daß die Forderung ihrer juristischen Erscheinung nach vernichtet ist (daher der Fiduciar trotz erfolgter Restitution keine Klage aus der ursprünglichen Forderung gegen die Fideicommissarin hat, arg. l. 60/58 D. h. t.), hat die Confusion der Forderung

---

praetoris adit et restituit: cum emptorem pignoris non inveniret, desiderabat permitti sibi iure dominii id possidere. respondi: aditione quidem hereditatis confusa obligatio est: videamus autem, ne et pignus liberatum sit sublata naturali obligatione. atquin sive possidet creditor actor idemque heres rem sive non possidet, videamus de effectu rei. et si possidet, nulla actione a fideicommissario conveniri potest, neque pigneraticia, quoniam hereditaria est actio, neque fideicommissum, quasi minus restituerit, recte petetur: quod eveniret, si nullum pignus intercessisset: possidet enim eam rem quasi creditor. sed et si fideicommissarius rem teneat, et hic Serviana actio tenebit: verum est enim non esse solutam pecuniam, quemadmodum dicimus, cum amissa est actio propter exceptionem. igitur non tantum retentio, sed etiam petitio pignoris nomine competit et solutum non repetetur. remanet ergo propter pignus naturalis obligatio."

den Untergang des Pfandrechts nicht zur Folge gehabt. Sie könnte diese Wirkung nur dann gehabt haben, wenn ihr im konkreten Falle die Wirkung der Befriedigung innewohnte. Weshalb aber kommt der Confusion im vorliegenden Falle diese Wirkung nicht zu? Diese Frage kann nach ihrem inneren Zusammhange erst im § 10 erörtert werden, hier mögen folgende Bemerkungen genügen. Die Confusion an sich hindert den Gläubiger nicht, sich wegen der confundierten Forderung aus den Mitteln des Nachlasses zu decken. Dies tritt namentlich bei der solventen Erbschaft hervor, indem der erbende Gläubiger bei der Berechnung des Nachlaßbestandes seine Forderung als Erbschaftsaktivum einstellt, und dadurch den für Vermächtnisse zur Verfügung stehenden Betrag um ebensoviel schmälert, als ob der Erblasser ihm die Schuld unmittelbar vor seinem Tode bezahlt hätte. Bei Überschuldung der Erbschaft wird dieses Ergebnis nun freilich regelmäßig modificirt. Denn wegen seiner über den Bestand des Nachlasses hinausgehenden Haftung hat der erbende Gläubiger bei Concurrenz mit den Erbschaftsgläubigern das Nachsehen, weil er den ganzen Aktivbestand der Erbschaft und oft mehr, zur Befriedigung der anderen Gläubiger verwenden muß, so daß ihm die auch hier theoretisch vorhandene Befugnis,[37] sich wegen seiner confundierten Forderung aus den Mitteln des Nachlasses zu befriedigen, nichts nützt. Dies ändert sich aber, wo der Satz von der unbeschränkten Erbenhaftung außer Wirksamkeit tritt (*beneficium inventarii*), oder wo der Erbe — wie in unserem Falle — befugt ist, die unbeschränkte Haftung auf andere abzuwälzen. Hier tritt die durch den Satz von der unbeschränkten Erbenhaftung praktisch illusorisch gemachte Befugnis vollwirksam wieder hervor; ein solcher Gläubiger kann sich also wegen seiner Forderung auch aus dem überschuldeten Nachlasse decken und damit ein der Zahlung insofern ähnliches Resultat herbeiführen, als er dieselbe materielle Befriedigung gewinnt, die er infolge wahrer Zahlung haben würde. Solche Deckung hat der Fiduciar in unserem Falle versäumt. Er hat die Erbschaft restituiert, ohne sich vorher wegen seiner Forderung befriedigt zu haben. Die Forderung ist daher zwar nach

---

[37] Arg. l. 33 D. solut. matr. 24, 3, vgl. unten § 10.

wie vor formell zerstört, aber nicht materiell befriedigt. Unter diesen Umständen gewährt die Formel der *a. Serviana* (vv. *„neque solutum, neque eo nomine satisfactum esse“*, cf. LENEL, Edict. perpetum § 267 S. 397) die Handhabe, das Pfandrecht trotz des formalen Untergangs der gesicherten Forderung als fortbestehend anzusehen. In diesen Erwägungen ist der materielle Grund für die Fortexistenz des Pfandrechts trotz Confusion der gesicherten Forderung beschlossen. Der Theoretiker aber hat in den Worten *„remanet ergo propter pignus naturalis obligatio“* ein Schlußresumé angefügt, wegen dessen sich ein recht unfruchtbarer Streit erhoben hat. Man ist darüber uneinig, ob die Confusion hier ausnahmsweise eine Naturalobligation zurückläßt, auf die dann der Fortbestand des Pfandrechts gegründet werden kann, oder ob die Forderung auch hier durch die Confusion ganz und gar vernichtet ist und die Annahme einer Naturalobligation zu dem einzigen Zwecke erfolgt, die Fortexistenz des Pfandrechts zu vermitteln.[38] Beide Meinungen geben keine Auskunft über die Hauptfrage, in welchem Sinne der Jurist von einer *naturalis obligatio* spricht; und doch kann erst die Einsicht hierein das Verständnis für das Bedingungsverhältnis erschließen, in dem die *naturalis obligatio* zur Fortexistenz des Pfandrechts steht.

Wir finden im römischen Rechte eine Gruppe von Naturalobligationen, welche hinsichtlich der sehr geringen Intensität ihrer Wirkungen unserem Falle sehr nahe stehen. Es sind die Naturalobligationen, welche zwischen Gewalthaber und Gewaltunterworfenen (oder Personen, die sich in der Gewalt desselben Dritten befinden), bestehen. Ähnlich wie in unserem Falle erschöpft sich ihre rechtliche Bedeutung darin, Unterlage für ein Pfandrecht sein zu können (für eine Bürgschaft können sie es nur mit der

[38] Die erstere Meinung vertreten namentlich v. SAVIGNY, System V § 250 S. 391 f., Obligationenrecht I § 11 S. 79, GIRTANNER, Bürgschaft S. 506 f., DERNBURG, Pfandrecht II S. 592 und neuestens PUNTSCHART, Die moderne Theorie des Privatrechts S. 236 f. verbunden mit S. 234. Anhänger der zweiten Ansicht sind SCHWANERT, Nat.-Obl. S. 406, WINDSCHEID, Pand. I § 225 Ziff. 2 § 249 Note 4, BRINZ, Pand. II § 348 Note 11 (der aber ebenda § 220 B. der ersten Meinung zuzuneigen scheint), FRIEDMANN, Wirkungen der confusio S. 59.

aus l. 56 § 1 D. de fideiuss. 46, 1 ersichtlichen Beschränkung) und Anlaß zu internen Transaktionen zwischen zwei demselben Subjekte zuständigen Vermögensmassen zu geben. Nur handelt es sich hier nicht um Erbschaft und Eigengut des Erben, sondern um *peculium* und sonstiges Vermögen des Gewalthabers: Die naturale Forderung des Gewalthabers mindert das *peculium* um ihren Betrag, die naturale Schnld vermehrt es um denselben.[39] Insofern nun, als auch die Confusion, wie oben dargelegt, keineswegs den auf dem Wege der Abrechnung herbeizuführenden, der confundierten Obligation gemäßen Ausgleich zwischen Erbschaft und Eigengut ausschließt, läßt sie ein vermögensrechtliches Etwas zurück, durchaus demjenigen gleich, welches die soeben ins Auge gefaßte Gruppe von Naturalobligationen constituiert. Wenn trotzdem die römische Jurisprudenz bei der Confusion das Zurückbleiben einer Naturalobligation nicht annimmt, so hat dies seinen besonderen Grund darin, daß bei der Confusion nicht nur eine juristische Personeneinheit der Obligationssubjekte herbeigeführt wird (diese liegt auch bei den Naturalobligationen vor, welche zwischen Gewaltverbundenen bestehen[40]), sondern auch die natürliche Personenmehrheit aufgehoben wird, was bei den Naturalobligationen unter Gewaltverbundenen nicht der Fall ist. Nicht der Mangel an vermögensrechtlichem Stoffe, aus dem die Naturalobligation gebildet werden könnte, ist es also, was die Annahme des Zurückbleibens einer Naturalobligation bei der Confnsion ausschließt; sondern die nach römischen Begriffen absolute Undenkbarkeit, eine Obligation irgend welcher Art anzunehmen, wenn nicht wenigstens eine natürliche Verschiedenheit ihrer Träger vorliegt. Wird durch irgend eine Constellation von Umständen dieses zwingende Hindernis gehoben, so steht der Annahme einer Naturalobligation principiell nichts entgegen. Solche besondere Gestaltung des Falles liegt nun hier vor. Da der Fiduciar die Erbschaft, ohne sich vorher wegen seiner confundierten Forderung

[39] l. 9 § 2 D. de pecul. 15, 1: „*Peculium autem deducto quod domino debetur, computandum est, quia praevenisse dominus et cum servo suo egisse creditur.*“ l. 17 D. eod., l. 38 § 2 D. de cond. ind. 12, 6, vgl. Brinz, Pand. II § 221 Note 3.

[40] Vgl. Brinz, Pand. II § 220 Note 8 S. 45.

gedeckt zu haben, restituiert hat, so wendet sich die vermögensrechtliche Spannung, welche in dem oben dargelegten Sinne auch der confundierten Obligation noch innewohnt, gegen die Fideicommissarin. Freilich lebt die ursprüngliche Forderung nach römischer Anschauung nicht wieder auf, ist keine Klage aus dieser möglich. Wohl aber könnte die Fideicommissarin mit einer *condictio* in Anspruch genommen werden, die sich darauf stützte, daß der Fiduciar, indem er, ohne sich wegen seiner Forderung zu decken, restituierte, mehr geleistet habe, als er nach Fideicommißrecht schuldete.[41] Wirkt so das oben charakterisierte vermögensrechtliche Residuum der confundierten Obligation mit zur Begründung der *condictio,* so ruht diese doch formell auf einem neuen Grunde und ist deshalb untauglich, dem Pfandrechte als Unterlage zu dienen. Daher greift der Jurist auf die alte, freilich ihrer juristischen Erscheinung nach durch die Confusion zerstörte Obligation zurück; kann er doch jetzt aus der, trotz der Confusion zurückgebliebenen vermögensrechtlichen Beziehung eine zur Unterlage des Pfandrechts taugliche Naturalobligation um deswillen gewinnen, weil infolge der Restitution der Erbschaft an die Fideicommissarin wieder ein zweites Subjekt als unumgänglich notwendige Trägerin der Naturalobligation gewonnen worden ist. Hieraus wird klar, in welchem Sinne das *„remanet ergo propter pignus naturalis obligatio"* gemeint ist. Lediglich des Pfandrechts wegen greift der Jurist auf die Obligation zurück; läge kein Pfandrecht vor, so wären zwar die von der Confusion nicht alterierten vermögens-

[41] Daß dem so ist, ergiebt sich einmal aus der Analogie der l. 45 D. de cond. ind. 12, 6: *„Si is, qui hereditatem vendidit et emtori tradidit, id quod sibi mortuus debuerat, non retinuit, repetere poterit, quia plus debito solutum per condictionem recte recipitur"*, sodann aus der l. 82/80 D. ad S. C. Treb. 36, 1. Denn in ihr wird den Erben der Fiduciare, welche die Erbschaft ohne Abzug des ihnen vom Erblasser Geschuldeten restituiert haben, die *condictio* wegen des zuviel Gezahlten nur deshalb abgesprochen, weil die Fiduciare auf das ihnen angefallene *fideicommsisum eius quod supererit* hin übermäßig viel von der Erbschaft verbraucht hatten (vgl. hierzu oben S. 33). Aus dieser Begründung geht klar hervor, daß ihnen die *condictio* gewährt worden wäre, wenn ihr Verbrauch sich in mäßigen Grenzen gehalten hätte, mit andern Worten, wenn sie nicht durch ihr Verhalten die *condictio* verscherzt hätten.

rechtlichen Beziehungen der confundierten Obligation nicht minder vorhanden, aber es läge kein Bedürfnis vor, sie auf dem Boden der ursprünglichen Obligation aufzusuchen, weil diese für sich allein der rechtlichen Reaktionskraft entbehrt und der Fiduciar in der *condictio* (die ihren vermögensrechtlichen Stoff eben jenen von der Confusion nicht versehrten Beziehungen entnimmt), ein vollwirksames Mittel hat, von der Fideicommissarin Befriedigung zu erlangen, soweit es auf Grund eines bloß persönlichen Anspruchs im konkreten Falle möglich ist.

Soviel über die allgemeinen Gesichtspunkte, welche für die Fortdauer des Pfandrechts trotz Confusion der gesicherten Forderung maßgebend sind. Hiernach lassen sich einzelne streitige Fragen leicht entscheiden, wenn man nur festhält, daß es überall darauf ankommt, ob die Confusion im konkreten Falle der Zahlung gleich gewirkt hat. Beispielsweise ist Fortdauer des Pfandrechts nicht nur anzunehmen, wenn der Fiduciar gezwungen angetreten hat, sondern auch, wenn er die Erbschaft aus freien Stücken nahm, sofern er sie nur restituiert hat, ohne sich wegen seiner Forderung befriedigt zu haben.[42] Es sind hier dieselben Erwägungen wie oben maßgebend; der Fall liegt nur insofern anders, als hier die Möglichkeit besteht, daß die Fideicommissarin die Erbschaft ausschlägt, was sie nicht mehr kann, wenn sie den Fiduciar zum Antritte gezwungen hat.

Ist aber der Erbe nicht mit einem Erbschaftsvermächtnisse belastet, die *confusio* also definitiv, so erlischt das für die confundierte Forderung bestellte Pfandrecht regelmäßig auch dann, wenn das Pfand nicht vom Schuldner selbst, sondern von einem Dritten bestellt war, oder wenn noch nachstehende Pfandrechte vorhanden sind.[43] Denn der Regel nach wirkt hier die Confusion der Zahlung gleich. Nur wo dies ausnahmsweise nicht der Fall ist (das Nähere über diesen Punkt s. in § 10) bleibt das Pfandrecht, anders als die Bürgschaft erhalten.

Zum Schluß sei bemerkt, daß in den beiden vorstehends erörterten Fragmenten (l. 38 § 5 D. de solut. 46, 3 und l. 61/59 D. ad

---

[42] A. M. Dernburg, Pfandrecht II S. 569.

[43] Die Frage ist verschieden beantwortet worden, vgl. Windscheid, Pand. I § 249 Note 8 und die dort Angeführten, Friedmann, Wirkungen der confusio S. 51 Note 25.

S. C. Treb. 36, 1) das Pfandrecht nach modernem gemeinem Recht schon deshalb nicht untergeht, weil die ihm zur Unterlage dienende Forderung in den betreffenden Fällen nicht mehr confundiert wird.[44]

§ 9.

b) Wirkung der Confusion auf das Recht als Vermögensbestandteil.

Wir kommen nunmehr zu einem Punkte, der für die Confusionswirkung ganz besonders charakteristisch ist. Während die Confusion hinsichtlich ihrer formal rechtsvernichtenden Kraft den andern *ipso iure* wirksamen Rechtsaufhebungsgründen gleichsteht[1], zeigt sie in materieller Hinsicht vielfach ein abweichendes Verhalten; es ist, als bliebe in diesen Fällen ein nicht aufgehender Rest zurück, juristisch schwer faßbar, aber die Billigkeit dazu antreibend, dem Inhalte des confundierten Rechts in gewisser Hinsicht noch einen Einfluß auf die Gestaltung des Rechtszustandes zu gewähren. Oben im § 1 ist näher dargelegt worden, wie weit die römische Jurisprudenz durch Verwertung des Äquitätsgesichtspunkts dieser Besonderheit der Confusionswirkung Rechnung zu tragen suchte.[2] Der letzte Grund aber für die hier in Betracht kommenden Erscheinungen muß in dem Wesen der Confusionswirkung selbst gesucht werden. Indem nunmehr zur Untersuchung dieses Punktes geschritten wird, ist es unerläßlich, zuvörderst das Objekt der Confusion, das subjektive Recht, einer kurzen Betrachtung zu unterziehen. In dem lebhaften Streite, welcher über das Wesen des subjektiven Rechts herrscht,[3] ist ein Umstand nicht hinreichend beachtet worden, welcher für unsere Frage von hoher Bedeutung ist. Er betrifft eine Eigentümlichkeit der Begriffsbildung, welche an unserem Rechtsbegriff wirksam ge-

---

[44] Vgl. §§ 5, 17.

[1] Daher die Vergleichung mit der Zahlung (l. 21 § 1 D. de lib. leg. 34, 3, l. 50 D. de fideiuss. 46, 1 und öfter) sowie mit der *acceptilatio* (l. 75, 107 D. de solut. 46, 3.)

[2] Vgl. auch v. Savigny, System V S. 392.

[3] Vgl. Windscheid, Pand. § 37, Jhering, Geist III § 60, 61, Regelsberger, Pand. I § 14 S. 74 f., Dernburg, Pand. I § 39 Ziff. 1, Brinz, Pand. I § 64.

wesen ist. Die Bildung des Begriffs des subjektiven Rechts hat an zwei verschiedenen Punkten angesetzt. Der eine liegt durchaus auf juristisch formalem Gebiete. Das Recht wird als eine von der Rechtsordnung verliehene Macht erkannt, die zu einem Subjekte in Beziehung gebracht, diesem hingegeben wird; die Natur dieser Macht, die Bedingungen ihres Entstehens und ihres Wirksamwerdens werden festzustellen gesucht. Hierum gruppieren sich alle diejenigen Beziehungen, welche das Recht als ein von anderen verschiedenes Individuum mit eigentümlichen rechtlichen Funktionen erscheinen lassen: Fähigkeit, in bestimmter Art auf Verletzungen zu reagieren, Übertragbarkeit, die Macht, accessorische Rechte in seinen Dienst zu ziehen nnd Anderes mehr.

Dieser primäre Stoff für die Begriffsbildung bleibt aber nicht der einzige. Jemehr der Begriff des Vermögens als ein Complexes von Rechten zu selbständiger rechtlicher Bedeutung gelangt, um so mehr erscheint das Recht daneben unter einem anderen Gesichtspunkte. Das Vermögen ist ein Komplex von Rechten aber angesehen unter dem Gesichtspunkte des Wertes. Bei der Zusammenfassung der einer Person zuständigen Rechte unter dem Begriffe des Vermögens wird von der juristischen Struktur des Einzelrechts, also von demjenigen, was seine rechtliche Individualität ausmacht, abstrahiert. In Betracht kommt nur das allen Vermögensrechten Gemeinsame: Der rechtliche Genußgehalt, die güterbeherrschende Kraft. Hierdurch ist ein Gegensatz in der Auffassung des Rechts gegeben, der darauf beruht, daß je nach der Verbindung, in der der Rechtsbegriff erscheint, verschiedene Elemente in ihn eingehen, einmal mehr die individualisierende, rechtliche Struktur, das andere Mal mehr der gleichmachende Inhalt ins Auge gefaßt wird.

Die praktische Konsequenz dieser Verschiedenheit der Anschauungsweise ist, daß das Recht seiner juristischen Erscheinung nach vernichtet werden kann, während es als Vermögensbestandteil fortbesteht. Dieser Gegensatz ist zugleich für die Bestimmung der Confusionswirkung wesentlich. Die Confusion zerstört die juristische Erscheinungsform des Rechts, aber sie alteriert nicht seine vermögensrechtliche Zugehörigkeit. Daher ist das confundierte Recht nicht mehr der Übertragung oder der Verletzung fähig, treten alle die im vorgehenden § entwickelten Folgen seiner Vernichtung in juristisch formaler Hinsicht ein: aber trotzdem erscheint es noch als Bestandteil (aktiver oder passiver) des Vermögens, zu dem es vor der Confusion gehörte. Die eminente praktische Bedeutung dieser Thatsache besteht darin, daß überall da, wo das Vermögen als solches als Maßstab für Berechtigung und Verpflichtung, oder als Objekt eines Rechtsgeschäfts in Betracht kommt, das confundierte Recht nach seinem vermögensrechtlichem Inhalte mit in Rechnung gezogen wird. Die hierauf beruhenden Erscheinungen sind im folgenden einzeln ins Auge zu fassen.

I. Berechnung der falcidischen Quart im Falle der Confusion.

Hierüber läßt sich Paulus in der l. 1 § 18 D. ad leg. Falc. 35, 2 folgendermaßen vernehmen:

„Si debitor creditori heres existat, quamvis confusione liberetur, tamen locupletiorem hereditatem percipere videtur, ut computetur ei quod debet, quamvis aditione confusum sit.“

Der vorstehend erörterte Gegensatz ist hier scharf hervorgehoben: Obgleich der den Gläubiger beerbende Schuldner durch Confusion frei wird, muß er dennoch bei der Berechnung des Erbschaftsbestandes seine confundierte Schuld als Erbschaftsaktivum einstellen und andererseits den vermögensrechtlichen Vorteil, den er infolge der Befreiung von seiner Schuld genießt, sich in die Quart einrechnen (*locupletiorem hereditatem percipere videtur*). Infolge dieser Rechnungsoperation stellt sich der für Vermächtnisse zur Verfügung stehende Betrag auf dieselbe Höhe, als hätte der Erbe seine Schuld im Augenblicke des Todes des Erblassers (dem für die Berechnung der Falcidia maßgebenden Zeitpunkte) an den Erblasser gezahlt.[4] Umgekehrt zieht, wenn der Gläubiger den Schuldner beerbt, der Erbe den Betrag seiner

[4] Es sei beispielsweise der Reinbestand der Erbschaft außer der confundierten Forderung 200, diese selbst 40, so ist die Quart (200 plus 40): 4, also gleich 60. In diese Quart hat sich der Erbe zunächst 40 auf seine Befreiung von der confundierten Schuld einzurechnen; wegen des Restes von 20 deckt er sich nach den sonst für die Berechnung desjenigen, was der Erbe „in die Quart hat“ maßgebenden Grundsätzen. Ungenau ist die Berechnung Friedmanns, Wirkungen der confusio S. 41, welcher kurzweg

Forderung vorweg ab, erscheint also dieser bei der Berechnung der Falcidia als Erbschaftspassivum.[5]

Die Modalitäten der Berechnung der Quart gestalten sich im allgemeinen gleich dem Normalfalle, daß keine Confusion vorliegt, sondern es sich um den Ansatz von Forderungen oder Schulden des Erblassers gegen dritte Personen handelt. So müssen insbesondere die bedingten Forderungen zwischen Erblasser und Erben principiell ebenso behandelt werden, als handelte es sich um Forderungen oder Schulden des Erblassers Dritten gegenüber; sie sind daher entweder nach ihrem Verkaufswerte zur Zeit des Todes des Erblassers, oder — vorbehältlich späteren Ausgleichs und unter Cautionsbestellung für diesen Fall — zunächst entweder voll oder gar nicht einzustellen.[6] Für den Betrag, mit dem die confundierte *a. de peculio* in Ansatz kommt, ist regelmäßig der Bestand des Peculiums zur Zeit des Todes des Erblassers maßgebend. Diese Ansicht drang gegenüber einer älteren, welche den Bestand des Peculiums zur Zeit des Erbantritts entscheiden lassen wollte,[7] durch.[8] Nur wenn die *a. de peculio* dem Erblasser gegen den

---

den für Vermächtnisse frei bleibenden Teil der Erbschaft auf $^3/_4$ der aus dem Reinbestand der Erbschaft und der confundierten Forderung gebildeten Summe berechnet. Der für Vermächtnisse zur Verfügung stehende Betrag ist mit diesem rechnungmäßigen $^3/_4$ nicht immer identisch, weil für die Berechnung desjenigen, was der Erbe auf seine Quart anzurechnen hat, nicht durchgängig dieselben Sätze gelten, als für die Berechnung des Betrages des Quart, vgl. hierzu namentlich Brinz, Pand. III § 417 S. 343, 344. Einzelfälle in den Quellen: l. 1 § 18, l. 56 pr. §§ 1, 2, l. 83, l. 95 pr. D. ad leg. Falc. 35, 2, l. 80 (78) § 9 i. f. D. ad S. C. Treb. 36, 1.

[5] Vgl. l. 15 § 3 D. ad leg. Falc. 35, 2: „*in aere alieno bonis deducendum respondi*“, l. 54 D. eod., l. 104 § 7 D. de leg. I (30), l. 6, 8, 14 C. ad leg. Falc. 6, 50. Dem Fiduciarerben steht sogar die Befugnis zu, um zu solcher Befriedigung zu gelangen, die Herausgabe der Erbschaft zu verschieben: l. 46 D. ad S. C. Treb. 36, 1: „*potest tamen evenire, ut restitutionem distulerit heres, veluti si pecuniam ei debuerit defunctus, quam retinere maluit, quam petere.*“

[6] Arg. l. 73 § 1 D. ad leg. Falc. 35, 2, jct. l. 56 § 1 D. eod.

[7] l. 83 D. ad leg. Falc. 35, 2, Julian. lib. XII dig.: „*Si creditor filii tui heredem te instituerit et legis Falcidiae rationem ponas, peculii quantitas, quod aditae hereditatis tempore fuisset, in quadrantem tibi imputabitur.*“

[8] l. 50 § 1 D. de pecul. 15, 1. Papinian. lib. IX. quaest.: „*Si creditor*

Erben zustand und das Peculium sich in der Zeit zwischen dem Tode und dem Antritte der Erbschaft vermehrt hatte, wird der Betrag des Peculiums zur Zeit des Antritts in Rechnung gezogen (also zum Vorteil der Vermächtnisnehmer, wie ihnen auch das spätere Solventwerden eines zahlungsunfähigen Erbschaftsschuldners zu Gute kommt.)[9]

Indessen treten doch bei der Berechnung der confundierten Forderungen einige beachtenswerte Besonderheiten auf.

Die erste betrifft die Behandlung der Naturalschulden. Schuldet ein Dritter der Erbschaft *naturaliter*, so wird bei der Aufstellung der Falcidischen Rechnung dieser Posten gleich den bedingten Obligationen als bloß eventuelle Vermögenspost behandelt; ob den Vermächtnisnehmern der Betrag schließlich zu Gute kommt, hängt davon ab, ob er von dem Naturalschuldner verlangt werden kann.[10] Schuldete dagegen der Erbe selbst *naturaliter*, so zählt die confundierte Naturalobligation bei der Berechnung nicht als bloße Eventualschuld, sondern als festes Erbschaftsaktivum, mit andern Worten, dem Erben wird die Verpflichtung auferlegt, durch Abrechnung ein der Zahlung gleiches Resultat herbeizuführen, auch wenn er der Erbschaft nur *naturaliter* schuldete;[11] umgekehrt kann auch der Erbe, welcher eine durch Confusion untergegangene

---

patrem qui de peculio tenebatur, heredem instituerit, quia mortis tempus in Falcidiae ratione spectatur, illius temporis peculium considerabitur", vgl. auch l. 56 pr. § 1 D. ad leg. Falc. 35, 2.

[9] l. 56 § 1 D. ad leg. Falc. 35, 2: „*ita etiam peculii incrementum pleniorem faciet hereditatem.*"

[10] l. 1 § 17 D. ad leg. Falc. 35, 2: vv. „*ex eventu augere.*"

[11] Dies folgt aus l. 56 § 2 D. ad leg. Falc. 35, 2: „*Scaevola notat: quid ergo, si idem servus defuncto et alii dena debuit et una decem habuit? augetur scilicet et his hereditas, decem, quae defuncto naturaliter debebantur, in hereditate manentibus.*" Der Sklave des Erben schuldet dem Erblasser und einem Dritten je 10, während sich in seinem Peculium überhaupt nur 10 befinden. In seiner Eigenschaft als Herr des Sklaven zieht der Erbe die dem Erblasser naturaliter geschuldeten 10 vorweg ab, so daß der andere Gläubiger das Nachsehen hat, aber er muß andererseits die vollen 10 als auf die Naturalschuld gezahlt der Erbschaft gutschreiben. Nicht anders würde die Entscheidung ausfallen, wenn nicht der Sklave des Erben, sondern dieser selbst dem Erblasser naturaliter geschuldet hätte. Vgl. noch Brinz, Pand. III § 417 Note 10.

naturale Forderung gegen den Erblasser hatte, sich ihretwegen aus der Erbschaft decken. Gerade dieses Umstandes wegen vergleicht PAPINIAN in l. 95 § 2 D. de solut. 46, 3 die Confusion in ihren Wirkungen mit der Zahlung:

„*Aditio hereditatis nonnunquam jure confundit obligationem, veluti si creditor debitoris vel contra debitor creditoris adierit hereditatem. aliquando pro solutione cedit, si forte creditor, qui pupillo sine tutoris auctoritate nummos crediderat heres ei extitit: non enim quanto locupletior pupillus factus est, consequeretur, sed in solidum creditum suum ex hereditate retinet.*“

Hatte die Obligation, bei der die Rollen des Gläubigers und des Schuldners sich vereinigen, nicht einmal naturalen Bestand, so kommt sie bei der Berechnung der Quart nicht in Betracht.[12] Beiläufig bemerkt folgt hieraus, daß die Verbindlichkeit des Geschlechtsunreifen in § 95 § 2 D. de solut. 46, 3 als Naturalobligation anerkannt ist, was für die strittige Frage nach der Natur dieser Obligation (vgl. hierzu WINDSCHEID, Pand. II § 289 Note 11) nicht unwichtig sein dürfte. Die zweite Besonderheit besteht in folgendem: Während bei dem Ansatze von Erbschaftsforderungen gegen dritte Personen in Betracht gezogen wird, ob sie solvent sind, und, wenn dies nicht der Fall, nur der Betrag in Ansatz kommt, der vom Schuldner beigetrieben werden kann,[13] wird die confundierte Erbschaftsforderung gegen den Erben ohne Rücksicht auf dessen Zahlungsfähigkeit voll in Rechnung gestellt. Denn als Betrag des Vermögensvorteils, den ein insolventer Schuldner durch Befreiung von seiner Schuld genießt, wird überall der volle Betrag seiner Schuld, nicht nur dasjenige, was er wirklich zahlen könnte, angesehen, ein Satz, dem die römischen Juristen auch die Wendung geben, daß jeder Schuldner sich selbst solvent ist.[14]

---

[12] Arg. l. 8 § 12 D. ad S. C. Vell.. 16, 1; vgl. hierzu S. 151, 152.

[13] l. 63 § 1 D. ad leg. Falc. 35, 2: „*Cuius debitor solvendo non est, tantum habet in bonis, quantum exigere potest*“, vgl. l. 82 D. eod. vv. „*ut id demum in hereditate computetur, quanti nomen distrahi potest.*“

[14] Hierauf beruhen z. B. die Entscheidungen der l. 22 § 3 und l. 82 D. ad leg. Falc. 35, 2 (vgl. KRETSCHMAR, Secum pensare S. 57 f.), sowie der bekannten l. 33 D. solut. matr. 24, 3. Wie im Text schon Azo in der Summa

Dasselbe, was für die Obligationsconfusion gilt, muß, obgleich es in den Quellen nicht ausdrücklich hervorgehoben ist, auch bei der Confusion dinglicher Rechte Statt haben. Denn auch die Confusion der dinglichen Rechte löst nicht die vor der Confusion bestehende vermögensrechtliche Beziehung des confundierten Rechts. Man setze den Fall, daß der Nießbraucher den Eigentümer beerbt. Trotzdem sich hier der Nießbrauch durch Consolidation mit dem Eigentume vereinigt hat, ist bei der Berechnung der Aktiva der Erbschaft nicht der Wert des Volleigentums, sondern nur der Wert der *nuda proprietas* in Ansatz zu bringen.[15]

Analog muß sich die Berechnung bei der Servitutenconfusion gestalten. Gehört das herrschende Grundstück zur Erbschaft, so ist es trotz der Confusion der Dienstbarkeit unter Berücksichtigung des Mehrwerts, den ihm die Servitut verlieh, in Anschlag zu bringen. Wenn umgekehrt das dienende, so unter Berücksichtigung des Minderwerts.

II. Durch die Confusion veranlaßte Erscheinungen beim Erbschaftskauf. Verkauft der Erbe die Erbschaft, so leben gemeinrechtlich die confundierten Forderungen und dinglichen Rechte nicht ohne weiteres wieder auf. Wohl aber kann der Erbe, der infolge des Erbantritts ein dingliches Recht oder eine Forderung durch Confusion verloren hatte, mit der *actio venditi* deren Wiederherstellung verlangen.[16]

---

in Cod. ad leg. Falc. 6, 50 Num. 21 (Ed. Lugd. fol. 184): „*Si vero heres debitor erat defuncti ex persona sua quantitas debiti tota computatur fuisse in bonis mortis tempore, licet heres non erat solvendo. Nam in hoc casu pauper sibi dives est.*" Vgl. auch Windscheid III § 652 Note 26. In der That ist es nicht mehr als billig, daß der Erbe nicht durch Berufung auf seine Insolvenz den Anteil der Legatare schmälern kann.

[15] Im umgekehrten Falle (Beerbung des Nießbrauchers durch den Eigentümer) würde entsprechend der Nießbrauch trotz seines Unterganges einzustellen sein, wenn der Untergang hier auf Confusion (Consolidation) beruhte. Es ist dies aber, wie oben in § 6 ausgeführt worden, nicht der Fall, weil der Nießbrauch hier nicht infolge der Vereinigung mit dem Eigentum in einer Hand, sondern schon vorher, ehe es zur Vereinigung kommt, durch den Tod des Nießbrauchers untergeht; vgl. l. 32 pr. D. ad leg. Falc. 35, 2.

[16] Die Quellen berücksichtigen besonders den Fall der Servitutenconfusion, vgl. z. B. l. 2 § 19 D. hered. vel act. vend. 18, 4: „*Et si servitutes amisit heres institutus adita hereditate, ex vendito poterit experiri adversus*

Auch kann er, wenn es sich um eine Forderung handelt, sich vor der Herausgabe der Erbschaft aus derselben befriedigen, und wenn er dies versäumt hat, den zuviel gezahlten Betrag condicieren:

l. 45 D. de cond. ind. 12, 6: „*Si is qui hereditatem vendidit et emptori tradidit, id, quod sibi mortuus debuerat, non retinuit, repetere poterit, quia plus debito solutum per condictionem recte recipietur.*“

In diesem Falle concurriert also die *condictio indebiti* mit der *actio venditi* — eine Erscheinung, die bekanntlich auch sonst vorkommt: Vgl. z. B. l. 11 § 7 D. de pec. 15, 1.

Erlitt umgekehrt die Erbschaft infolge der Confusion einen Verlust, so ist der Erbe dem Erbschaftskäufer mit der *actio emti* zur Wiederherstellung des confundierten dinglichen Rechts oder der confundierten Forderung verbunden.[17]

Die römischen Juristen begründen diese Sätze gewöhnlich mit der Bezugnahme auf die Absicht der Parteien. Die Parteien wollen, daß nach dem Erbschaftskaufe alle Verhältnisse sich so gestalten sollen, als wäre der Käufer Erbe geworden.[18] Dies ist richtig, nur muß man sich dabei vergegenwärtigen, daß die Richtung des Parteiwillens auf die Beseitigung der Confusionsfolgen selbst wieder der Erklärung bedarf. Und diese kann schließlich nur in der eigentümlichen Natur der Confusion gesucht werden, welche das Recht zufolge einer, an dessen formale Seite anknüpfenden logischen Erwägung zerstört, nicht aber seine vermögensrechtliche Beziehung zur Erbschaft alteriert. Deshalb trifft die Begründung, welche Julian in

---

emptorem, ut servitutes ei restituantur.“ Was für die Servituten gilt, trifft aber auch für die anderen dinglichen Rechte zu. Für die Obligationen wird der im Text ausgesprochene Satz bewiesen durch l. 2 § 15, 18 D. de hered. vend. 18, 4.

[17] Vgl. z. B. l. 2 § 6 D. de hered. vend. 18, 4, l. 37 pr. D. de pecul. 15, 1 (Verpflichtung des Erben zur Wiederherstellung der dem Erblasser zuständig gewesenen *a. de peculio*, wobei zu bemerken ist, daß im Zweifel der Bestand des *peculiums* zur Zeit des Erbschaftskaufs maßgebend ist, arg. l. 2 § 1 i. f. D. de hered. vend. 18, 4), l. 20 § 1 D. eod.

[18] Pomponius in l. 9 D. comm. praed. 8, 4: „*quia id agitur, ut quasi tu heres videaris extitisse*“, Ulpian. in l. 2 § 18 D. de hered. vend. 18, 4 „*aequissimum videtur, emptorem hereditatis vicem obtinere*“.

l. 37 pr. D. de pecul. 15, 1: „*Si creditor filii tui heredem te instituerit et tu hereditatem eius vendideris, illa parte stipulationis ‚quanta pecunia ex hereditate ad te pervenerit' teneberis de peculio*“

für die Haftung des durch Confusion von einer Schuld (im konkreten Falle der *a. de peculio*) befreiten Schuldners aufstellt, noch näher ans Ziel. Er führt dessen Haftung direkt auf die beim Erbschaftskauf gebräuchliche Stipulationsclausel „*quanta pecunia ex hereditate ad te pervenerit, tantam praestari*“ zurück. Der vermögensrechtliche Vorteil, den der Schuldner infolge der durch die Confusion herbeigeführten Liberation genießt, ist der Erbschaft gutzuschreiben, obgleich die Obligation, der er correspondiert, ihrer juristischen Erscheinungsform nach (cf. § 8) vernichtet ist. Diese Begründung berührt sich auf das Engste mit dem Gedanken des Paulus in l. 41 § 2 D. de evict. 21, 2: „*ratio quaedam inter heredem et hereditatem ponitur et intelligitur maior hereditas ad debitorem pervenire, quasi soluta pecunia, quae debebatur hereditati et per hoc minus in bonis heredis esse*“ etc.[19] [20]

---

[19] Ähnlich l. 80/78 § 9 D. ad S. C. Treb. 36, 1: „*quia ex stipulatione de dote reddenda interposita restituendae sint res, eo auctiorem hereditatem computari*“.

[20] Mit den Sätzen, welche den Erbschaftskauf betreffen, stehen historisch in naher Verbindung diejenigen, welche sich auf das Rechtsverhältnis zwischen Universalfideicommissar und -fiduciar beziehen. Wurde doch ursprünglich der Übergang der erbschaftlichen Rechtsverhältnisse auf den Fideicommissar durch einen Scheinverkauf der Erbschaft vermittelt, wobei der Fiduciar nach außen hin gleich dem Erbschaftsverkäufer in der Erbenstellung blieb. Daher auch hier ursprünglich Untergang der zwischen Erblasser und Erben bestehenden Rechte, ohne daß sie infolge der Restitution von selbst wieder aufleben. Eine Änderung dieses Rechtszustandes in dem Sinne, daß das Recht durch den Antritt des Fiduciarerben nicht mehr confundiert wird, sondern in ruhendem Zustande erhalten bleibt, scheint von der römischen Jurisprudenz hinsichtlich der dinglichen Rechte schon im Anschluß an das S. C. Treb. angenommen worden zu sein, arg.

l. 75/73 § 1 D. ad S. C. Treb. 36, 1: „*Cum ex Trebelliano S. C. restituitur hereditas, servitutes, quas mutuo praedia heredis et testatoris habent, nihilo minus valent.*“

Der Tendenz desselben — Herbeiführung eines direkten Übergangs der erbschaftlichen Rechtsverhältnisse auf den Universalfideicommissar — entspricht

III. Das Recht des Gläubigers, sich wegen seiner confundierten Forderung zu befriedigen, besteht zweifellos auch in dem Falle, daß er zum Erben eingesetzt, aber mit dem Fideicommiß beschwert ist, den Nießbrauch am Erbvermögen einem Dritten herauszugeben.[21]

Denn der *usus fructus omnium bonorum* versteht sich *deducto aere alieno*[22] und nach dem vorstehend Ausgeführten verliert die Forderung des Erben durch die Confusion nicht die Eigenschaft eines Erbschaftspassivums. Auch liegt in dem Vermächtnis des Nießbrauchs am Erbvermögen nicht etwa ein Vermächtnis des Nießbrauchs an der eigenen Schuld des Erblassers; denn ein solches Vermächtnis wäre aus dem Vermögen des Erben gegeben, während der Erblasser ausdrücklich nur den Nießbrauch an seinem Vermögen vermacht hat.[23] War der zum Erben eingesetzte und mit dem Vermächtnis des Nießbrauchs am Erbvermögen belastete Gläubiger Noterbe, so kann er demnach nicht nur nach Nov. 18 cap. 3 seinen Pflichtteil frei vom Nießbrauche verlangen, sondern überdies noch seine Forderung abziehen.

IV. Besonders deutlich zeigt sich das Fortwirken des con-

---

ein solcher Ausschluß der Confusionswirkung jedenfalls durchaus. Betreffs der Obligationen dagegen hat sich der alte Rechtszustand bis in das justinianeische Recht erhalten (Notwendigkeit der Restitution der confundierten Forderungen l. 28/27 § 11 D. ad S. C. Treb. 36, 1, l. 60/58 pr. D. eod., Befugnis des zum Fiduciarerben ernannten Gläubigers, sich wegen seiner confundierten Forderung aus der Erbschaft zu decken, l. 46 D. eod.). Darüber, ob im modernen Rechte auch hinsichtlich der Obligationen anzunehmen ist, daß sie durch den Antritt des Fiduciars nicht confundiert werden, sondern in ruhendem Zustande fortbestehen und daher bei der Restitution der Erbschaft ohne neuen Begründungsakt wieder hervortreten, vgl. unten § 17. Jedenfalls kann der erbende Gläubiger sich nach wie vor wegen seiner Forderung aus der Erbschaft befriedigen. Macht er von dieser Befugnis Gebrauch, so ist ein Wiederaufleben der Forderung natürlich ausgeschlossen.

[21] Derartige Dispositionen sind schon im römischen Rechte nicht selten, cf. z. B. l. 37 D. de usufr. leg. 33, 2, Nov. 18 cap. 3, und kommen auch im modernen Rechte öfter vor: Entscheidung des O.A.G. Oldenburg in Seufferts Archiv Bd. 15 Num. 18, Stammler, Nießbrauch an Forderungen § 10 S. 107, Friedmann, Wirkungen der confusio S. 41.

[22] l. 69 D. ad leg. Falc. 35, 2, l. 43 D. de usufr. leg. 33, 2.

[23] Vgl. auch Stammler a. a. O.

fundierten Rechts als Vermögenspost in einer Reihe von Fällen, deren gemeinsame Grundlage bei der Einzelerörterung ins Auge springen wird. Hierher gehört

1. l. 11 D. mand. 17, 1. Pomponius lib. III. ex Plautio: „*Si ei, cui damnatus ex causa fideiussoria fueram, heres postea extitero, habebo mandati actionem.*“[24]

Der verurteilte Bürge hat, bevor er zahlt, nur einen Anspruch auf Befreiung gegen den Hauptschuldner, einen Erstattungsanspruch erwirbt er erst durch Zahlung.

Hier ist es anders. Trotzdem eine Zahlung im Rechtssinne, nachdem der Bürge den Gläubiger beerbt hat, also Confusion eingetreten ist, nicht mehr möglich ist,[25] erfolgt die Umwandlung des Liberationsregresses in den Erstattungsregreß, wie wenn der Bürge gezahlt hätte. Worauf beruht dies? Unser Fragment ist vom Standpunkte des classischen Rechts aus geschrieben. Hiernach war durch die Litiscontestation mit dem Bürgen der Hauptschuldner befreit, der Bürge also zur Zeit der Confusion dem Gläubiger gegenüber Alleinschuldner. Daher kann eine bloße *exemtio personae*, wie sie nach l. 21 § 5 D. de fideiuss. 46, 1 stattfände, wenn der Bürge den Gläubiger vor der Prozeßerhebung beerbt hätte, hier nicht mehr in Frage kommen, der Bürge steht vielmehr zur Erbschaft in demselben Verhältnisse, wie jeder andere (Allein)schuldner, welcher seinen Gläubiger beerbt. Er muß also überall, wo es sich um den Bestand der Erbschaft handelt, seine confundierte Bürgschaftsschuld als Erbschaftsaktivum behandeln, er muß sie als solches bei der Falcidischen Rechnung, bei der Restitution ex S. C. Treb., beim Verkaufe der Erbschaft einstellen. Durch diese Abrechnung wird aber, wie oben ausgeführt, in pecuniärer Hinsicht dasselbe Resultat herbeigeführt, als ob der Bürge unmittelbar vor dem Tode des Erblassers an diesen gezahlt hätte. Daher ist es nur konsequent,

---

[24] Vgl. Kretschmar, Secum pensare S. 53, v. Tuhr, Actio de in rem verso S. 91.

[25] Denn infolge der Vereinigung der Rollen der Bürgen und des Gläubigers in einer Person ist ein Essentiale der Zahlung, Überführung der zur Zahlung verwendeten Münzen in das Eigentum des Gläubigers unmöglich geworden, Kretschmar, Secum pensare S. 46.

wenn der Jurist die Bedingung für den Rückgriff des Bürgen, das „*pecuniam abesse*“ (cf. Lenel, Edikt § 108 i. f.), als gegeben ansieht.[26]

2. sind von Bedeutung eine Reihe von Stellen, welche in die Eviktionslehre einschlagen. Die Quellen behandeln speciell die Wirkung der Confusion auf die Eviktionsstipulation.[27] Die einzelnen Fälle lassen sich wie folgt gruppieren:

a) Der Käufer beerbt den Verkäufer, oder umgekehrt wird von diesem beerbt, und nach der Beerbung wird die erkaufte Sache evinciert.

b) Der Käufer beerbt nach Abschluß des Kaufs den Eigentümer der verkauften Sache, oder umgekehrt. Hierdurch wird der Eintritt der Bedingung des Eviktionsversprechens, die Entwehrung der erkauften Sache, unmöglich.

Über beide Gruppen gelten im einzelnen folgende Sätze:

ad a) Trotzdem zur Zeit, in der die Eviktion eintritt, die Grundlage der Eviktionshaftung (Kauf oder besonderes Eviktionsversprechen) bereits confundiert ist, wird zwischen Erbschaft und

---

[26] Anders begründet v. Tuhr, Actio de in rem verso S. 91 den vom Bürgen erlittenen Vermögensverlust, wenn er ausführt: „wäre die Schuld vor der Confusion bezahlt worden, so hätte der Erbe entweder in seinem eigenen Vermögen (wenn er der Schuldner war) oder in der Erbschaft (wenn er der Gläubiger war) einen Erstattungsanspruch vorgefunden“ und daran die Bemerkung knüpft: „Ein solcher wird ihm nun gewährt, damit der Liberationspflichtige nicht *per occasionem iuris* einen Gewinn mache“. Der Verlust, den der Erbe erleidet, kann aber nicht in dem Nichtvorfinden des Erstattungsanspruchs liegen, denn gerade dieser wird ihm ja trotz der Confusion gewährt. Er liegt vielmehr darin, daß infolge der Abrechnung, welche der Bürge im Falle der l. 11 mand. zwischen Erbschaft und Eigengut vornehmen muß, dasselbe Resultat (ein wahres „*pecunium abesse*“) erzielt wird, als hätte der Bürge dem Gläubiger wirklich gezahlt.

[27] Bekanntlich ist es bestritten, ob den über die Eviktionsstipulation geltenden Sätzen gemeinrechtlich praktische Bedeutung zukommt. Verneint wird es z. B. von Dernburg, Pand. II § 99 S. 271. Meines Erachtens liegt kein Grund vor, ihre Anwendbarkeit auszuschließen, wenn der Käufer sich für den Fall der Eviktion ein besonderes Schadenersatzversprechen hat geben lassen, cf. Brinz II § 328 S. 736 Note 21, Windscheid, Pand. II § 391 Note 34. Vgl. z. Folgenden auch Brinz II § 328 S. 741 f.

Eigengut des Erben abgerechnet, als wäre jene Verpflichtung durch die Eviktion zum Verfalle gekommen.

l. 41 § 2 D. de evict. 21, 2. Paulus lib. II. ad edict. aedil. curul.: *„Si is, qui fundum emerit et satis de evictione acceperit et eundem fundum vendiderit, emptori suo heres extiterit, vel ex contrario emptor venditori heres extiterit; an evicto fundo cum fideiussoribus agere possit, quaeritur. existimo autem, utroque casu fideiussores teneri, quoniam et cum debitor creditori suo heres extiterit, ratio quaedam inter heredem et hereditatem ponitur et intellegitur maior hereditas ad debitorem pervenire, quasi soluta pecunia quae debebatur hereditati, et per hoc minus in bonis heredis esse; et e contrario cum creditor debitori suo extitit heres, minus in hereditate habere videtur, tamquam ipsa hereditas heredi solverit. sive ergo is, qui de evictione satis acceperat emptori cui ipse vendiderat, sive emptor venditori suo heres extiterit, fideiussores tenebuntur. et si ad eundem venditoris et emptoris hereditas reciderit, agi cum fideiussoribus poterit.“*

Nach Abschluß eines Kaufs hat der Verkäufer den Käufer beerbt, oder umgekehrt, dieser jenen. Dann wird die erkaufte Sache evinciert. Nun hatte der Verkäufer, als er seinerseits die Sache erkauft hatte, sich Eviktionsversprechen geben und, wie üblich, Bürgen stellen lassen. Es fragt sich, ob diese Bürgen in Anspruch genommen werden können. Es könnte eingehalten werden, daß dem Verkäufer die Sache nicht evinciert worden sei, da er sie ja verkauft habe (vgl. das principium unserer l.), daß er aber auch einen Rückgriff des Käufers nicht zu fürchten habe, weil das Rechtsverhältnis, auf Grund dessen derselbe ausgeübt werden könnte (der zweite Kauf, mochte er nun mit Eviktionsstipulation verknüpft sein, oder nicht), confundiert sei. Dieses Bedenken wird beseitigt durch das Argument, daß die rechtliche Ausübung des Anspruchs ersetzt werde durch die Abrechnung zwischen dem Erbvermögen und dem Eigengut des Erben: *„ratio quaedam inter heredem et hereditatem ponitur“*. Infolge dieser Abrechnung erleidet der Verkäufer gerade so gut einen Vermögensverlust, als wäre er vor der Confusion auf Grund seiner Eviktionshaftung vom Käufer in Anspruch genommen worden, und deshalb kann er (oder sein Erbe) seinerseits aus dem ihm geleisteten Eviktionsversprechen klagen. Und zwar kann der volle Betrag dieser

Eviktionsstipulation, also das versprochene *duplum* gefordert werden. Dagegen ist wohl zu beachten, daß bei der Abrechnung zwischen Erbvermögen und Eigengut des Erben das Interesse an der Nichteviktion nur einfach, nicht doppelt, in Ansatz gebracht werden kann, auch da, wo die Haftung für Eviktion auf besonderer Eviktionsstipulation beruht:

l. 48 D. ad leg. Falc. 35, 2. Paul. lib. II. ad edict. curul.: „*Cum emptor venditori vel contra heres extitit, evicto homine utrum duplum in aes alienum deducere vel computare debeat, an simplum? duplum enim esset, si alius heres extitisset. et benignius est, eodem herede existente simplum ei imputari.*“

Diese Bestimmung ist, wie auch aus der Begründung unserer Stelle hervorgeht, eine Anomalie, die wahrscheinlich darauf beruht, daß das *duplum* sich als Strafgeld darstellt, während ein solches zwischen den beiden einem Herrn zuständigen Vermögensmassen nicht zur Abrechnung kommen soll.[28]

ad b) Beerbt der Käufer den Eigentümer der verkauften Sache, oder umgekehrt, dieser jenen, so kann zwar die Eviktionsstipulation selbst nicht verfallen, weil sie auf die Bedingung der nunmehr unmöglich gewordenen Eviktion gestellt ist.[29] Wohl aber kann der Käufer sein Interesse mit der *a. emti* einklagen:

---

[28] Man vgl. die ähnliche Entscheidungen der l. 9 § 6 D. de pecul. 15, 1 und der l. 9. § 1 D. de pec. leg. 33, 8. Im Resultate, nicht in der Begründung stimmt mit der im Texte aufgeführten Stelle die l. 41 pr. D. de evict. 21, 2 überein, wo der Jurist ohne Not auf die *a. emti* recurriert. Für das moderne Recht ist die Entscheidung der l. 48 D. ad leg. Falc. jedenfalls in der Hinsicht noch praktisch, als entsprechend die für den Fall der Entwehrung etwa versprochene Schadenersatzsumme nur soweit sie das wahre Interesse des Käufers nicht übersteigt, in Ansatz gebracht wird. Dagegen kommt die im Eviktionsversprechen festgesetzte Summe voll in Ansatz, wenn es sich nicht um Abrechnung zwischen Erbschaft und Eigengut handelt, sondern um den, einem Dritten gegenüber zu erhebenden Anspruch. Dies wird durch l. 2 § 15 i. f. D. de hered. vend. 18, 4 bewiesen; nach ihr kann der Käufer, der Eviktionsversprechen erhalten, dann den Verkäufer beerbt und dessen Erbschaft verkauft hat, im Falle der Eviktion des erkauften Sklaven vom Käufer der Erbschaft den Betrag der Eviktionsstipulation, trotzdem diese von der Confusion betroffen worden war, voll verlangen.

[29] Man kann die Voraussetzung dieses Falles schärfer dahin fassen,

l. 9 D. de evict. 21, 2: „*Si vendideris servum mihi Titii, deinde Titius heredem me reliquerit, Sabinus ait amissam actionem pro evictione, quoniam servus non potest evinci; sed in ex emto actione decurrendum est.*“[30]

Dieses Interesse besteht aber hier offenbar nicht, wie sonst, im Ersatz für das *habere non licere* — der Käufer behält ja die erkaufte Sache als Erbe des Eviktionsberechtigten — sondern in dem Betrage, um den die Erbschaft wegen des ihr zuständigen Anspruchs, mit dem die Eviktion hätte ausgeübt werden können, reicher erscheint. Das Interesse des Käufers wird sich hiernach sehr verschieden stellen, je nachdem er den Eigentümer der erkauften Sache, oder einen sonstigen Eviktionsberechtigten, etwa einen Pfandgläubiger oder sonst an der Sache dinglich Berechtigten beerbte.

Im römischen Rechte treten einige Fälle hervor, in denen die hier entwickelte Idee der Confusionswirkung durch andere Erwägungen gekreuzt wird. Der eine begegnet uns in der Lehre von der Erbunwürdigkeit. Dem Erbunwürdigen werden die durch seinen Erbantritt confundierten Rechte nicht restituiert, wenn beim Indignitätsgrunde ein *dolus* seinerseits mitspielt.[31] In Wahr-

---

daß hier von der Confusion derjenige Anspruch betroffen wird, durch dessen Ausübung allein der Verfall der Eviktionsstipulation hätte herbeigeführt werden können; dies braucht nicht immer die *rei vindicatio* zu sein, sondern kann jeder andere Anspruch sein, mit dem die Entwehrung hätte herbeigeführt werden können, die *a. Serviana*, *confessoria* etc. Es gehört also in diese Gruppe nicht allein der in den Quellen ausschließlich berücksichtigte Fall, daß Eigentümer und Käufer zusammenfallen, sondern jeder Fall, wo Confusion zwischem dem Käufer und einem Eviktionsberechtigten stattfindet.

[30] Ebenso l. 41 § 1 D. de evict. 21, 2.

[31] Anwendungsfälle in den Quellen: Der Erbe, welcher wissentlich den Mord des Erblassers ungerächt läßt, verliert nicht nur die Erbschaft, sondern erhält auch die confundierten Ansprüche, welche ihm gegen den Erblasser zustanden, nicht restituiert:

l. 17 D. de his quae ut indign. 34, 9.

ebensowenig hat er das Recht, sich ihretwegen aus der Erbschaft zu befriedigen:

l. 21 § 1 D. de S. C. Silan. 29, 5.

in specieller Anwendung auf ein der Erbin von der Erblasserin geschuldetes Fideicommiss.

heit verliert hierdurch der Erbe nicht nur die Erbschaft, sondern erleidet auch einen Verlust an Eigenvermögen, also einen Verlust, der durch den Gedanken der Indignität an sich nicht erfordert wird. Es wirkt hier die römische Idee mit, daß die Ausgleichung der strikten Confusionsfolgen auf der Billigkeit beruht, deren Anwendung der in Arglist befindliche Erbe verscherzt hat.[32] Es kann fraglich erscheinen, ob diese Entscheidung der modernen Auffassung der Confusionswirkung noch entspricht. M. E. ist dies nicht der Fall. Denn hier erscheint die Wiederherstellung der erloschenen Rechte beim Auseinanderfallen der confundierten Vermögensmassen nicht mehr als besondere That der *aequitas*, sondern als bloße Konsequenz der durch die Confusion nicht alterierten Zugehörigkeit des Rechts als Vermögensbestandteil zum Eigenvermögen des Erben.

Eigentümlich sind auch einige Sätze, welche in die Lehre von der Falcidischen Rechnung einschlagen. Während regelmäßig der Erbe seine confundierte Forderung gegen den Erblasser vorweg abzieht, kann Letzterer ihm auflegen, daß er sich wegen seiner Forderung durch die Falcidische Quart, die er als Erbe zurückbehält, für befriedigt erachte. Dann erhält der Erbe nicht den Betrag seiner Forderung und die nach Abzug derselben von dem Restbetrage der Erbschaft berechnete Quart, sondern nur die (ohne vorherigen Abzug) berechnete Quart, sowie denjenigen Betrag, um den die Forderung etwa die Quart übersteigt, also durch dieselbe noch nicht gedeckt ist.[33]

Dasselbe spricht für die Servitutenconfusion

l. 18 § 1 D. de his quae ut indign. 34, 9.

aus. Der nicht in Arglist befindliche Erbunwürdige kann Wiederherstellung der confundierten Rechte verlangen, vgl.

l. 17 D. de his quae ut indign. 34, 9, l. 21 § 1 D. de S. C. Silan. 29, 5.

Ebenso hat zweifellos derjenige, an welchen die Erbschaft infolge der Unwürdigkeit des Erben fällt, Anspruch auf Wiederherstellung etwa confundierter erbschaftlicher Rechte dem Erbunwürdigen gegenüber, s. Lefebvre, de la confusion S. 50.

[32] „*dolus heredis punitus est*“ (l. 21 § 1 D. ad S. C. Silan. 29, 5), „*nec probe desideraturum actionem confusam restitui*“ (l. 17 D. de his quae ut indign. 34, 9).

[33] Technischer Ausdruck für diese Anordnung des Testators ist Einsetzung *compensandi gratia*. Die Anordnung ist an keine Form gebunden,

Der Erbe fährt hier natürlich schlechter, als bei Vorwegabzug seiner Forderung, weil er, soweit er seine Forderung auf die Quart compensieren muß, dasjenige, was er in die Quart erhält, in Wahrheit nicht als Liberalität des Erblassers, sondern zur Deckung seiner Forderung hat. Eine solche Verfügung des Erblassers enthält also eine verhüllte Entziehung oder wenigstens Schmälerung der Quart und da vor der Novelle 1 cap. 2 § 2 die auf den Quartabzug bezüglichen Normen zwingendes Recht waren, so muß es streng genommen befremden, daß eine derartige Verfügung aufrecht erhalten wurde. Sie wird es auch nur in den erwähnten engumschriebenen Grenzen, d. h. die Compensationsauflage darf nur eine Forderung betreffen, die der Erbe gegen den Erblasser selbst hatte, die also mindestens zum Teil[34] durch Confusion zu Grunde gegangen ist. Forderungen gegen Dritte, also nicht confundierte Forderungen auf die Falcidia zu compensieren, kann dem Erben nicht angesonnen werden.[35] So erweist sich auch hier, daß die Eigenschaft des confundierten Rechts als Vermögensbestandteil nicht überall mit gleicher Konsequenz berücksichtigt worden ist. Seitdem der Erblasser nach Nov. 1 cap. 2 § 2 in der Lage ist, das Recht der Erben auf die Quart auszuschließen, hat übrigens auch diese Singularität ihre praktische Bedeutung größtenteils verloren.[36]

---

es genügt der klar ersichtliche Wille des Erblassers, daß der erbende Gläubiger seine Forderung nicht vorweg abziehen, sondern mit dem, was er aus der Erbschaft erhalten, compensieren solle (arg. l. 85 D. de leg. II 31: „*si voluntas testatoris compensare volentis evidenter non ostenderetur*"), um so mehr Verfügungen, wie in l. 77 § 31 D. de leg. II: „*ne fideicommissum ex testamento Sei retineat*", oder in l. 12 D. ad leg. Falc. 35, 2: „*ne in ratione legis Falcidiae ponenda creditum suum legatariis reputaret*", s. Kretschmar, Erbrechtliche Compensationen S. 66, 13.

[34] Zum Teil, wenn der Erbe Teilerbe war, ganz, wenn er Alleinerbe war.

[35] Hiervon giebt es nur eine Ausnahme: Es kann dem Teilerben auferlegt werden, sich durch dasjenige, was er aus der Erbschaft erhält, für befriedigt zu erachten nicht nur wegen des auf ihn übergegangenen, also confundierten Teils der Forderung, die ihm gegen den Erblasser zustand, sondern auch wegen derjenigen Teile, zu denen die Schuld des Erblassers auf die Miterben übergegangen, also nicht confundiert ist, arg. l. 77 § 7 D. de leg. II 31. Vgl. hierzu Kretschmar, Erbrechtliche Compensationen S. 78 f.

[36] Kretschmar, Erbrechtliche Compensationen S. 108.

§ 10.

Wesen, Bedeutung und Begrenzung der Befriedigungswirkung der Confusion.

In den beiden vorhergehenden Paragraphen ist die Confusionswirkung in ihren Grundzügen dargestellt worden. Die Wirkung speciell auf Obligationen macht jedoch noch eine Sonderbetrachtung notwendig, indem ihr Verhältnis zur Zahlung klarzustellen ist. Über keinen Punkt in der Confusionslehre sind die Meinungen so geteilt, als über diese Frage. Die Quellen enthalten eine principielle Lösung nicht, sondern ziehen bald, wo es ihnen passend erscheint, den Gesichtspunkt der Zahlung heran, bald stellen sie seine Anwendbarkeit in Abrede, ohne die Verschiedenheit der Auffassung tiefer zu begründen. Ja, auch der Vergleichungspunkt ist nicht in allen Fällen derselbe. In einigen ist es ausschließlich die *ipso iure* Wirkung der Zahlung, ohne daß auf die ihr innewohnende materielle Befriedigung Gewicht gelegt würde. So z. B. in

> l. 21 § 1 D. de lib. leg. 34, 3. *„Unde Iuliano placuit, et si debitori heres extiterit creditor posteaque ipse creditor decesserit, legatum extingui: et hoc verum est, quia confusione perinde extinguitur obligatio, ac solutione“*,

wozu zu vergleichen das principium derselben l.: *„Si id, quod mihi deberes vel tibi vel alii legavero idque mihi solveris vel qualibet alia ratione liberatus a me fueris, extinguitur legatum.“*

Für die Entscheidung, daß das Forderungs- bez. Liberationslegat erlischt, wenn die Forderung vor dem Anfall des Legats durch Confusion untergeht, kommt es nur auf die Liberationswirkung der Confusion an, nicht darauf, ob sie die Wirkung materieller Befriedigung mit sich geführt hat: *„vel qualibet alia ratione a me liberatus fueris“*[1]

---

[1] Zu beachten ist, daß zu Julians Zeit das Liberationsvermächtnis infolge des vor dem Anfall erfolgten Todes des Bedachten (nämlich des Schuldners) *in causa caduci* ist. Im Sinne Julians besagt daher unsere Stelle, daß die Confusion auch diejenigen Wirkungen tilgt, welche die Caducität übrig läßt (also den Anspruch Dritter auf das in *causa caduci* Befindliche ausschließt).

Die Confusion wird hier in keinem anderen Sinne mit der Zahlung verglichen, als anderwärts[2] mit der *acceptilatio.* Auch hier bildet ausschließlich die *ipso iure* Wirkung den Vergleichspunkt zwischen beiden Rechtsaufhebungsgründen.

Oder aber, die Confusion wird in dem Sinne mit der Zahlung verglichen, daß das *tertium comparationis* die Wirkung der Befriedigung bildet.[3] Dies ist theoretisch viel wichtiger, weil die Confusion in den Fällen, wo die Vergleichung in diesem Sinne erfolgt, denjenigen obligationsaufhebenden Thatsachen beigesellt wird, welche wegen ihrer satisfaktorischen Wirkung den übrigen Tilgungsgründen gegenüber eine Sonderstellung einnehmen.[4] Daher liegt ein erhebliches Interesse vor, die Frage, wann die Confusion mit der Wirkung der Befriedigung verknüpft ist und worauf diese beruht, principiell zu lösen.[5]

Die Beobachtung, von welcher wir hierbei auszugehen haben, ist folgende: Die Confusion wirkt stets *ipso iure,* aber sie ist nicht immer mit der Wirkung der Befriedigung verknüpft. Letztere ist ein Plus, welches in vielen Fällen zur *ipso iure* Wirkung hinzutritt, in andern aber fehlen kann. So ist in l. 61/59 D. ad S. C. Treb. 36, 1 (vgl. oben § 8 in und bei Note 33) die Obligation zwar durch Confusion vernichtet, aber ohne Befriedigungseffekt:

---

[2] l. 107 D. de solut. 46, 3: „*Verborum obligatio aut naturaliter resolvitur, aut civiliter: naturaliter, veluti solutione aut cum res in stipulationem deducta sine culpa promissoris in rebus humanis esse desiit: civiliter veluti acceptilatione vel cum in eandem personam ius stipulantis promittentisque devenit*“, cf. auch l. 75 D. eod.

[3] So besonders in l. 95 § 2 D. de solut. 46, 3, l. 41 § 2 D. de evict. 21, 2, vgl. auch l. 1 § 18 D. ad leg. Falc. 35, 2. Die im Text gemachte Unterscheidung finde ich nachträglich noch bei Brunetti, Arch. giurid. Bd. 48 S. 157 Note 3.

[4] Näheres über diesen Unterschied: Brinz, Pand. II § 289 S. 435 f., vgl. auch oben § 8 S. 129.

[5] Die Versuche hierzu datieren bis zur Postglossatorenzeit zurück. Angeführt werden mag die Lösung des Bartolus (ad l. 71 D. de fideiuss. 46, 1, Tom. VI fol. 75/76): „*Successio vim solutionis habet, quando ex hoc nullum incommodum patitur heres. Sed cum essent duo rei, haberet incommodum, si haberet vim solutionis successio.*“ Mehr als ein historisches Interesse kann ihr nicht beigemessen werden. Die zahlreichen Lösungsversuche der Neueren sind einschlagenden Orts zu berücksichtigen.

„verum est enim, non esse solutam pecuniam“; das Gleiche gilt für den Fall der oben § 8 S. 122 erörterten l. 71 pr. D. de fideiuss. 46, 1. Diesen Fällen stehen andere gegenüber, in denen die Entscheidung nicht schlechthin auf die rechtsvernichtende Wirkung der Confusion, sondern speciell auf die ihr innewohnende Wirkung der Befriedigung gebaut wird. Besonders offensichtlich ist dies in l. 41 § 2 D. de evict. 21, 2 (vgl. oben § 9 nach Note 27) und in l. 95 § 2 D. de solut. 46, 3, wo mit den Worten *„Aditio hereditatis- nonnunquam iure confundit obligationem- aliquando pro solutione cedit“ ipso iure-* und Befriedigungswirkung direkt einander gegenübergestellt werden. Das Problem besteht daher darin, daß die *ipso iure* Wirkung der Confusion bald rein für sich erscheint und die weiter gehenden Wirkungen, welche die mit ihr verknüpfte materielle Befriedigung herbeiführen würde, abgelehnt werden, bald dergestalt organisch mit der Zahlungswirkung verknüpft ist, daß gerade letztere der die Entscheidung bestimmende Faktor ist.

Ist diese Formulierung des Problems richtig, so kann die Confusionswirkung nicht auf die Wirkung der Zahlung reduciert werden:[6] denn wie erklärte sich dann ihre Wirkung in den Fällen, wo ihr der Zahlungseffekt abgeht?[7] Es muß vielmehr in der Confusionswirkung ein variabler Faktor enthalten sein, auf dem es beruht, daß sie bald der Befriedigung gleich wirkt, bald nicht. Diesem gilt es auf die Spur zu kommen.[8] Vergegenwärtigen wir

---

[6] Auf der Identificierung der Confusionswirkung mit der Wirkung der Zahlung beruht die Theorie GIRTANNERS, Bürgschaft S. 501, 505 f. Vgl. gegen ihn FITTING, Natur der Correalobligationen S. 113 f., 116 f.

[7] Es ist bezeichnend, daß GIRTANNER hier thatsächlich mit den Quellen in Conflikt gerät. Er nimmt nämlich an, daß in der (oben im § 8 S. 123 f. erörterten) l. 61/59 D. ad S. C. Treb. 36, 1, wo die Confusion zugestandenermaßen die Wirkung der Zahlung nicht besitzt, die Forderung nicht erlösche, was mit l. 60/58 D. eod.: *„quoniam actio eo confusa per Trebellianum redintegrari non potest“* unvereinbar ist. Vgl. gegen GIRTANNER auch FITTING, Natur der Correalobligationen S. 116—118.

[8] So falsch es ist, den inneren Grund der Confusionswirkung in eine fiktive Zahlung zu verlegen, da vielmehr ein selbständiger Grund in dem Zusammentreffen der rechtlich unvereinbaren Eigenschaften des Gläubigers und Schuldners existiert: so verkehrt ist es andererseits, die Erscheinung,

uns daher zunächst die grundlegenden Entscheidungen der Quellen. Nach ihnen wird der Confusion bei der einfachen Obligation regelmäßig die Wirkung der Zahlung beigemessen, und zwar selbst dann, wenn die Erbschaft insolvent ist.[9] Dagegen hat die Confusion im Correalverhältnisse Zahlungswirkung nicht und zwar auch dann nicht, wenn die Erbschaft solvent ist.[10] Worauf beruht dieser Unterschied? Wir wenden uns zunächst zur Erörterung des ersten Punktes.

Daß der Confusion da, wo nur ein Gläubiger und ein Schuldner einander gegenüberstehen, die Wirkung der Befriedigung zukommt, ist bei solventer Erbschaft die einfache Consequenz der in § 8 und 9 entwickelten Natur der Confusionswirkung. Da das Recht als Vermögensbestandteil von der Confusion nicht betroffen, sondern nur seine formal-juristische Existenz zerstört wird, (vgl. den Eingang des § 9), so konkurriert der Gläubiger überall, wo nur der vermögensrechtliche Inhalt der Obligation in Betracht kommt, mit den übrigen Berechtigten. Der erbende Gläubiger deckt sich wegen seiner Forderung aus der Erbschaft; umgekehrt muß der erbende Schuldner der Erbschaft den Betrag seiner Schuld zu Gute rechnen, was sich praktisch darin zeigt, daß er um so viel höher mit Vermächtnissen belastet werden kann. Hier liegt die Verwandtschaft der Confusionswirkung mit der Zahlungswirkung auf der Hand. Thatsächlich wird der einen Vermögensmasse der dem Inhalt der Forderung entsprechende Vermögenswert zu Gunsten der anderen entzogen, wie die Zahlung das gleiche Resultat unter den Vermögen verschiedener Subjekte herbeiführt. Aber der recht-

---

daß sich mit der *confusio* die Wirkung der Befriedigung verbinden kann, zu ignorieren und zu verkennen, daß auch dieser Umstand einer Erklärung bedürftig ist. Wenn Schwedler (S. 33) schon in dem Versuch einer Erklärung in diesem Sinne eine „bedenkliche Annäherung an die Solutionstheorie" sieht, so hätte ein schärferes Durchdenken des Problems und vor allen Dingen eine eingehendere Würdigung der Quellen ihn vielleicht zu der Erkenntnis gebracht, daß der Versuch, die Befriedigungswirkung der Confusion zu erklären, nicht ihre Identificierung mit der Zahlung bedeutet und sehr wohl mit ihrer Auffassung als „selbständiger Aufhebungsart der Obligation" (G. Kretschmar, Secum pensare S. 50) verträglich ist.

[9] l. 33 D. solut. matr. 24, 3.

[10] l. 71 pr. D. de fideiuss. 46, 1.

liche Vorgang, an welchen sich diese Wirkung bei der Confusion knüpft, ist ein anderer, als bei der Zahlung. Bei der Confusion wird die Wirkung der Befriedigung erreicht durch die Einstellung der confundierten Obligation als Vermögenspost bei der Abrechnung zwischen Erbschaft und Eigengut des Erben.

„ratio quaedam inter hereditatem et heredem ponitur“.

Diese Abrechnung ist keine Zahlung im Rechtssinne.[11] Nicht nur steht der Umstand entgegen, daß nach der Confusion eine Übereignung zur Zahlung dienender Münzen an den Gläubiger nicht mehr erfolgen kann, weil sie schon in seinem Eigentum stehen;[12] vor Allem ist es für den Befriedigungseffekt der Confusion gleichgiltig, ob der Erbe den erwähnten Ausgleich zwischen den Vermögensmassen vornehmen will, oder nicht, während die Zahlung Willensakt des Zahlenden ist. Dieser Punkt ist von entscheidender Bedeutung.

Die Voraussetzungen, unter denen der Confusion die Wirkung der Zahlung zukommt, sind objektiv bestimmt und dem Willen des Erben entzogen; zugleich stehen sie im innigsten Zusammenhange mit den Vorschriften, welche die Einstellung der confundierten Obligation als Vermögenspost bei der Berechnung des Bestandes der Erbschaft normieren. Wo diese Einstellung vorzunehmen ist, ist Zahlungswirkung. Wo die Zahlungswirkung negiert wird, darf umgekehrt die Forderung nicht in Rechnung gezogen werden. Dieser Zusammenhang wird dargethan durch die bisher ganz unbeachtet gebliebene

l. 8 § 12 D. ad S. C. Vell. 16, 1: *„Si mulieri heres exstiterit creditor, videndum, an restitutoria uti non possit. et ait Iulianus libro duodecimo restitutoria eum nihilo minus usurum, non immerito, cum non obligatae cum effectu successerit: denique in Falcidia hoc aes alienum non imputabitur,“*

---

[11] Vgl. auch M. Rümelin, Selbstcontrahieren des Stellvertreters S. 137, 138 und Waldner, Die correale Solidarität S. 71, 75 f. Letzterer geht aber zu weit, wenn er nicht nur betont, daß die Confusion keine „Befriedigungsform“ sei, sondern ihr (im Gegensatz zur Compensation S. 75) jede Befriedigungswirkung abspricht. Im engen Anschluß an Waldner: Mosler, Zur Lehre von der Konfusion S. 39 f.

[12] G. Kretschmar, Secum pensare S. 46.

Beerbt der Gläubiger eine Frau, welche auf dem Wege privativer Intercession seine Schuldnerin geworden ist, so fragt es sich, ob er den ursprünglichen Schuldner noch, wie vor der Confusion mit der *a. restitutoria* belangen kann. Stände die Confusion einer von der Frau wirksam geleisteten Zahlung gleich, so könnte er es offenbar nicht. Aber diese Wirkung wird stillschweigend in Abrede gestellt. Der Gläubiger gilt nicht als auf die Intercessionsschuld hin befriedigt, weil die Erblasserin ihm nicht wirksam verpflichtet war. Daher bleibt ihm die *restitutoria* gegen den ursprünglichen Schuldner, aber — hier offenbart sich der oben besprochene Zusammenhang — er darf auch der Erbschaft keine Deckung für die Intercessionsschuld entnehmen und deshalb seine Forderung nicht bei der Falcidischen Rechnung als Erbschaftspassivum in Abzug bringen. Denn thäte er dies, so legte er eben damit der Confusion die Wirkung der Befriedigung bei, während die mangelnde Befriedigung die Voraussetzung für die Gewährung der *a. restitutoria* ist.

Damit also der Confusion die Wirkung der Befriedigung zukomme, ist es nötig, daß die confundierte Obligation mehr als eine bloße formale Existenz führte, daß ihr mindestens naturale Wirsamkeit zukam. Wo, wie in unserem Falle die Obligation mit einer Einrede behaftet ist, die nicht einmal den naturalen Bestand übrig läßt, cessiert die Wirkung der Befriedigung und damit die Befugnis des Gläubigers, seine Forderung als Erbschaftspassivum vorweg abzuziehen. Dagegen führt auch eine sehr abgeschwächte Naturalobligation (z. B. diejenige, die sich gegen den Geschlechtsunreifen richtete, der ohne vormundschaftliche Mitwirkung contrahiert hatte, (vgl. l. 95 § 2 D. de solut. 46, 3 und oben § 9 S. 134, 135) zur Verknüpfung der Befriedigungswirkung mit der Confusion.

Nach den vorstehenden Ausführungen würde die Befriedigungswirkung in allen den Fällen erklärt sein, wo die mit der Schuld belastete Masse solvent ist. Hier geht mit der Abrechnung wirklich ein der Zahlung der Forderung entsprechender realer Ausgleich zwischen den verschiedenen Vermögensmassen vor sich.[13] Wie

---

[13] Ausschließlich diesen Fall hat Brinz, Pand. II § 289 S. 436 im

aber, wenn die mit dem Passivum belastete Masse insolvent ist? Von einer der Zahlung correspondierenden materiellen Deckung ist hier keine Rede und doch wird in

l. 33 D. solut. matr. 24, 3. Africanus libro septimo quaestionum. „*Quae dotis nomine certam pecuniam promiserat, quosdam adhibuerat, qui stipularentur partem dotis distracto matrimonio sibi solvi: ea nulla data dote obierat eodem marito suo herede relicto: is damnosam hereditatem eius adierat. nihilo minus stipulatoribus tenebitur, quoniam adeundo hereditatem debitricis intellegeretur secum pensasse: nec ad rem pertinere, quod solvendo non esset hereditas, quando ceteris etiam creditoribus teneatur*“

einer unter solchen Umständen erfolgten Confusion die Wirkung der Befriedigung beigemessen. Denn lediglich die Erwägung, daß der Ehemann die versprochene *dos* von seiner Frau zwar nicht durch reelle Zahlung erhalten, daß er sich aber als Erbe der Frau wegen dieser Forderung für befriedigt zu erachten habe, schlägt die Brücke zur Haftung des Ehemanns den dritten Stipulatoren gegenüber.[14] Worauf beruht diese Befriedigungswirkung der Confusion trotz Insolvenz der Erbschaft? Die Antwort ist im Schlußsatz der Stelle erhalten:

„*adeundo hereditatem debitricis intellegitur secum pensasse.*“

Die Confusion bringt dem Ehemanne nicht nur einen Vermögensverlust, sofern er in seiner Eigenschaft als Gläubiger der Forderung verlustig geht, sondern auch einen Gewinn, sofern er als Erbe der Schuldnerin von der Schuld frei wird. Diese Befreiung muß er sich hier, wo die Rechte dritter Personen von der Frage abhängig sind, ob der Confusion die Wirkung der Befriedigung zukommt, als Äquivalent für seine Forderung anrechnen, und zwar wegen des Satzes, daß jeder Schuldner sich selbst solvent ist, trotz Insolvenz der Erbschaft zum vollen Betrage. Hiermit wird für die Wirkung der Confusion bei überschuldeter Erbschaft die Erklärung G. Kretschmars, Secum pensare S. 41 f.,

---

Auge, wenn er die Confusion bei solventer Erbschaft zu den Aufhebungsgründen, welche Befriedigung für den Gläubiger mit sich bringen, rechnet.

[14] Vgl. Kretschmar, Secum pensare S. 47 f. Unrichtig Schwedler, Erlöschen der Schuldverhältnisse S. 50.

wonach der Befriedigungseffekt auf einer Erwerbscompensation[15] beruht, voll angenommen. Ist dagegen die Erbschaft solvent, so wird die Befriedigungswirkung meines Erachtens nicht in erster Linie auf die Idee der dem Forderungsuntergang correspondierenden Schuldbefreiung gestützt, sondern vor allem auf die durch Abrechnung erfolgende Überführung von Vermögenswerten aus der Erbschaft in das Eigenvermögen, oder aus diesem in jenes, eine Abrechnung, die, wie oben erörtert, zwar keine Zahlung im Rechtssinne ist, aber doch in Ansehung des vermögensrechtlichen Erfolges (für die Begrenzung der Rechte Dritter gegen den Erben und umgekehrt) dieselbe Wirkung hervorbringt, wie reale Zahlung.

Es ist daher wohl zu beachten, daß die Entscheidung der l. 33 D. solut. matr. in engster Beziehung zu der unbeschränkten Haftung des Erben für die Nachlaßschulden steht.

Nur weil der erbende Gläubiger verpflichtet ist, die Schulden des Erblassers trotz Überschuldung des Nachlasses voll zu tilgen, muß er sich die durch Confusion herbeigeführte Befreiung von der Schuld als Befriedigung zum vollen Betrage anrechnen. Es ist dies die Kehrseite seiner Befugnis, sich trotz der Confusion wegen seiner Forderung aus den Mitteln des Nachlasses zu decken. Diese Befugnis cessiert principiell auch bei Überschuldung des Nachlasses nicht. Nur wird sie wegen des Princips der unbeschränkten Haftung des Erben den andern Mitgläubigern gegenüber mindestens zum Teil wirkungslos. Was nützt es dem erbenden Gläubiger, daß ihm an sich die Befugnis zusteht, sich aus den Erbschaftsaktivis zu befriedigen, wenn die Forderungen der anderen Gläubiger diese völlig aufzehren? Daß aber die erwähnte Befugnis keineswegs aufgehoben, sondern nur durch das Princip der unbeschränkten Erbenhaftung in ihrer Wirkung zurückgedrängt ist, läßt sich auf das Klarste durch folgende Sätze erweisen:

1. Der Ausschluß des erbenden Gläubigers von der Befriedigung aus der Erbschaft gilt nur den Erbschaftsgläubigern, nicht den Vermächtnisnehmern gegenüber.[16] Bleibt nach Befriedigung

---

[15] die hier kraft Rechtens an den Erbantritt geknüpft wird, vgl. S. 57 a. a. O.

[16] Es sei denn, daß der Erbe nach vorheriger Erbittung einer Überlegungsfrist das Inventar nicht oder nicht formgerecht errichtet hat und des-

der Gläubiger ein Rest, wie es geschehen kann, wenn die Überschuldung des Nachlasses gerade auf der Forderung des Erben beruht, während er zur Tilgung der übrigen Schulden mehr als ausgereicht haben würde, so verwendet ihn der Erbe unter Ausschluß der Vermächtnisnehmer zur Deckung seiner Forderung, wie er ja auch bei solventer Erbschaft den Vermächtnisnehmern gegenüber den Betrag seiner Forderung als Erbschaftspassivum vorweg abzieht.

2. Cessiert die unbeschränkte Haftung des Erben, was in einem Einzelfalle schon nach classischem Rechte vorkommt,[17] besonders aber nach justinianischem Rechte als Folge der Inventarserrichtung eintritt,[18] so steht der erbende Gläubiger hinsichtlich der Befugnis, sich wegen seiner confundierten Forderung aus der Erbschaft zu befriedigen, mit den anderen Gläubigern des Erblassers auf gleicher Stufe. Es bedarf also hier nicht der Annahme, daß die Confusion infolge der Inventarserrichtung aufgehoben werde.[19] Die Inventarserrichtung beseitigt nicht die Confusion, sondern nur die mit der unbeschränkten Erbenhaftung zusammenhängende Erscheinung, daß der Erbe hinsichtlich der Befriedigung wegen seiner confundierten Forderung hinter den anderen Erbschaftsgläubigern zurücktritt.

Hätte also in unserem obigen Falle der erbende Ehemann ein Inventar errichtet, so würde er den dritten Stipulatoren keineswegs über den Bestand des Nachlasses hinaus haften, sondern ihnen die stipulierte Hälfte nur von demjenigen Betrage, den er wirklich auf seine Forderung aus der Erbschaft erhalten hat, herausgeben.

Aus den vorstehenden Erörterungen erhellt, daß die Befriedigungswirkung der Confusion nicht durchgängig auf ein und dasselbe Princip zurückgeht. Reine Consequenz der in den §§ 8

---

halb nach Nov. 1 cap. 2 auch den Vermächtnisnehmern unbeschränkt haftbar geworden ist. Vgl. hierzu Windscheid, Pand. III § 606 Note 18, Brinz, III § 399 S. 213, Kretschmar, Erbrechtliche Compensationen S. 44.

[17] l. 1 § 6 D. de separ. 42, 6.

[18] l. 22 § 9 C. de iure delib. 6, 30.

[19] Trotzdem es nach dem Wortlaut der l. 22 § 9 C. de iure delib. so scheinen könnte. Vgl. darüber unten § 15.

und 9 dargestellten Natur der Confusionswirkung ist der Befriedigungseffekt nur, soweit die schuldende Masse Mittel zur realen Deckung gewährt. Wo trotz des Mangels solcher Mittel Befriedigungswirkung angenommen wird, greift ein Satz ein, der auf einer specifischen Eigentümlichkeit des die Confusion herbeiführenden Thatbestandes beruht — der Grundsatz von der unbeschränkten Haftung des Erben. Wo diese unbeschränkte Haftung in Wegfall kommt, also namentlich infolge der Errichtung eines Inventars durch den Erben, schwindet bei Überschuldung der Erbschaft sofort die Befriedigungswirkung der Confusion, trotzdem diese ihr Wesen nicht geändert hat, sondern lediglich das ihr zu Grunde liegende Rechtsverhältnis in dem einen Falle anders normiert ist, als im anderen.

Wir wenden uns nunmehr zu der zweiten Frage: Worauf beruht es, daß der Confusion im Correalverhältnisse die Wirkung der Befriedigung abgeht? und fassen zunächst die entscheidende Stelle, l. 71 pr. D. de fideiuss. 46, 1, soweit sie für unsere Frage in Betracht kommt, ins Auge.

Paulus libro quarto quaestionum: „*Granius Antoninus pro Iulio Pollione et Iulio Rufo pecuniam mutuam accipientibus, ita ut duo rei eiusdem debiti fuerint, apud Aurelium Palmam mandator exstitit: Iulii bona ad fiscum venerunt: similiter et creditori fiscus successerat. mandator allegabat se liberatum iure confusionis, quia fiscus tam creditori quam debitori successerat. et quidem si unus debitor fuisset, non dubitabam sicut fideiussorem, ita et mandatorem liberatum esse: quamvis enim iudicio convento principali debitore mandator non liberetur, tamen ubi successit creditor debitori, veluti solutionis iure sublata obligatione etiam mandator liberatur, vel quia uon potest pro eodem apud eundem quis mandator esse. sed cum duo rei promittendi sint et alteri heres exstitit creditor, iusta dubitatio est, utrum alter quoque liberatus est, ac si soluta fuisset pecunia, an persona tautum exempta confusa obligatione. et puto aditione hereditatis confusione obligationis eximi personam; sed et accessiones ex eius persona liberari propter illam rationem, quia non possunt pro eodem apud eundem obligati esse, ut quemadmodum incipere alias non possunt, ita nec remaneant. igitur alterum reum eiusdem pecuniae non liberari et per hoc nec fideiussorem vel mandatorem eius. plane quia is mandati iudicio eligere potest vel creditorem, competituram ei exceptionem doli mali, si coeperit conveniri. cum altero autem reo vel in solidum, si non fuerit societas, vel in partem, si socii fuerunt, posse creditorem agere. quod si creditor fideiussori heres fuerit vel fideiussor creditori, puto convenire confusione obligationis non liberari reum.*"

In einem passiven Correalschuldverhältnis hat zwischen dem gemeinsamen Gläubiger und einem der Schuldner Confusion stattgefunden. Wird hierdurch auch der andere Schuldner und werden die für diesen eingetretenen Bürgen frei? Die Frage wird verneint: „*Et puto, aditione hereditatis, confusione obligationis eximi personam*". Das Zusammenfallen eines Gläubigers und eines Correalschuldners hat also die Wirkung der Zahlung, mit der ein Hinübergreifen über die Personen der unmittelbar von der Confusion betroffenen Subjekte auf die Gesamtobligation verknüpft sein müßte, nicht.

Die bei der Erörterung unserer ersten Frage gewonnene Einsicht in die Quellen, aus denen die Befriedigungswirkung der Confusion entspringt, mahnt zur Vorsicht gegenüber der Annahme, welche die mangelnde Befriedigungswirkung der Confusion im Correalverhältnis als ein durch die rechtliche Natur der Correalobligation und der Confusionswirkung mit Notwendigkeit gefordertes Ergebnis hinstellt. Erkennt doch auch Paulus in der obigen Stelle ausdrücklich an, daß man wohl zweifeln könne, ob der Confusion nicht ein über die Personen der von ihr betroffenen Subjekte hinausgreifender Wirkung zukomme („*iusta dubitatio est*") und bezeichnet die abweichende Entscheidung ausdrücklich als Ergebnis seiner subjektiven Meinung. In der That folgt aus dem inneren Grunde der Confusionswirkung nur soviel, daß vom formal juristischen Standpunkt aus kein Anlaß dazu vorliegt, die Confusionswirkung auf die nicht betroffenen Beziehungen auszudehnen.[20] Ist aber hiermit schon die Nichtberechtigung der Idee einer in der Confusion liegenden Befriedigungswirkung nachgewiesen? Gerade dieses Bedenken ist es, das der Jurist aufwirft, indem er

[20] Vorausgesetzt jedoch, daß in dem Organismus der Correalobligation keine Nötigung zu solcher Ausdehnung begründet wäre, eine Frage, mit der sich übrigens nur die Einheitstheorie auseinanderzusetzen hätte.

zunächst bei der einfachen Obligation mit dem Gesichtspunkte der Befriedigung operiert und dann fortfährt: „*Sed cum duo rei promittendi sint, et alteri heres extiterit creditor, iusta dubitatio est, utrum alter quoque liberatus sit, ac si soluta fuisset pecunia, an persona tantum exemta, confusa obligatione?* Hierauf legen diejenigen Schriftsteller zu wenig Gewicht, welche die bloß persönliche Wirkung der Confusion mit logischer Notwendigkeit daraus hervorgehen lassen, daß die Confusion nur zwischen zwei der im Correalitätsverbande stehenden Subjekte eingetreten ist.[21] Es muß darüber hinaus die Frage aufgeworfen werden, weshalb der Confusion hier die ihr sonst zukommende Wirkung der Befriedigung abgeht, die ihr jene weitergreifende Wirkung verschaffen würde.[22]

Zur Beantwortung dieser Frage ist etwas weiter auszuholen. Bei der Correalobligation besteht ein eigenartiges Verhältnis zwischen ihrem vermögensrechtlichen Inhalte und dem juristisch formalen Obligationsapparate.[23] Letzterer wird aus einer Reihe von Einzelobligationen gebildet, die sich in der juristischen Struktur von einer einfachen Obligation nicht unterscheiden, aber zu funktionellen Zwecken in ein rechtlich geregeltes Verhältnis gegenseitiger Abhängigkeit gebracht sind, dergestalt, daß die Gesamtobligation als einheitlicher, bestimmten rechtlichen Zwecken dienstbarer Organismus erscheint. Ein wesentliches Element dieser Organisation ist die Concentrationsfähigkeit des vermögensrechtlichen Inhalts auf eine der verschiedenen persönlichen Beziehungen. Diese Concentration kann auf einem doppelten Wege herbeigeführt werden — positiv, durch einen Akt, welcher den vermögensrechtlichen Inhalt auf die betreffende persönliche Beziehung fixiert (Zahlung, Constitut, Novation, Litiscontestation nach classischem Recht), oder negativ, durch einen Akt, welcher eine der Be-

---

[21] So namentlich Windscheid, Pand. II § 295 Note 9 in der gegen Fitting gerichteten Bemerkung, und ihm folgend Schwedler, Erlöschen der Schuldverhältnisse S. 81. Vgl. dagegen Brinz, Pand. II § 253 Note 59 (S. 174).

[22] Vgl. Kretschmar, Secum pensare S. 51.

[23] Von einer Stellungnahme zu dem theoretischen Problem der Obligationseinheit oder -mehrheit kann an dieser Stelle abgesehen werden. Vgl. darüber § 12 a. E.

ziehungen eliminiert (*pactum de non petendo in personam*).[24] Das technische Mittel für die Herbeiführung dieser verschiedenen Wirkungen besteht darin, daß den positiv wirkenden Akten eine über diejenige Beziehung, in der sie sich ereignen, hinausgehende, die Gesamtobligation afficirende Wirkung beigelegt wird, während die eliminierenden Akte in ihrer Wirkung auf diejenige Beziehung, in der sie sich ereignen, beschränkt bleiben.

Rücksichtlich der Normierung dieser Wirkung befindet sich nun das Recht den einzelnen Aufhebungsgründen gegenüber in verschiedener Lage; bei einzelnen, und zwar namentlich solchen, die auf Willensakten der Parteien beruhen, kann die Art ihrer Wirkung — Beschränkung auf die Beziehung, in der sie sich ereignen, oder Hinübergreifen auf die Gesamtobligation — kaum zweifelhaft sein, weil der Parteiwille eine genügende Direktive giebt.[25] Anders verhält es sich mit den Aufhebungsgründen, denen dieses Kriterium mangelt. Hier kann es zweifelhaft werden, ob die Wirkung in dem einen oder dem anderen Sinne festzusetzen ist. Zu letzterer Kategorie gehört die Confusion. Denn einerseits läßt sich der Antritt der Erbschaft nicht ohne weiteres als ein Akt auffassen, mittels dessen der erbende Gläubiger den vermögensrechtlichen Inhalt der Gesamtobligation auf sich zu concentrieren gewillt ist; andererseits darf man auch nicht sagen, daß dem Erben durch die Confusion solche Concentration auf sich aus logischen Gründen unmöglich geworden sei.[26] Denn wenn bei der einfachen Obligation die der Confusion innewohnende Wirkung formeller Rechtsvernichtung die Befugnis des Erben, sich aus dem Nachlasse wegen seiner For-

---

[24] Von „Concentration“ wird also hier in einem von dem üblichen abweichenden Sinne gesprochen, indem darunter auch solche Akte begriffen werden, welche wie die Zahlung gleichzeitig mit der Fixierung des vermögensrechtlichen Inhalts der Obligation auf eine Beziehung die Gesamtobligation aufheben. In einem andern, lediglich die juristisch formale Seite berücksichtigenden Sinne spricht Windscheid, Pand. II § 296 von der Concentration.

[25] Zahlung, Erfüllungsversprechen einerseits, *pactum de non petendo in personam* andererseits.

[26] Darauf kommt die Argumentation Windscheids, Pand. II § 295 Note 9 am Ende hinaus; vgl. auch Schwedler, Erlöschen der Schuldverhältnisse S. 55.

derung zu befriedigen, nicht ausschließt, weshalb soll sie ihm principiell entgegenstehen, wenn es sich um eine im Correalitätsverbande stehende Forderung handelt?

Vom logischen Standpunkte aus läßt sich also ein überwiegender Grund weder für die Befriedigungswirkung, noch für die bloß eliminierende Wirkung der Confusion im Correalverhältnisse geltend machen. So scheint es das Nächstliegende, daß man dem Erben nach wie vor die Wahl ließe, ob er die Confusion als Erfüllung behandeln wolle oder nicht; nur müßte man verlangen, daß die gewählte Art des Wirkung in der Berechnung des Erbschaftsbestandes gerade so zum Ausdruck käme, wie bei der Confusion der einfachen Forderung. Daher der erbende Gläubiger, soweit er sich den Anspruch gegen den anderen Correalschuldner erhalten wollte, sich wegen der Forderung nicht aus den Mitteln der Erbschaft befriedigen dürfte (sie also bei der Falcidischen Rechnung nicht unter den Schulden vorweg abziehen dürfte), während er umgekehrt, wenn er der Confusion die Wirkung der Befriedigung beilegen wollte, zwar die Forderung bei der Falcidischen Rechnung abziehen, dann aber auch den anderen Correalschuldner nicht mehr belangen dürfte.

Einer solchen Regelung steht indessen der Gesichtspunkt der Praktikabilität entgegen. Er verlangt die Durchsichtigkeit der Wirkung der in das Leben der Correalobligation eingreifenden Akte. Die Frage, ob einem Rechtsaufhebungsgrund absolute oder bloß relative Wirkung zukomme, darf nicht von dem internen Akte der Abrechnung zwischen Eigengut und Erbschaft abhängig gemacht werden. Wenn also nur die Wahl bleibt, in objektiv giltiger Weise die Confusionswirkung in absolutem oder relativem Sinne zu normieren, so wird man dem Juristen Recht geben müssen, daß die relative Wirkung sowohl dem eigentümlichen Grunde, auf dem die Confusionswirkung beruht, als der speciellen Lage des Falls am besten entspricht. Ersterem, denn die Vereinigung hat sich nur zwischen zweien der im Obligationsverband stehenden Subjekte vollzogen, so daß die Ausdehnung der Wirkung über sie hinaus besonderer Rechtfertigung bedürfte. Der besonderen Gestaltung des Falls, denn bei Beerbung eines Correalschuldners durch den gemeinsamen Gläubiger wird regelmäßig das Interesse des erbenden Gläubigers nicht dahin gehen, die Vereinigung mit der Wirkung der Zahlung und damit gesamtzerstörlicher Wirkung auszustatten, sondern den anderen Schuldner zu behalten.[27]

Von der Lösung, welche G. Kretschmar (Secum pensare S. 40—56) aufgestellt hat,[28] unterscheidet sich die hier versuchte hauptsächlich in zwei Punkten.

Erstens wird dem Gesichtspunkt des durch Liberation vermittelten Erwerbs eine ausschlaggebende Bedeutung für die Befriedigungswirkung nur in dem Falle der Überschuldung der Erbschaft beigemessen.[29] Zweitens wird in dem Umstande, daß die Schuld des einen correus zur Zeit des Eintritts der confusio kein ausgemachtes *aes alienum* ist, noch kein unbedingt durchschlagender positiver Grund für die mangelnde Befriedigungswirkung erblickt, sondern weiter in Betracht gezogen, ob die Confusion ihrerseits eine positive Fixierung des vermögensrechtlichen Inhalts

---

[27] Regelmäßig, aber nicht ausnahmslos. Es läßt sich sehr wohl denken, daß dem Gläubiger mit der gesamtzerstörlichen Wirkung der Vereinigung besser gedient wäre. Man setze z. B. den Fall, daß der beerbte Schuldner durchaus zahlungsfähig, der übrig bleibende nicht ganz sicher sei, und daß ein Regreßverhältnis zwischen ihnen bestehe. Käme der Confusion die Wirkung der Zahlung zu, so könnte der Gläubiger, welcher den solventen Schuldner beerbt, seine Forderung als Erbschaftspassivum einstellen und gegen den andern Schuldner Regreß nehmen. Diese Heranziehung der Erbschaft zu seiner Befriedigung kann ihm namentlich dann von Wert sein, wenn diese bis hart an die zulässige Grenze mit Vermächtnissen beschwert ist. Nach der positivrechtlichen Normierung im Sinne mangelnder Zahlungswirkung hat der erbende Gläubiger diese Befugnis nicht.

[28] Ihr Kern ist folgender: Die Confusion führt stets eine Liberation mit sich. Soweit die Liberation eine wirkliche Vermögensvermehrung für den Befreiten enthält, wirkt die Confusion als Befriedigung. Dies ist aber nur der Fall, wenn sie „Befreiung von einer Schuld ist, welche wirklich eigenes und ausgemachtes *aes alienum* ist, d. h. ein wahres minus im Vermögen des jetzt befreiten Schuldners darstellte und bei der Berechnung desselben unter die wahren Passiva hätte gesetzt werden müssen“. Dies trifft bei der Beerbung des Correalschuldners durch den gemeinsamen Gläubiger nicht zu, weil es noch *in pendenti* ist, in welches Vermögen der durch die Correaloblgation repräsentierte Vermögenswert gelangen wird, die correale Beziehung daher noch kein ausgemachtes *aes alienum* darstellt.

[29] Vgl. oben S. 153, 154.

der Gesamtobligation auf die von ihr betroffene persönliche Beziehung herbeiführen könnte und erst auf die Verneinung dieser Frage die Abwesenheit der Befriedigungswirkung gegründet.

Zum Schluß ist kurz zu der Auffassung Stellung zu nehmen, welche BRUNETTI in seinem öfter erwähnten Aufsatze über die l. 21 § 5 D. de fideiuss. 46, 1 (Arch. giurid. Vol. 48 p. 135 f.) in Betreff der Anwendbarkeit der Solutionsfiktion entwickelt hat; er sucht den Gedanken quellenmäßig zu begründen, daß die Zahlungsfiktion überall da angerufen werden könne, wo die Zahlung wesentliches Thatbestandselement für die Herstellung einer Berechtigung in den Beziehungen des Gläubiger-Schuldners zu dritten Personen sei, dagegen überall da cessiere, wo sie im Verhältnis des Gläubiger-Schuldners zu Dritten zu der Befreiung von einer Verpflichtung führen würde.[30] In der That muß BRUNETTI zugestanden werden, daß eine Reihe von Quellentscheidungen (besonders die Anwendbarkeit des Gesichtspunkts der Zahlung in l. 95 § 2 D. de solut. 46, 3 und in den Regreßfällen,[31] sowie die Abweisung des Zahlungsgedankens in der l. 71 pr. D. de fideiuss. 46, 1) von seinem Standpunkt aus in wahrhaft überraschender Weise einfach erklärt werden können.[32] Aber BRUNETTIS Erklärung steht entgegen, daß die römischen Juristen den Gesichtspunkt der Befriedigung gerade auch da verwenden, wo es sich um die Befreiung des Bürgen durch die zwischen Gläubiger und Hauptschuldner eingetretene Confusion handelt: Man vergleiche das „*obligatio ratione confusionis intercidit aut* (*quod est verius*) *solutionis potestate*" der l. 50 D. de fideiuss. 46, 1.[33]

Auch in einer weiteren, von ihm selbst gemachten Anwendung

---

[30] Arch. giurid. Vol. 48 p. 158: „*Allorchè il pagamento si presenta come elemento necessario a completare e far valere un diritto, a rendere esperibile un'azione, nei rapporti fra creditore-debitore e i terzi, essendo il medesimo reso impossibile in fatto dalla confusione, è lecito invocarlo come finzione giuridica. Al contrario non è permesso invocare questa finzione a chi pretenda valersene, sempre nelle relazioni fra creditore-debitore e i terzi, per esimersi da un obbligo*" rel.

[31] Vgl. oben § 9 S. 141 f.

[32] Weniger ungezwungen scheint mir die Anwendung der Idee auf die Verhältnisse beim Erbschaftskauf, s. BRUNETTI, a. a. O. S. 160, 161.

[33] S. oben § 8 S. 121.

führt die Theorie BRUNETTIS zu Konsequenzen, die mit den Quellen nicht verträglich sind. Er will nämlich mit ihr die von der herrschenden abweichende Auslegung stützen, die er der l. 21 § 5 D. de fideiuss. 46, 1 (African. lib. VII quaest.) giebt: „*Cum fideiussor rei stipulandi heres extiterit, quaeritur, an, quasi ipse a se exegerit, habeat adversus reum mandati actionem. respondit, cum reus obligatus maneat, non posse intelligi ipsum a se fideiussorem pecuniam exegisse; itaque ex stipulatu potius quam mandati agere debebit.*" Die Auffassung BRUNETTIS geht dahin, daß der Jurist dem Bürgen als Erben des Gläubigers die *actio mandati* nicht schlechthin versage, sondern nur die Unmöglichkeit ihrer kumulativen Ausübung mit der Hauptklage im Sinne habe.[34] Er macht nun a. a. O. S. 161 darauf aufmerksam, daß dieses Resultat durchaus im Einklang stehe mit der von ihm entwickelten Auffassung über die Anwendbarkeit der Zahlungsfiktion. Der Schuldner bleibe hiernach verpflichtet, weil er die Zahlungsfiktion nicht behufs seiner Schuldbefreiung anrufen dürfe; dagegen sei es dem Bürgen als Erben des Gläubigers erlaubt, sich zur Begründung der Regreßklage auf die Fiktion der Zahlung zu berufen. Wäre dem aber so, so müßte dasselbe auch im Correalverhältnisse gelten, wenn der erbende *correus* im Falle der Zahlung einen Regreß gegen den Mitschuldner erwerben würde. Auch ihm müßte freistehen, gegen den Mitschuldner die Klage aus dem Correalverhältnis als Erbe des Gläubigers, oder die Regreßklage unter Berufung auf die Zahlungsfiktion anzustellen. Dies ist durch die im Sinne der Abweisung der Zahlungsfiktion getroffene Entscheidung der l. 71 pr. D. de fideiuss. 46, 1 ausgeschlossen. Bereits oben ist der Grund für diese Normierung entwickelt worden.[35] Die Rücksicht auf die Durchsichtigkeit des rechtlichen Verhältnisses duldet es nicht, den Eintritt oder den Ausschluß der Zahlungswirkung von dem internen Akte der Abrechnung zwischen Erbvermögen und Eigengut des Erben abhängig zu machen.

Hiermit ist auch der zweite Teil der in diesem Paragraphen gestellten Aufgabe erledigt. Entgegen der Einfachheit des Princips, auf dem die *ipso iure* Wirkung der Confusion beruht, ist die Ursache der

---

[34] Die sehr ausführliche Begründung s. a. a. O. p. 136 f.

[35] Vgl. S. 151, 160 f.

bald mit ihr verknüpften, bald fehlenden Befriedigungswirkung von ziemlicher Compliciertheit. Zum Teil hat sie ihre Quelle in der im § 9 entwickelten eigenartigen Natur der Confusion. Zum anderen spielen besondere Umstände mit, welche teils in der Eigenart des die Confusion herbeiführenden Thatbestandes, teils in der Natur des zur Confusion gelangenden Rechtsverhältnisses beruhen. Soweit diese außerhalb der Confusion gelegenen Gründe maßgebend sind, kann Eintritt oder Ausfall der Befriedigungswirkung zwar von Fall zu Fall erklärt, aber nicht eigentlich principiell begründet werden.

§ 11.

Wirkung des nichtvollständigen Zusammentreffens der inkompatibelen rechtlichen Eigenschaften bei teilbaren und unteilbaren Rechten.

Eine ihrem Umfange nach beschränkte Confusion ist sowohl bei teilbaren wie bei unteilbaren Rechten möglich. Sie tritt ein, wenn die Person, in der die Confusion sich vollzieht, eine der rechtlich einander ausschließenden Eigenschaften nicht voll in sich vereinigt, bez. nicht ihr alleiniger Träger ist.

Sind die mit dieser Einschränkung zusammentreffenden Rechte teilbar, so tritt die Vernichtung des Rechts nur zu dem betreffenden Teile ein. Ein quellenmäßiges Zeugnis für den Nießbrauch liefert l. 14 D. quib. mod. ususfr. amitt. 7, 4 in Verbindung mit § 83 Fragm. Vat. (Vereinigung der Nießbrauchshälfte mit dem Eigentum). Für das Pfandrecht ist ein einschlägiger Fall in den Quellen nicht enthalten. Es kann aber keinem Zweifel unterliegen, daß, wenn der Pfandgläubiger Miteigentümer des Pfandes wird, sein Pfandrecht principiell hinsichtlich des eigenen Anteils untergeht,[1] hinsichtlich des Anteils des Miteigentümers fortbesteht. Denn unteilbar ist das Pfandrecht nur in dem Sinne, daß es für jeden Teil der Forderung fortbesteht nicht in dem, daß es nicht an einem ideellen Teile der Sache bestehen könnte,[2] und folglich

[1] Es müßte denn sein, daß einer der besonderen Fälle vorliegt, in denen Pfandrecht und Eigentum in einer Hand vereinigt sein können.

[2] Vgl. Dernburg, Pfandrecht II § 82 S. 28 f., Windscheid, Pand. I § 226 A Note 3, Seeler, Die Lehre vom Miteigentum S. 138 f. Unrichtig

geht bei demjenigen Anteil, der dem Pfandgläubiger zuständig geworden ist, das Pfandrecht im Eigentume auf, während es im übrigen fortbesteht. Succediert bei teilbaren Forderungen der Gläubiger dem Schuldner, oder umgekehrt dieser jenem nur zu einem Teile, so geht auch die Forderung nur zu diesem Teile unter.[3]

Demgemäß kann wegen des nicht confundierten Teils der Forderung gegen die Miterben Absonderung erlangt werden.[4]

Schwieriger ist die Bestimmung der Wirkung einer nur beschränkten Vereinigung bei unteilbaren Rechten. Hier muß vor Allem unterschieden werden, zwischen dinglichen Rechten und Obligationen. Erfolgt bei ersteren eine nur beschränkte Vereinigung, erwirbt z. B. von zwei im Servitutenverbande stehenden Grundstücken der Eigentümer des herrschenden Grundstücks das Miteigentum des dienenden, so tritt überhaupt keine rechtliche Affektion der Dienstbarkeit ein. Freilich kann der Eigentümer des herrschenden Grundstücks die Dienstbarkeit nicht gegen sich selbst geltend machen, scheiden also die Befugnisse aus, die sich gegen ihn als Miteigentümer des dienenden Grundstücks richten. Aber diese Befugnisse bilden ja keinen abgegrenzten Bestandteil des dinglichen Rechts, sondern sind lediglich Ausstrahlungen desselben ohne rechtliche Selbständigkeit, sie können aus dem dinglichen Rechte entfernt werden, ohne das dieses dadurch begrifflich eine Einbuße erleidet. Daher sprechen auch die römischen Juristen hier nicht von einer partiellen Confusion, sondern schlechtweg von der Fortdauer der Servitut: *„per partes retinetur servitus.“*

Anders steht es bei den unteilbaren Obligationen. Mag hier bei Mehrheit der Gläubiger einer von diesen den Schuldner beerben, oder bei Mehrheit der Schuldner einer von diesen den Gläubiger: Immer wird aus dem Verhältnisse von Mitberechtigung

---

Friedmann, Wirkungen der confusio S. 16 Ziff. 1 oben. Auch das teilweise Erlöschen des Nießbrauchs bei bloß partieller Confusion ist keineswegs, wie Friedmann S. 7 in unzulässiger Erweiterung der für die Prädialservituten geltenden Sätze annimmt, eine Anomalie. Wie Friedmann: Mosler S. 29.

[3] l. 24, 50 D. de fideiuss. 46, 1, l. 28/27 D. ad S. C. Treb. 36, 1, l. 7 C. de neg. gest. 2, 18 (19), l. 1 C. de hered. act. 4, 16, l. 6 C. eod., l. 3 C. de contr. iud. 5, 58, l. 7 C. de bon. auct. iud. possess. 7, 72, l. 2 C. de evict. 8, 44.

[4] l. 6 C. de hered. act. 4, 16, l. 7 C. de bon. auct. iud. possess. 7, 72.

oder Mitverpflichtung eine obligatorische Beziehung von selbständiger rechtlicher Bedeutung ausgeschieden. Im übrigen bedarf gerade dieser Fall einer eingehenderen rechtlichen Betrachtung; mit der mechanischen Übertragung der Grundsätze, welche für die Confusion bei anderen Arten der Gesamtberechtigung oder Verpflichtung gelten, ist nichts gewonnen. Denn die bei der unteilbaren Obligation Platz greifende Solidarität reicht nur soweit, als die Leistung vermöge ihrer besonderen Art der Teilung widerstrebt; da nun der Inhalt der unteilbaren Obligationen im einzelnen der verschiedenartigte sein kann, so ist in der Aufstellung solcher Sätze, welche allgemeine Geltung beanspruchen, Vorsicht geboten. Nur soviel läßt sich behaupten, daß principiell die Confusion über die Einzelobligation des erbenden Gläubigers oder Schuldners nicht hinausgreift.[5] Wieweit die Leistung selbst oder die an ihre Stelle tretende Interessenleistung eine Veränderung erleidet, ist Sache der Gestaltung des einzelnen Falles; bei der Mannigfaltigkeit des Inhalts der unteilbaren Obligation können nur die Hauptgruppen daraufhin untersucht werden. Hierbei wird zweckmäßig zwischen Mehrheit der Gläubiger nnd Mehrheit der Schuldner unterschieden.

1. Mehrheit der Schuldner. Die Quellen enthalten einen einzigen, in seinen Konsequenzen noch praktischen Fall, welcher zur Gruppe der auf ein „*non facere*“ gerichteten Obligationen gehört. Es ist die

l. 135 § 3 D. de V. O. 45, 1: „*Ea lege donatum sibi esse a Seia servum et traditum, ut ne ad fratrem eius aut filium aut uxorem aut socrum perveniret, scripsit et haec ita stipulante Seia spopondit Titius, qui post biennium heredes reliquit Seiam et fratrem, cui ne serviret, expressum erat: quaeritur an Seia cum fratre et coherede ex stipulatu agere possit. respondit posse in id, quod eius interest.*“

Die gemeinsam mit ihrem Bruder den beschenkten Titius beerbende Seia hatte sich stipulationsweise ausbedungen, daß der geschenkte Sklave nicht in die Hände gewisser Personen kommen solle. Zu diesen ausgeschlossenen Personen gehört auch der miterbende Bruder, der nun infolge seiner Erbenqualität doch das Eigentum

[5] So offenbar auch Rümelin, Teilung der Rechte S. 255: Im Zweifel sei subjektive, nicht objektive Wirkung anzunehmen.

an dem verschenkten Sklaven zur Hälfte erlangt. Weil auf ein Nichtthun gerichtet, ist die Verpflichtung zur Nichtveräußerung unteilbar, trotzdem das Eigentum auch teilweise veräußert werden kann.[6] Folglich geht die Entscheidung nicht dahin, daß die Interesseforderung (wie es bei Annahme der Teilbarkeit der Forderung der Fall sein müßte) zur Hälfte confundiert sei, sondern die Interesseforderung bleibt gegen den miterbenden Bruder in dem Umfange, in dem sie entstand, aufrecht, nur ist dieses Interesse auf Lösung des Sklaven aus dem Miteigentum des Bruders, nicht aus dem Alleineigentum gerichtet, was sich keineswegs mit der halben Summe des in letzterem Falle begründeten Interesses zu decken braucht.

In andern Fällen der Schuldnermehrheit bei unteilbarer Verpflichtung wird zu unterscheiden sein, ob die Leistung überhaupt von einem der Schuldner allein erbracht werden kann, oder ob bestimmungsgemäß die Schuldner zur Beschaffung der unteilbaren Leistung in der Weise zusammenzuwirken haben, daß jedem eine bestimmte Funktion zugewiesen ist.[7] Es sei eine Maschine zu liefern und aufzustellen, wobei die Lieferung der verschiedenen Maschinenteile und die Installation auf verschiedene Verpflichtete verteilt sein mag. Einer von ihnen sterbe und werde vom Gläubiger beerbt. Dann ist dieser sich selbst freilich nicht mehr zu der in Frage kommenden Leistung verpflichtet, aber wenn er als Erbe des Schuldners die betreffenden Arbeiten nicht ausführen läßt, so sind auch die andern Schuldner zur Leistung nicht gehalten, soweit diese durch den Ausfall der ursprünglich mit in Betracht gezogenen Arbeiten gehindert oder erschwert würde: der Berufung auf die Solidarität der Verpflichtung stände die *exceptio doli* entgegen.

Besteht dagegen solche innere Abhängigkeit der Leistung nicht, so kann der erbende Gläubiger jeden andern Schuldner der unteilbaren Leistung, vorbehältlich des diesem zustehenden Regresses auf das Ganze in Anspruch nehmen.

---

[6] So auch Scheurl, Teilbarkeit als Eigenschaft von Rechten S. 75, 76 gegen Windscheid, Pand. II § 253 Note 9. Die obige Stelle dürfte den quellenmäßigen Beweis liefern.

[7] Vgl. hierzu Ubbelohde, Die Lehre von den unteilbaren Obligationen S. 240 f., Rümelin, Teilung der Rechte S. 235 f.

2. Mehrheit der Gläubiger. Auch hier heben sich verschiedene Fälle scharf von einander ab. Die Leistung kann von der Art sein, daß die Erfüllung mit Notwendigkeit allen Gläubigern zu Gute kommt[8]. Um ein von WINDSCHEID gewähltes Beispiel zu acceptieren, es handle sich um die Errichtung eines Bauwerks zum Schutz eines gemeinsamen Grundstücks gegen Wassergefahr. Beerbt hier einer der Gläubiger den Schuldner, so haftet er freilich nur den übrigen Gläubigern, nicht sich selbst auf Fertigstellung des Werks, seine Beziehung zur unteilbaren Obligation ist durch Confusion untergegangen. Aber die thatsächlich erfolgte Leistung verschafft ihm denselben Vorteil, den er als Gläubiger gehabt hätte: es liegt also eine durch die eigentümliche Natur der Leistung vermittelte Reflexwirkung vor.[9] Anders, wo die Erfüllung in der Person des einen Gläubigers keine Befriedigung für die übrigen enthält. Hier wird regelmäßig das Ausscheiden des Gläubigers, in dessen Person Forderung und Schuld zusammentreffen, einen Gewinn für die andern Gläubiger bedeuten. Die Obligation gehe zum Beispiel auf Bestellung einer unteilbaren Personalservitut und der eine Gläubiger beerbe den Schuldner-Eigentümer. Hier hat der erbende Gläubiger den übrig bleibenden die Dienstbarkeit voll zu bestellen und konkurriert demnach mit ihnen nicht als Servitutberechtigter, sondern nur als Eigentümer. Ebenso hat die Herausgabe der gemeinsam deponierten Sache an die übrig bleibenden Gläubiger zu erfolgen (l. 1 § 36 D. depos. 16, 3).

§ 12.

Die Confusion bei der Correalobligation.

In einer bestimmten Richtung ist die Wirkung der Confusion im Correalverhältnisse bereits oben ins Auge gefaßt worden.[1] Hier handelt es sich um die zusammenfassende Darstellung der einschlägigen Grundsätze und um die Würdigung ihrer Bedeutung für das rechtliche Wesen der Correalität.

---

[8] Vgl. WINDTCHEID, Pand. II § 299 bei Note 4.

[9] Vgl. JHERING, Jahrb. X S. 248.

[1] Vgl. § 10.

I. Diejenige persönliche Beziehung, welche von der Confusion betroffen wird, wird genau so mit *ipso jure* Wirkung aufgehoben, wie die einfache Obligation: „*et puto aditione hereditatis confusione obligationis eximi personam.*“ Nur die weitergehende Wirkung der Befriedigung fehlt. Alle diejenigen Confusionsfolgen, die durch den Befriedigungseffekt nicht bedingt sind, treten daher hinsichtlich der von der Confusion betroffenen Beziehung ein. So werden die dafür bestellten Bürgen frei: „*sed et accessiones ex eius persona liberari propter illam rationem, qui non possunt pro eodem apud eundem obligati esse.*“ Bei Cession der Obligation schlechthin wird die confundierte Beziehung nicht ohne weiteres auf den Cessionar übergehen. Auch die Zinsverbindlichkeit hinsichtlich der confundierten Beziehung erlischt.[2] Die Confusion ist also keineswegs wirkungslos, sie entfaltet vielmehr in Betreff der Beziehung, in der sie stattgefunden hat, die ihr eigene constante Wirkung der Rechtsvernichtung. Nur die sporadisch mit ihr verknüpfte Wirkung der Befriedigung geht ihr ab und damit die Fähigkeit, auf die von der Confusion nicht betroffene Beziehung hinüberzuwirken.

II. Daß die Confusion im Correalverhältnis keine über die Beziehung, in der sie sich ereignet, hinausgreifende Kraft hat, ist zwar für die passive Correalobligation auf Grund der l. 71 pr. D. de fideiuss. 46, 1 anerkannt.[3]

Nicht eben so einhellig aber bejaht die Literatur die Frage für die aktive Correalobligation. Freilich ist auch hier die Annahme der bloß persönlichen Wirkung die durchaus herrschende.[4] Doch verteidigen zwei Schriftsteller, Arndts (Weiskes Rechtslexikon IV. S. 19, Pand. § 273 Not. 2 S. 496) und Fitting,

---

[2] Arg. l. 60/58 D. ad S. C. Treb. 36, 1. Hiermit wird die besonders von Vangerow, Pand. III § 573 S. 93 vertretene Ansicht abgelehnt, daß beim Eintritt der *confusio* in der Person nur eines *correus* überhaupt keine die Obligation formell afficierende Wirkung Platz greife, sondern lediglich die Ausübung der von der Confusion betroffenen Beziehung unmöglich werde.

[3] Vgl. hierzu oben § 10.

[4] Vgl. namentlich v. Savigny, Obl.-Recht I S. 196 Note 2, Vangerow, Pand. III § 573 II 1) (S. 94), Windscheid, Pand. II § 295 Note 9 und die dort Angeführten.

Natur der Correalobligationen S. 202, 203 die entgegengesetzte Meinung.[5]

Bei FITTING hängt diese Ansicht auf das Engste mit seiner Auffassung des Wesens der Correalität zusammen. Hiernach ist es zunächst noch unentschieden, wer von den mehreren im Correalitätsverbande stehenden Personen Gläubiger, bez. Schuldner ist; erst durch die vollzogene Wahl wird diese Ungewißheit beseitigt. Dieses Wahlrecht soll weder dem Gläubiger, wenn er einen der Schnldner, noch dem Schuldner, wenn er einen der Gläubiger beerbt, verloren gehen. Bei der aktiven Correalität führt dies nach FITTING naturgemäß dahin, daß der Schuldner, welcher einen der *correi credendi* beerbt, sich dem andern Gläubiger gegenüber darauf beruft, daß er sich selbst gewählt habe. Die Folge ist, daß Confusion eintritt und der erbende Schuldner dem andern Gläubiger gegenüber frei wird. Hervorzuheben ist, daß diese weitergehende Wirkung bei FITTING nicht als Konsequenz einer der Confusion innewohnenden Befriedigungswirkung erscheint, sondern als Folge des Umstandes, daß der andere Gläubiger infolge der Selbstwahl des erbenden Schuldners ausscheidet.

Auf etwas anderem Wege kommt ARNDTS zu demselben Resultate. Während die Concentration der Gesamtobligation auf den erbenden *correus* bei FITTING als Ergebnis der zu präsumirenden Selbstwahl erscheint, die Begründung also subjektiv gefärbt ist, legt ARNDTS auf einen objektiven Umstand Gewicht. Die bloß persönliche Wirkung der Confusion im aktiven Correalverhältnis würde nach ihm die Verminderung des Vermögens — entweder des Erben oder der Erbschaft — um den Wert der Correalforderung schlechthin bedeuten; dies widerspreche der Entscheidung der l. 41 § 2 D. de evict.; überdies müsse man, soweit man die Confusionswirkung auf die Annahme einer Selbstzahlung zurückführe, dem Erben die Befugnis zugestehen, sich dem andern Gläubiger gegenüber auf die Vornahme derselben zu berufen.

Was zunächst den ersten Grund von ARNDTS betrifft, so läuft

[5] Neuerdings hat sich ihnen MOSLER, Zur Lehre von der Konfusion S. 59 angeschlossen.

er auf eine *petitio principii* hinaus.[6] Daß die bloß persönliche Wirkung der Confusion und die daraus sich ergebende Möglichkeit, vom andern Correalgläubiger belangt zu werden, einen ungerechtfertigten Vermögensverlust für den Erben bedeute, ist nur richtig, wenn man der Confusion bereits in Gedanken die Wirkung beigelegt hat, die Obligation auf den von ihr betroffenen *correus* zu fixieren. Kommt der Confusion diese Wirkung nicht zu, so ist das Fortbestehen der Forderung des Mitgläubigers die natürliche und vollgerechtfertigte Wirkung des Umstandes, daß die Obligation des Mitgläubigers durch die Confusion direkt nicht betroffen ist.

Im übrigen ist die Stellungnahme zu der Ansicht Fittings und dem zweiten Argument von Arndts schon durch die Ausführungen im zweiten Teile des § 10 im wesentlichen festgelegt. Die Art der Confusionswirkung darf nicht dem subjektiven Belieben des *correus*, in dessen Person sich Forderung und Schuld vereinigen, anheim gegeben werden, sie verlangt nach objektiver Normierung.[7] Liegt nun für das Recht ein hinreichend starker Anlaß vor, die Confusion bei Mehrheit der Gläubiger abweichend von ihrer sonstigen Wirkung im Correalverhältnisse mit absoluter Kraft auszustatten? Man beruft sich auf das Interesse des Subjekts, in dem die Confusion eintritt. Richtig ist, daß dieses in den Fällen, in denen ein Regreßverhältnis zwischen den Correalgläubigern nicht besteht, durch die gesamtzerstörliche Wirkung der Confusion besser gewahrt sein würde, denn die Einstellung der Correalschuld als Erbschaftspassivum würde hier den Sinn haben, daß der erbende Gläubiger sich wegen seiner Correalforderung selbst deckte, nicht, wie bei Fortexistenz der Forderung des Mitgläubigers, lediglich mit Rücksicht auf diese geschehen. Im Falle der Existenz eines Regressverhältnisses ist dagegen ein Interesse des erbenden Gläubigers an der absoluten Wirkung der Confusion kaum zu konstatieren, da hier der Mitgläubiger, auf die Befriedigungswirkung der Confusion gestützt, Regreß gegen ihn nehmen könnte und damit die Endwirkung auf dasselbe Ergebnis hinauskäme, wie bei

---

[6] Zu weit geht Schwedler, Erlöschen der Schuldverhältnisse etc. S. 55, wenn er Arndts „Verkehrung der wirklichen Sachlage“ vorwirft.

[7] Vgl. oben § 10 S. 151, 160 f.

bloß eliminierender Wirkung der Confusion. Denn letzterenfalls bliebe zwar der Mitgläubiger forderungsberechtigt, unterläge aber seinerseits dem Rückgriffe des erbenden *correus.*

Daß aber um jener einen Gruppe willen die Wirkung der Confusion in einem der normalen entgegengesetzten Sinne zu normieren sei, ist um so weniger anzunehmen, als es, wie oben (§ 10 Note 27) dargelegt, auch bei der passiven Correalobligation Fälle giebt, in denen es dem Interesse des erbenden Subjekts mehr entspräche, wenn er der Confusion Befriedigungseffekt beilegen könnte, während doch hier die bloß persönliche Wirkung der Confusion quellenmäßig belegt ist. Abgesehen davon fällt für die herrschende Ansicht stark ins Gewicht, daß da, wo es sich um die Berechnung der Correalobligation als Vermögenspost handelt (der Zusammenhang dieser Frage mit der Befriedigungswirkung ist oben [§§ 9, 10] dargelegt worden), nirgends ein Unterschied zwischen aktiver und passiver Correalität gemacht wird.[8]

III. Die vorstehends dargelegten Grundsätze unterliegen einer bedeutsamen Modification, wenn die Correalschuldner oder Gläubiger Gesellschafter sind. Auch hier wird freilich vermöge des Satzes, daß Niemand sein eigener Gläubiger sein kann, zunächst nur die obligatorische Beziehung des erbenden Gläubigers oder Schuldners aufgehoben. Aber es verknüpft sich hier mit der *ipso iure*-Wirkung notwendig die Wirkung partieller Befriedigung. Der Grund hierfür liegt in der Eigenart des Gesellschaftsverhältnisses, welches eine Ausgleichung zwischen den Gesellschaftern kraft rechtlicher Notwendigkeit verlangt. Diese Ausgleichspflicht ist derartig fest mit dem Wesen der Gesellschaft verknüpft, daß durch sie unter Umständen selbst die Stellung zu Dritten afficiert wird, obgleich das römische Recht sonst bekanntlich die Auffassung, daß die Gesellschaft ein rein obligatorisches, nicht nach außen wirkendes Verhältnis der Gesellschafter ist, aufs strengste durchgeführt hat. Lehrreich hierfür ist die Entscheidung der

l. 3 § 3 D. de liber. leg. 34, 3: „*Nunc de effectu legati videamus. et si quidem mihi liberatio sit relicta, cum solus sim*

---

[8] Vgl. besonders l. 62 D. ad leg. Falc. 35, 2.

debitor, sive a me petatur, exceptione uti possum, sive non petatur, possum agere, ut liberer per acceptilationem. sed et si cum alio sim debitor, puta duo rei fuimus promittendi, et mihi soli testator consultum voluit, agendo consequar, non ut accepto liberer, ne etiam conreus meus liberetur contra testatoris voluntatem, sed pacto liberabor. sed quid si socii fuimus? videamus, ne per acceptilationem debeam liberari: alioquin, dum a conreo meo petitur, ego inquietor. et ita Iulianus libro trigesimo secundo digestorum scripsit, si quidem socii non simus, pacto me debere liberari, si socii, per acceptilationem."

Ein Liberationslegat ist einem *correus* hinterlassen. Ist er nicht Gesellschafter des Andern, so kann dem Willen des Erblassers auf das Genaueste dadurch entsprochen werden, daß mit dem bedachten *correus* ein *pactum de non petendo* (*in personam*) abgeschlossen wird, wodurch er befreit wird, während sein Mitschuldner verpflichtet bleibt. Ist er aber Gesellschafter des anderen *correus*, so muß die Befreiung durch *acceptilatio* geschehen, wodurch auch nicht Bedachte frei wird, denn sonst „*dum a correo meo petitur, ego inquietor*". Ähnlich steht es in der bekannten l. 29. D. de liberat. leg. 34, 3,[9] wo im Fall vorliegenden Gesellschaftsverhältnisses selbst der Erwerbsunfähige einen Gewinn macht, der nur auf der juristisch technischen Unmöglichkeit beruht, daß die Befreiung von der correalen Gesellschaftsschuld einem Gesellschafter allein zu Gute kommen könnte.

Dies vorausgeschickt, fassen wir den Fall der Confusion ins Auge. Der Gläubiger, welcher einen *correus socius* beerbt, hat als Gesellschafter,[10] anteilig zu seiner eigenen Befriedigung bei-

---

[9] „*Si is, qui duos reos promittendi habet, damnaverit heredem, ut utrosque liberet, si alter ex his capere non possit nec socii sint, delegari debebit is qui nihil capit ei cui hoc commodum lege competit: cuius petitione utrumque accidit, ut et hoc commodum ad eum perveniat et is qui capit liberetur. quod si socii sint, propter eum qui capax est et ille capit per consequentias liberato illo per acceptilationem: id enim eveniret, etiamsi solum capacem liberare iussus esset.*"

[10] Streng genommen: Kraft seiner Verpflichtung sich noch als Gesellschafter behandeln zu lassen, denn die Gesellschaft ist infolge des Todes des beerbten Gesellschafters aufgelöst, nur ist damit die *a. pro socio* nicht erloschen.

zutragen, und um deswillen muß es sich insoweit auf seine Forderung für befriedigt erachten. Gegenüber dieser materiellen Beeinflussung des Confusionsergebnisses durch das Gesellschaftsverhältnis ist es von geringerer Bedeutung, ob die Wirkung partieller Befriedigung durch *exceptio* vermittelt wird, oder *ipso iure* eintritt.[11] Doch sei hierüber eine kurze Bemerkung gestattet. Daraus, daß der für beide *correi* verhaftete Mandatsbürge hinsichtlich der von der Confusion nicht betroffenen correalen Beziehung nur durch *exceptio doli* frei wird, (indem er dem Gläubiger entgegensetzt, daß er seinen Regreß auch gegen ihn nehmen könne, l. 71 pr. D. de fideiuss. 46, 1) folgt nichts für die bloß exceptivische Befreiung des *correus* im Gesellschaftsverhältnisse. Die Sache liegt beim Bürgen insofern ganz anders, als er dem fordernden Gläubiger gegenüber überhaupt noch keinen gegenwärtigen Regress hat, sondern solchen erst durch Zahlung (bez. als Liberationsregreß infolge seiner Verurteilung) erlangen würde.[12] Dagegen hat der *correus socius* einen direkten, gegenwärtigen Anspruch schon vor der Leistung, bez. Verurteilung. Denn auch wenn ein Dritter fordern würde, wäre er nicht darauf verwiesen, zu zahlen und dann erst seinen Regreß gegen den Gesellschafter zu nehmen, sondern er könnte von diesem verlangen, daß er entweder die nötigen Mittel beisteuere, ihn anteilig befreie, oder wenigstens ihm gestatte, die Mittel zur Zahlung der etwa bestehenden Gesellschaftskasse zu entnehmen.[13] Sollte bei dieser Sachlage der Gläubiger nicht verpflichtet sein, seinen Beitragsanteil gleich abzuziehen und nicht erst auf die Entgegensetzung einer *exceptio* zu warten? Denn der erwähnte Anspruch qualificiert sich nicht als eigentliche Gegenforderung, sondern als Anspruch auf (anteilige) Tilgung eben der Forderung, welche dem Gesellschafter selbst als Gläubiger zusteht.

IV. Praktisch von erheblicher Bedeutung ist die Frage, wie

---

[11] Für Letzteres: G. Kretschmer, Secum pensare S. 55: Hinsichtlich des auf den *socius* treffenden Teils der Schuld liegt Liberation von einem ausgemachten *aes alienum* vor.

[12] Vgl. hierüber v. Thur, a. de in rem verso S. 62.

[13] l. 27 D. pro socio 17, 2: „*Omne aes alienum, quod manente societate contractum est, de communi solvendum est*“ etc. Vgl. auch l. 65 § 14 D. eod.

sich in den verschiedenen Fällen die Berechnung der Erbschaft gestaltet. Sie ist verschieden, je nachdem der gemeinsame Gläubiger (oder der gemeinsame Schuldner) eins der gegenüberstehenden Obligationssubjekte beerbt, oder umgekehrt eins von diesen den gemeinsamen Gläubiger (gemeinsamen Schuldner.) Daneben ist der Einfluß eines bestehenden Gesellschaftsverhältnisses in Betracht zu ziehen.

1. Beerbt einer der mehreren Gläubiger (aktive Correalobligation) den gemeinsamen Schuldner, oder einer der mehreren Schuldner (passive Correalobligation) den gemeinsamen Gläubiger, so findet er in der Erbschaft neben seiner einer eigenen confundierten Beziehung, die eliminiert ist, also nicht in Ansatz kommt, noch die des anderen *correus* vor, die auf den ganzen Betrag der Forderung oder Schuld geht. Die Forderung oder Schuld ist also hier voll in Rechnung zu stellen und zwar ist es gleichgiltig, ob die mehreren Gläubiger oder Schuldner Gesellschafter sind, denn die Pflicht zu anteiliger Beisteuer, oder das Recht zu anteiliger Perception trifft den Gläubiger oder Schuldner nicht als Erben, sondern als Gesellschafter, hat also mit der Erbschaft als solcher nichts zu thun.

2. Beerbt der gemeinsame Gläubiger oder der gemeinsame Schuldner eins der gegenüberstehenden Obligationssubjekte, so enthält die Erbschaft nur die eine der correal gespaltenen Beziehungen.

Bestand hier zwischen den Correalschuldnern oder Correalgläubigern eine Gesellschaft nicht, so kommt Forderung oder Schuld mit Rücksicht auf die bloß persönliche Wirkung der Confusion überhaupt nicht in Ansatz.

Im anderen Falle dagegen wird Forderung oder Schuld zur Hälfte in Rechnung gestellt. Genauer: Der erbende Gläubiger deckt sich zu dem Betrage aus der Erbschaft, zu dem er als Erbe des Schuldners beitragspflichtig ist, auf den Rest nimmt er den anderen Schuldner in Anspruch. Der erbende Schuldner dagegen stellt den Betrag als Erbschaftsaktivum ein, den er zurückhalten kann, weil der Mitgläubiger als Gesellschafter des beerbten Gläubigers zu sofortiger Restitution des Betrages an ihn verpflichtet wäre.[14]

---

[14] Vgl. auch l. 62 D. ad leg. Falc. 35, 2.

V. Wieweit ist die eigentümliche Wirkung der Confusion für die Erkenntnis der rechtlichen Struktur der Correalobligation verwertbar? Wirkt, wie oben dargelegt, die Confusion auf die von ihr betroffene obligatorische Beziehung in jeder Hinsicht (namentlich in Betreff der Vernichtung der Accessionen) genau so, wie auf eine nicht im Correalitätsverbande stehende Obligation, kommt es wirklich zu einer, wenn auch auf jene Beziehung beschränkten rechtsvernichtenden Wirkung, nicht bloß zu thatsächlicher Unmöglichkeit ihrer Ausübung, so darf die Einheit der Correalobligation nicht auf dem Gedanken aufgebaut werden, daß die im Correalverhältnis vereinigten obligatorischen Beziehungen jeder formalen Selbständigkeit bar seien. Jedoch ist damit der Einheitsgedanke nicht widerlegt. Die Einheit braucht auch nicht notwendig nur in den Obligationsinhalt verlegt zu werden. Weil vielmehr die einzelnen obligatorischen Beziehungen, die an sich einer selbständigen Obligation wesensgleich sind, mit Rücksicht auf den der Correalobligation eigentümlichen Zweck in ein rechtlich geregeltes Verhältnis gegenseitiger Beeinflussung gebracht sind — und zwar ausschließlich zu dem Zwecke, die Concentrationsmöglichkeit des Obligationsinhalts auf eine jener Beziehungen zu vermitteln,[15] so erscheint die Correalobligation als ein einheitlicher rechtlicher Organismus. In diesen Begriff geht also nicht nur die Vorstellung des einheitlichen Obligationsinhalts ein, sondern auch die Vorstellung der Einheitlichkeit des Obligationsapparates, indem die formale Mehrheit der Obligationen hinter ihrer materiellen Bestimmung, die Fixierung des Obligationsinhalts auf eines der Subjekte herbeizuführen, zurücktritt.

§ 13.

Die peremtorische Confusion bei der Bürgschaft.

Im Gegensatz zu der im § 5 erörterten absorbierenden Confusion, welche durch Vereinigung der Rollen des Bürgen und Hauptschuldners eintritt, handelt es sich hier um die Confusion zwischen Gläubiger und Hauptschuldner, bez. zwischen Gläubiger und Bürgen.

---

[15] Vgl. oben § 10.

In beiden Fällen tritt der Grund, auf welchem die Wirkung formaler Rechtsvernichtung beruht, — Vereinigung von Forderung und Schuld in einer Person — nur für die jeweilig betroffene Beziehung (Hauptschuld oder Bürgschaft) ein. Ersterenfalls aber wirkt die Confusion aus dem im § 8 erörterten Grunde trotzdem über die Hauptschuld hinaus auf die Bürgschaft. Dagegen hat die Confusion zwischen Gläubiger und Bürgen keine die Hauptschuld afficierende Wirkung. In der That könnte eine solche, da der Untergang des accessorischen Rechts an sich das Hauptrecht nicht berühren kann, nur unter der Voraussetzung begründet sein, daß der Confusion neben ihrer formalen Bedeutung noch die materielle Wirkung beigelegt würde, den vermögensrechtlichen Inhalt der Gesamtobligation auf die Bürgschaftsobligation zu concentrieren.[1]

Wäre dies der Fall, so würde sich gleichzeitig mit der Confusion die Wirkung der Befriedigung verbinden, indem dann der erbende Gläubiger die Bürgschaft als Erbschaftspassivum, der erbende Bürge sie als Erbschaftsaktivum einzustellen hätte und dadurch das Fundament eines Erstattungsanspruches gegen den Hauptschuldner gewänne.[2] Der Confusion diese materielle Wirkung beizulegen, war hier jedoch noch weniger Anlaß vorhanden, als bei der Correalobligation, und, wie hinzugefügt werden kann, für das heutige Bürgschaftsrecht noch weniger, als für das classische. Denn nach classischem Recht war der Bürge, wenn auch accessorisch, so doch nicht bloß subsidiär verhaftet, stand er formell mit dem Hauptschuldner insofern auf gleicher Linie, als der Gläubiger nicht erst erst diesen auszuklagen brauchte, sondern sofort auf ihn greifen konnte. Bei dieser Rechtslage konnte immerhin die Idee der Zahlungswirkung diskutiert werden. Und dies geschieht mehrfach, allerdings stets, abgesehen von einer gleich zu erörternden, jedoch im Grunde auch nur scheinbaren Ausnahme im Sinne der Abweisung der Zahlungswirkung. Interessant ist der hierbei eingehaltene Gedankengang. Die Idee der Zahlungswirkung wird mit der Begründung verworfen, daß es

---

[1] Vgl. § 10 S. 158.

[2] Arg. l. 41 § 2 D. de evict. 21, 2 und oben § 9 S. 141 f.

deshalb nicht so angesehen werden könne, als habe der den Gläubiger beerbende Bürge sich selbst gezahlt, weil der Hauptschuldner verpflichtet bleibe.[3] Aus der Abwesenheit der Concentrationswirkung wird auf die mangelnde Zahlungswirkung geschlossen, und folgeweise ein Erstattungsanspruch, welcher das „pecuniam abesse“ zur Voraussetzung hat, abgelehnt.[4] Daher ist es nur konsequent, wenn in einem Falle, wo die Concentration des vermögensrechtlichen Inhalts auf die Obligation des Bürgen bereits vor der Confusion erfolgt ist, die letztere mit Zahlungswirkung ausgestattet wird.

Hierauf beruht die Entscheidung der

l. 11 D. mand. 17, 1: „*Si ei, cui damnatus ex causa fideiussoria fueram, heres postea extitero, habebo mandati actionem.*[5]

---

[3] l. 21 § 5 D. de fideiuss. 46, 1: „*Cum fideiussor reo stipulandi heres exstiterit, quaeritur, an, quasi ipse a se exegerit, habeat adversus reum mandati actionem. respondit, cum reus obligatus maneat, non posse intellegi ipsum a se fideiussorem pecuniam exegisse: itaque ex stipulatu potius quam mandati agere debebit.*“

[4] Wie bereits oben (S. 163) berührt, hat Brunetti im Arch. giurid. Vol. 48 (1892) S. 135 f. zu beweisen gesucht, daß der Jurist dem erbenden Bürgen die *a. mandati* nicht schlechthin abspreche, sondern nur die Unzulässigkeit ihrer kumulativen Ausübung mit der Hauptklage betone; die zu allgemeine Fassung des Ausspruchs erkläre sich daraus, daß dem erbenden Bürgen in der That die Hauptklage in der überwiegenden Mehrzahl der Fälle vorteilhafter sein werde, als die Klage aus der Bürgschaft; zudem sei der Jurist wahrscheinlich gerade durch die Art der Anfrage zu einem zu scharfen Ausdruck verleitet worden, indem der Fragsteller mit Rücksicht auf den bekannten Satz von der Gleichstellung der Confusion mit der Zahlung seinem Zweifel darüber Ausdruck gegeben habe, ob er die Hauptklage noch anstellen dürfe (a. a. O. S. 137). Im Übrigen führt Brunetti besonders das praktische Interesse des Bürgen daran, daß ihm die Anstellung der Bürgschaftsklage gewahrt bleibe, ins Gefecht (S. 139, 140), beruft sich darauf, daß die Confusion nicht überall absolut wirke und kommt schließlich zu dem Resultat, daß dem Bürgen gestattet werden müsse, zur Begründung der Regreßklage die Zahlungsfiktion anzurufen. Gegen die Ansicht Brunettis, die hier im Einzelnen nicht weiter verfolgt werden kann, spricht aber, abgesehen davon, daß sie dem Wortlaut der l. 21 § 5 gegenüber einen schweren Stand hat, das oben (S. 151, 160 f.) geltend gemachte Bedenken.

[5] Vgl. zur Interpretation Kretschmar, Secum pensare S. 53 Note 2, v. Tuhr, Actio de in rem verso S. 91.

Infolge der Litiscontestation hat sich nach classischem Rechte, auf dessen Boden der Jurist steht, die Obligation auf Bürgen und Gläubiger concentriert. Folglich ist hier die Confusionswirkung nicht anders zu bestimmen, als bei der einfachen Obligation, d. h. mit dem Effekte formeller Rechtsvernichtung verknüpft sich die materielle Wirkung der Befriedigung, vermittelt durch die Abrechnung zwischen Erbschaft und Eigengut des Erben. Hierdurch wird auch verständlich, daß der Regreß auf Zahlung geht, obgleich im Zeitpunkte der Confusion noch kein Anspruch auf Erstattung, sondern nur auf Schuldbefreiung begründet war.[6]

v. Tuhr, Actio de in rem verso S. 91 Note 25 macht darauf aufmerksam, daß infolge des Wegfalls der gesamtzerstörlichen Wirkung der Litiscontestation die Entscheidung der l. 11, wenn nicht unrichtig, so doch überflüssig geworden sei.

In der That steht die Gewährung der Erstattungsklage trotz Fortexistenz der Hauptforderung, die der Bürge nach dem neuen Rechte in der Erbschaft des Gläubigers vorfindet, mit l. 21 § 5 D. de fideiuss. 46, 1 nicht im Einklange. Vom praktischen Standpunkt aus läßt sich indessen zur Rechtfertigung anführen, daß gerade nach Durchführung des Processes der Bürge ein berechtigtes Interesse daran haben kann, nicht auf die Anstellung der Hauptklage verwiesen zu sein, sondern einen selbständigen Erstattungsanspruch gegen den Schuldner zu besitzen.[7]

Greifen dieselben Grundsätze auch dann Platz, wenn der Bürge sich *in rem suam* obligiert hatte und den Gläubiger beerbt? Auch hier wirkt die Vereinigung direkt nur auf die Beziehung zwischen Gläubiger und Bürgen, und der Intercedent, der die Rolle des Hauptschuldners übernommen hatte, wird durch die Confusion zwischen Gläubiger und Bürgen nicht *ipso jure*, sondern nur vermittelst *exceptio doli* frei.[8]

---

[6] In etwas anderer Weise erklärt v. Tuhr, Actio de in rem verso S. 90, 91 die Verwandlung des Liberationsregresses in einen Erstattungsregreß.

[7] Hauptsächlich der Proceßkosten wegen.

[8] Arg. l. 71 pr. D. de fideiuss. 46, 1. Vgl. Accarias, Précis II § 72a p. 736 Note 2.

§ 14.

Die Relativität der Confusion.

Der Ausdruck „bloß relative Confusion“, „Relativität der Confusion“ ist in der Literatur viel verbreitet,[1] doch wird er weder in durchgängig einheitlichem Sinne gebraucht, noch ist die rechtliche Erscheinung selbst allgemein anerkannt. Hier wird der Ausdruck ausschließlich auf den Fall bezogen, daß die Confusionsbedingungen bei einem Recht eintreten, welches einem fremden Rechte unterworfen ist.[2] Sofern, wie zu erweisen, hier zwar das direkt von der Confusion betroffene Recht untergeht, nicht aber das regierende, handelt es sich um eine bloß relative Vernichtung, die sich dadurch von der partiellen Confusion scharf unterscheidet, daß von letzterer ein auf einheitlicher Basis ruhendes Rechtsverhältnis betroffen wird, während hier die in Betracht kommenden Rechte in einem Verhältnis von Über- und Unterordnung stehen.

Der Ausdruck wird indessen noch in einem völlig andern Sinne gebraucht. So spricht Kohler (Gesammelte Abhandlungen S. 303 f.) von einer bloß relativen Wirkung der Confusion zu Gunsten des Eigentümers und bezieht sie auf den Fall, daß dieser sich nachstehenden dinglich Berechtigten gegenüber auf ein vorgehendes in seiner Hand mit dem Eigentum zusammengekommenes dingliches Recht berufen kann. Nach der hier vertretenen im § 4 dargelegten Auffassung handelt es sich aber hier nicht um einen Fall relativer Confusion, sondern um den Fort-

[1] Vgl. z. B. Kohler, Ges. Abhandlungen S. 295 f., Hartmann, Rechte an eigener Sache, Jherings Jahrb. XVII S. 138, Motive z. Entw. des B.G.B. Bd. III S. 550.

[2] Vgl. Windscheid, Pand. I § 205 Note 4: Confusion des Nießbrauchs, dessen Ausübung der Nießbraucher (mit dinglicher Wirksamkeit) veräußert hat; § 248 Note 11: Confusion des Pfandrechts, welches weiter verpfändet worden ist; § 219: Untergang der Emphyteuse durch Confusion, nachdem der Emphyteuta dingliche Rechte bestellt hat. — Die gleiche Frage erhebt sich, wenn eine Forderung, an der ein Pfandrecht oder Nießbrauch bestellt worden ist, zur Confusion gelangt in Ansehung des Rechts des Nießbrauchers oder Pfandgläubigers. Hierüber handelt ausführlich Schwedler, Erlöschen der Schuldverhältnisse etc. S. 91 f.

bestand des Rechts als Recht an eigener Sache. Während in dem hier technisch als „relative Confusion“ bezeichneten Falle das Recht für seinen nächsten Inhaber definitiv erlischt und nur für denjenigen fortbesteht, für den an dem confundierten Rechte ein Recht begründet war, dauert das Recht im zweiten Falle trotz der Vereinigung als selbständiges Individuum fort, gewährt dem Eigentümer die Macht, sich den nachstehenden dinglich Berechtigten gegenüber zu behaupten, und tritt im Falle der Trennung der Rollen des Eigentümers und des dinglich Berechtigten von selbst wieder vollwirksam hervor.[3]

Fassen wir aber den Fall, der hier technisch als „relative Confusion“ bezeichnet wird, näher ins Auge, so sehen wir die Auffassung, welche unserer Terminologie zu Grunde liegt, sofort von zwei Seiten in Frage gestellt.

Nach der einen Meinung nämlich tritt hier überhaupt keine Confusion ein, auch für den Inhaber des Rechts nicht, bei dem die Confusionsbedingungen eingetreten sind. Mit Rücksicht auf denjenigen, dem ein Recht an dem von der Confusion bedrohten Rechte zusteht, soll letzteres auch für den Inhaber selbst fortdauern.[4]

In diametralem Gegensatz hierzu vindiciert eine andere Gruppe von Schriftstellern der Confusion auch hier absolute Wirkung, dergestalt, daß der Untergang des beherrschten Rechts stets auch den des herrschenden im Gefolge haben soll.[5]

Bei dieser ganzen Controverse spielt eine hervorragende Rolle die bekannte Meinungsverschiedenheit über die Natur des Rechts am Rechte.

Wer in den oben ins Auge gefaßten Fällen als Objekt des

---

[3] Vgl. § 4 S. 62.

[4] So Jhering, Passive Wirkungen der Rechte, Jahrb. X S. 450, dem Friedmann, Wirkungen der confusio S. 14, 57 und Mosler, Zur Lehre von der Confusion S. 24, 25 sich völlig anschließen. Auch die Entscheidung des Reichsgerichts bei Bolze Bd. XV Nr. 54 scheint (für das französische Recht) auf diesem Standpunkte zu stehen. Vgl. dagegen Windscheid, Pand. I § 65 Note 6.

[5] Sohm, Subpignus S. S. 39, 104, Dernburg, Pfandrecht I S. 231 und Pandekten I § 273 Note 4 in Verbindung mit § 254 Note 12.

vom dinglich Berechtigten oder vom Gläubiger bestellten Rechts das Recht des Bestellers ansieht, für den erhebt sich die begriffliche Schwierigkeit, wie das bestellte Recht den durch Confusion herbeigeführten Untergang seines Objekts überdauern könne. Einige der auf diesem Boden stehenden Schriftsteller haben denn auch die Konsequenz gezogen, daß es mit seinem Objekt zu Grunde gehen müsse.[6] Diese Schwierigkeit besteht für diejenigen nicht, welche den Begriff des Rechts am Recht verwerfen und in dem, was man mit jenem Ausdruck bezeichnet, vielmehr eine eigenartige Succession in das Recht des Bestellers sehen — dadurch charakterisiert, daß nicht das ganze Recht des Bestellers auf den Empfänger übergeht, sondern ein beschränkteres, von dem Auktorrecht qualitativ verschiedenes, über dessen Umfang der ökonomische Zweck entscheidet, um dessentwillen es verliehen worden ist[7] — konstitutive Succession im Gegensatz zur translativen. Denn da es im Wesen der Succession[8] liegt, daß das Recht des Successors „nur gefährdet ist durch die dem Recht des Auktors im Zeitpunkt der Succession anhaftenden Mängel und Todeskeime, nicht auch durch dessen spätere Schicksale“,[9] so ergiebt sich bei dieser Auffassung von selbst, daß die nach Abzweigung des Tochterrechts in der Person des Auktors eintretende Confusion dem Successor nicht schaden kann.

Bevor in die kritische Würdigung dieser Ansichten eingetreten wird, erscheint es geraten, die Aussprüche der Quellen über die uns hier interessierende Frage ins Auge zu fassen. Sind

---

[6] Sohm a. a. O., Bremer, Pfandrecht u. Pfandobjekte S. 167, der nur mit Hilfe seiner Verwandlungstheorie im Endresultat zn einem abweichenden Ergebnis gelangt.

[7] Mansbach, Nießbrauch an Forderungen S. 37—39, Exner, Kritik des Pfandrechtsbegriffs S. 53 f. Principielle Bedenken gegen den Begriff der konstitutiven Succession bei Hölder, Pand. I S. 178, 146, gegen seine Tauglichkeit zur allseitigen Erklärung der in Betracht kommenden Verhältnisse (mit Rücksicht auf die Möglichkeit ihrer Entstehung durch originären, nicht abgeleiteten Erwerb) bei Strohal (Grünhut VII S. 436).

[8] Im Gegensatz zur bloßen Befugnis, ein fremdes Recht im eigenen Interesse auszuüben, vgl. hierüber Exner, a. a. O. S. 56 f.

[9] Exner, a. a. O. S. 70, vgl. S. 90.

sie auch spärlich genug, so können sie doch vielleicht dazu dienen, das streitige Gebiet einzuschränken und zur Präcisierung der Fragestellung zu verhelfen.

Von hervorragender Bedeutung und in der Literatur allein ins Auge gefasst ist die

l. 3 § 2 D. de usufr. accresc. 7, 2

in Verbindung mit

Frag. Vat. § 83,

der die Digestenstelle in ihrer ursprünglichen Fassung enthält.[10]

a. l. 3 § 2 D. de ususfr. accresc. 7, 2, Ulpian lib. XVII ad Sabinum: „*Non solum autem si duobus usus fructus legetur, est ius adcrescendi, verum et si alteri usus fructus, alteri fundus legatus est: nam amittente usum fructum altero, cui erat legatus, magis iure adcrescndi ad alterum pertinet quam redit ad proprietatem. nec novum: nam et si duobus usus fructus legetur et apud alterum sit consolidatus, ius adcrescendi non perit neque ei, apud quem consolidatus est, neque ab eo, et ipse quibus modis amitteret ante consolidationem, isdem et nunc amittet. et ita et Neratio et Aristoni videtur et Pomponius probat.*“

b. Vat. Fragm. § 83, abgedruckt oben S. 24.

Der Accrescenzberechtigte behält hiernach sein Anwachsungsrecht ungeschmälert, trotzdem die Nießbrauchshälfte, auf die es sich bezieht, in der Person des mitbedachten Legatárs mit dem Eigentum zusammengetroffen ist. Auf welchem Wege wird dieses Ergebnis erzielt? Hierüber geben nicht die Digesten, wohl aber die Fragmenta Vaticana näheren Aufschluß. Erstere besagen nur, daß der Collegatar die Nießbrauchshälfte auch nach ihrer Consolidation durch einen der specifischen Erlöschungsgründe des Nießbrauchs an den Anwachsungsberechtigten verliert. Die Fragmenta Vaticana dagegen zeigen uns den Anteil, den der Prätor an der Erhaltung des Accrescenzrechts nimmt. Nach Civilrecht ist die Nießbrauchshälfte consolidiert, trotzdem giebt der Prätor dem Accrescenzberechtigten *utilis actio*, eine dingliche, gegen jeden Dritten wirksame Klage behufs Durchsetzung des Ac-

[10] Vgl. hierzu Hartmann, Jahrb. f. Dogm. XVII S. 90, Kohler, Ges. Abhandlungen S. 305 Note und S. 314, Windscheid, Pand. I § 205 Note 4.

crescenzrechts. Zweifellos handelt es sich um die *confessoria actio*[11] als *ficticia*,[12] nämlich mit der negativen Fiktion, daß Consolidation in der Person des Collegatars nicht erfolgt sei.[13] Also keine Klage auf Wiederherstellung des confundierten Nießbrauchs, wie HARTMANN, Jahrb. f. Dogm. XVII S. 90, annimmt, sondern Vindikation des Nießbrauchs unter der Fiktion, daß er nicht consolidiert worden sei und daher noch durch einen ihm eigentümlichen Erlöschungsgrund habe verloren gehen können.[14]

Indessen enthalten die Quellen auch eine Entscheidung ganz von der Art, wie sie HARTMANN im Auge hat. Das Recht geht durch Confusion unter, aber die Sache, an der es bestand, bleibt mit einer dinglichen Anwartschaft auf Erneuerung des confundierten Rechts belastet.[15] Jedoch zeigt hier der Thatbestand einen charakteristischen Unterschied von dem der l. 3 § 2 D. de usufr. accresc. Während nämlich das Anwachsungsrecht beim Vindikationslegat von Natur mit dinglicher Kraft ausgerüstet ist, ist in dem hier zu betrachtenden Falle die dingliche Sicherung des Anwärters auf künstlichem Wege dadurch hervorgebracht, daß der an sich nur obligatorische Anspruch des Berechtigten durch ein Veräußerungsverbot geschützt ist.[16] Der Fall ist folgender:

l. 7 pr. D. de fund. dot. 23, 5: „*Si maritus fundum Titii servientem dotali praedio adquisierit, servitus confunditur et hoc casu maritus litis aestimationem praestabit: quod si maritus solvendo non erit, utiles actiones adversus Titium mulieri ad restaurandam servitutem dantur.*“

---

[11] Es ist durch Vindicationslegat vermacht worden („*do lego*“).

[12] „*Sed praetor, secutus exemplum iuris civilis*“.

[13] Instruktiv ist die Vergleichung mit l. 29 D. de usu et usufr. 33, 2, vgl. auch l. 29 § 2 D. quib. mod. ususfr. amitt. 7, 4: „*suo enim nomine utilem actionem eum habiturum*“.

[14] Was ohne diese Fiktion ausgeschlossen wäre: „*nec est quod non utendo maritus amittat*“ (l. 78 pr. de iur. dot. 23).

[15] In unserem Falle freilich nur subsidiär, was aber für die principielle Würdigung bedeutungslos ist.

[16] Über solche Umfriedigung der Obligation mit dinglichem Schutze s. die grundlegenden Ausführungen JHERINGS in seinen Jahrb. X S. 512 f., 544 f. Der hier zu erörternde Fall dürfte einen Beleg für JHERINGS daselbst Note 182a am Ende ausgesprochene Vermutung liefern.

Der Ehemann, welchem ein Grundstück zur *dos* gegeben worden ist, erwirbt während der Ehe ein anderes Grundstück, welches dem Dotalgrundstücke dient und überträgt es später, ohne sich die Servitut neu bestellen zu lassen, an den Verkäufer wieder zurück.[17] Da ein bloß obligatorischer Anspruch, wie der der Frau auf Rückgabe des Grundstücks nach beendeter Ehe die Confusion nicht aufzuhalten vermag, so ist die Servitut durch Vereinigung von herrschendem und dienendem Grundstück in der Hand des Ehemanns untergegangen. Immerhin macht sich das Veräußerungsverbot, welches eine Sicherung der Frau bezweckt, die über den bloß obligationsmäßigen Schutz hinausgeht, darin geltend, daß ihr eine Klage nicht nur gegen den Mann, sondern bei dessen Insolvenz auch gegen den dritten Inhaber des mit der confundierten Servitut belastet gewesenen Grundstücks gegeben wird. Diese Klage ist aber nicht, wie im Fall der l. 3 § 2 D. de usufr. accresc. 7, 2 eine Klage aus dem confundierten Rechte selbst, welches in Ansehung der Rechte des Klägers als nicht erloschen gilt, sondern eine *a. in factum* auf Wiederherstellung der confundierten Servitut.[18]

Also: bei bloß obligatorischem Anspruch, sei dieser auch durch ein Veräußerungsverbot gesichert, äußersten Falls Anspruch auf Wiederherstellung gegen den dritten Erwerber; bei Belastung des von der Confusion betroffenen Rechts mit einem dinglichen Rechte Unversehrtheit des Rechts für den dinglich Berechtigten. (l. 3 § 2 D. de usufr. in Verbindung mit Fragm. Vat. 83.)

---

[17] Dieses Thatbestandselement fehlt im Texte der Florentina, die Herausgeber und Interpreten sind jedoch darüber einig, daß der hierauf bezügliche Passus ausgefallen ist. So schon das Basilikenscholion *οὐτιλίως ἐνάγῃ*, zu dem dieser l. entsprechenden cap. 7 Bas. 29, 6 (Heimbach III p. 489): *τὸν ἀγρὸν ὠνησάμενος ὁ ἀνὴρ πάλιν αὐτὸν ἀναδέδωκε τῷ πράτῃ τῆς δουλείας δηλονότι ἀπηλλαγμένον, οὕτω καὶ Θαλέλαιος ὁ μακαρίτης* Ähnlich Cuiacius im Comm. ad lib. XVI Dig. Salvii Iuliani Tom. VI p. 109 und Glück XXV S. 122, welcher, unter Berufung auf den Cod. Erl. hinter „*confunditur*" einschiebt: „*Sed si eundem Titio reddiderit sine restauratione servitutis hoc marito imputabitur.*" S. auch die Conjektur bei Mommsen ad h. l.

[18] Vgl. den Anfang des in vorstehender Note erwähnten Scholions: *Τὴν ἐν φάκτουμ νόησον ἵνα κινῇ ἡ γυνὴ κατὰ τοῦ πράτου ἐπὶ τῷ ἀνανεῶσαι τὴν δουλείαν.*

Hiermit ist sowohl diejenige Meinung widerlegt, welche letzteren Falls überhaupt keine, wie diejenige, welche totale Confusion annimmt und es bleibt nur noch zu untersuchen, wie das uns hier beschäftigende Verhältnis theoretisch zu erklären ist. Da hierbei eine Auseinandersetzung mit den schon oben in Rücksicht gezogenen Theorien der konstitutiven Succession einerseits, des Rechts am Recht andererseits nicht zu vermeiden ist, so soll zunächst der gegenwärtige Streitstand unter besonderer Hervorhebung der für unsere Frage wichtigen Punkte fixiert werden.

Es dürfte heute überwiegend anerkannt sein, daß eine logische Undenkbarkeit, ein Recht als Objekt eines anderen anzusehen, nicht vorliegt.[18a] Die Begründung Exners,[19] daß die Rechte, weil sie lediglich eine ideelle Existenz führten, nicht wie die körperliche Sache oder Personen dem Willen des Berechtigten unterworfen werden könnten, beweist nur, daß ein Recht nicht in gleichem Sinne wie die Sache als Objekt gedacht werden kann.[20] Aber freilich werden diejenigen, welche die Fähigkeit des Rechts, Objekt eines anderen Rechts zu sein, behaupten, die Art, in welcher das Recht als Objekt erscheint, näher zu charakterisieren und zugleich die dogmatische Fruchtbarkeit dieser Vorstellung positiv nachzuweisen haben.

Speciell die Erscheinung der Relativität der Confusion zwingt uns aber auch, eine Abhängigkeit nicht nur des beherrschten Rechts, sondern daneben auch eine solche des Objekts des letzteren anzunehmen; diese rechtliche Unterworfenheit ist, wie unten näher darzulegen, zwar nur eine subsidiäre — hierdurch unterscheidet sich die hier vertretene Anschauung von der Annahme einer konstitutiven Succession —, aber doch keine bloß mittelbare, durch das Medium des regierten Rechts herbeigeführte.[21]

[18a] Vgl. jetzt auch Schwedler S. 91 f.

[19] Kritik des Pfandrechtsbegriffs S. 16 f.

[20] Das *argumentum a contrario* betreffs der Person ist schon nicht völlig richtig, wie Hartmann in Jherings Jahrb. XVII S. 88 treffend nachgewiesen hat, da vermöge der Obligation nicht der Körper des Schuldners beherrscht, sondern lediglich auf seinen Willen, also auf etwas Unkörperliches eingewirkt wird.

[21] Nur soweit geht das Zugeständnis Hartmanns, Jahrb. XVII a. a. O S. 89, 90, aber dies reicht nicht hin, den Fortbestand des regierenden Rechts

Inwieweit solche subsidiäre Unterwerfung des Gegenstandes des Rechts eintritt, wird unten näher ins Auge gefaßt werden. Hier ist ein Einwand vorweg zu nehmen, auf den, wie es scheint, Exner, Kritik des Pfandrechtsbegriffs S. 54, hinauswill:[22] daß nämlich die Annahme eines Rechts am Rechte, wobei das Recht als Objekt erscheint und die Annahme einer daneben bestehenden — wenn auch nach unserer Annahme nur subsidiären — direkten Unterworfenheit des Gegenstandes jenes Rechts sich ausschlössen. Dies ist keineswegs der Fall; derjenige Akt, welcher auf Begründung eines Rechts am Recht gerichtet ist, kann die Stellung des Berechtigten sehr wohl in dem Sinne ordnen, daß ihm in erster Linie eine durch die Herrschaft über das Recht des Bestellers vermittelte rechtliche Macht zustehen soll und nur subsidiär, in Fällen, in denen der dem Rechtsgeschäft immanente Zweck sich durch Herrschaft über das Recht nicht voll erreichen läßt (etwa weil dessen formaler Apparat zerstört worden, nicht aber sein vermögensrechtlicher Inhalt aus dem Vermögen des Bestellers ausgeschieden ist (vgl. hierzu oben § 9), die Möglichkeit direkter Einwirkung auf den Gegenstand des Rechts gewährt werden soll.

Die Frage ist nur, ob diese Auffassung der Natur des hier ins Auge gefaßten Rechtsverhältnisses in höherem Maße gerecht wird, als die Idee der konstitutiven Succession. Für diesen positiven Nachweis ist die Bahn durch eine Kritik der Idee der konstitutiven Succession in Anwendung auf unseren Fall frei zu machen.

Der Gedanke der konstitutiven Succession, der es auf das Vollkommenste erklärt, daß das abgeleitete Recht „nur gefährdet ist durch die dem Recht des Auktors im Zeitpunkt der Succession anhaftenden Mängel und Todeskeime, nicht durch dessen spätere Schicksale“ und der also namentlich für die Erscheinung der Relativität der Confusion eine höchst befriedigende Lösung bietet, leidet an zwei nicht zu beseitigenden Mängeln.

---

an dem Objekt des durch Confusion erloschenen zu erklären, weil die rechtliche Unterworfenheit des Objekts, wenn sie bloss durch das von der Confusion betroffene Recht vermittelt wird, dieses nicht wohl überdauern kann.

[22] „Recht an dem Rechte des Verpfänders kann nicht aus einer Succession in dieses Recht hervorgehen.“

Erstens nämlich würde aus der ihn eigentümlichen Verselbständigung des Tochterrechts nicht nur folgen, daß letzteres durch die erst nach der Succession eintretenden widrigen Schicksale des Mutterrechts nicht mehr betroffen wird, sondern auch, daß etwaige Verbesserungen desselben dem Inhaber des Tochterrechts niemals zu Gute kämen; und doch wird man kaum in Abrede stellen können, daß, wenn beispielsweise der Verpfänder einer streitigen Forderung nachträglich ein Anerkenntnis des Schuldners erwirkt, dies auch dem Forderungspfandgläubiger zu Gute kommen muss.

Zweitens aber — und dies ist ganz entscheidend — ist die Idee der konstitutiven Succession vollkommen unvermögend, die Erscheinung zu erklären, daß bei Bestellung mehrerer Rechte an einem Rechte hintereinander über den Rang derselben die gleichen Grundsätze Platz greifen, wie sie bei mehrfacher dinglicher Belastung einer Sache gelten. Ganz besonders tritt dies hervor, wenn die Grundlage des Rechts des Bestellers eine Obligation bildet, es sich zum Beispiel um mehrfache Forderungsverpfändung, um die Konkurrenz von Pfandrecht und Nießbrauch an derselben Forderung handelt. Da hier die Theorie der konstitutiven Succession ganz auf die Arbeit mit obligatorischen Mitteln verwiesen ist, so ist es ihr unmöglich, die Priorität des einen Berechtigten vor dem andern bezüglich des Rechts zu erklären.[23] Eine solche Erklärung liegt nicht etwa darin, daß infolge der ersten konstitutiven Succession das Recht des Bestellers schon insoweit beschränkt sei, daß er ein weiteres Recht kraft konstitutiver Rechtsübertragung nur unbeschadet der Rechte des ersten Erwerbers herstellen könne. Solche absolut wirkende Beschränkung ist auf diesem Wege nicht zu konstruieren.

[23] Vielleicht hängt es hiermit zusammen, daß Exner, Kritik des Pfandrechtsbegriffs, vorsichtigerweise den Ausdruck „konstitutive Succession“ bei der Forderungsverpfändung vermeidet und von einer beschränkten Cession spricht, mit welcher er den Gedanken einer anticipierenden Verpfändung des Forderungsgegenstandes verknüpft. Demgegenüber hat Mansbach, Nießbrauch an Forderungen S. 40 mit vollem Rechte darauf hingewiesen, daß kein Grund vorhanden ist, den Begriff der konstitutiven Rechtsnachfolge auf dingliche Rechte zu beschränken, wofern man nur überhaupt zugebe, daß Forderungsrechte übertragbar seien.

Man darf sich nicht darauf berufen, daß eine derartige Beschränkung des Bestellers eintritt, wenn der Sacheigentümer auf dem Wege konstitutiver Succession Rechte an der Sache begründet. Was hier beschränkend wirkt, ist nicht die konstitutive Succession als solche, sondern der Umstand, daß durch sie ein dingliches Recht begründet worden ist. Der Ausdruck „konstitutive Succession" hat, genau besehen, nur negative Bedeutung, er sagt aus, daß nicht das Recht selbst, sondern ein qualitativ anderes, beschränkteres übergehe. Über die Einwirkung der erfolgten Konstituierung auf die Rechtslage des Bestellers giebt er keinen Aufschluß. Hierüber könnte nur eine nähere Angabe über die Natur des Vorgangs Klarheit schaffen. Danach sehen wir uns aber vergeblich um. Nur in einer Negative herrscht wieder annäherndes Einverständnis unter Freunden und Gegnern des Gedankens der konstitutiven Succession: darüber nämlich, daß sie keine Ablösung und Verselbständigung einzelner Befugnisse des Mutterrechts in sich schliesse.[24] Wenn dem aber so ist, so bleibt völlig unerklärt, wie dort, wo die konstitutive Succession auf Grund eines obligatorischen Rechts erfolgt, der Besteller zu Gunsten des Rechtserwerbers anders als obligatorisch beschränkt sein könnte. Da aus seinem Recht keine Befugnisse ausgeschieden sind: so wird er unzählige Rechte unter denselben rechtlichen Bedingungen wie das erste auf dem Wege konstitutiver Succession begründen können und es ist nicht abzusehen, aus welchem Grunde die späteren Rechtserwerber hinter dem ersten zurückzustehen hätten.[25] Daß dasjenige Konstruktionselement, welches sich bei den Anhängern des Gedankens der konstitutiven Rechts-

---

[24] Mansbach a. a. O. S. 34, Sohm, Subpignus S. 8, Stammler, Nießbrauch an Forderungen S. 21, Regelsberger, Pand. I S. 444.

[25] Trotz ihrer Kombination mit einem dinglichen Elemente (der anticipierenden Verpfändung des Forderungsgegenstandes) ist die in Note 23 berührte Theorie Exners nicht im Stande, die Gesamtheit der in Betracht kommenden Erscheinungen befriedigend zu erklären. Die verschiedene Rangordnung der Pfandgläubiger rücksichtlich der geleisteten Sache wird zwar begreiflich. Aber wenn es gar nicht zur Leistung auf die verpfändete Forderung kommt, vielmehr letztere selbst pfandweise verkauft wird, wodurch erklärt sich dann die verschiedene Rechtsstellung der mehreren Pfandgläubiger am Erlöse?

nachfolge als eine Art Surrogat für das von ihnen verworfene specifische Rechtsverhältnis findet, „der ökonomische Zweck," nach dem sich die Rechtslage des Successors bestimmen soll, nicht im Stande ist, jene dingliche Sicherung der Rechtsstellung des ersten Erwerbers zu erklären, dürfte auf der Hand liegen. Der ökonomische Zweck, von dem die Parteien bei Eingehung eines Rechtsgeschäfts ausgehen, kann zwar die maßgebende Norm abgeben für die konkrete Gestaltung ihrer rechtlichen Beziehungen. Darüber hinaus auf das Verhältniss dritter Personen kann er niemals wirken, dazu bedarf es einer bestimmten Form, wie sie vom Rechte im Rechtsverhältnis dargeboten wird. Es ist der Grundfehler der hier ins Auge gefaßten Theorie, daß sie die Frage nach der Natur eines Rechtsverhältnisses beantwortet mit der Auskunft über einen rechtlichen Vorgang. Beide sind imkomparable Größen.

Nach diesen kritischen Erörterungen ist die eigene Ansicht zu entwickeln. Die Bestellung eines Rechts am Rechte versetzt den Erwerber in erster Linie in ein rechtliches Verhältnis zum Rechte des Bestellers, das demjenigen des dinglich Berechtigten an der Sache analog ist.

Die Gestaltung dieser Herrschaft ist allerdings, was bereits Windscheid Pand. I § 48a scharf hervorgehoben hat,[26] beim Recht eine andere als bei der Sache: Sie besteht nicht in einer körperlichen Herrschaft, sondern in der Befugnis, die in dem regierten Rechte enthaltene rechtliche Macht kraft eigenen Rechts innerhalb der durch letzteres bezeichneten Schranken auszuüben. Von dieser rechtlichen Herrschaft wird das regierte Recht in gleichem Maße unmittelbar ergriffen, wie die Sache, d. h. jede spätere Veräußerung oder Belastung des Rechts ergreift dasselbe nur unbeschadet des Rechts des an ihm Berechtigten.

Insoweit besteht eine ernstliche Schwierigkeit nicht. Wie aber, wenn der juristische Apparat des Rechts zerstört wird, ohne daß sein Vermögenswert aus dem Vermögen des Bestellers ausscheidet, wie es namentlich bei der Confusion eintritt? Um hier

---

[26] S. jetzt auch Schwedler, Erlöschen der Rechtsverhältnisse S. 94.

die richtige Norm für das Verhältnis der Parteien zu finden, muß auf den Bestellungsakt zurückgegriffen werden.

Wenn ein Recht an einem andern Recht begründet werden soll, so kommt nicht in erster Linie die juristische Erscheinungsform des letzteren in Betracht, sondern vor allem seine Eigenschaft, die Herrschaft über ein menschliches Gut zu vermitteln, wodurch es, wie oben im § 9 dargelegt, selbst als ein Gut erscheint. Es hat sich also hier stets der Durchgang des reinen Rechtsbegriffes durch die ökonomische Betrachtungsweise schon vollzogen. Hieraus darf nun keineswegs geschlossen werden, daß der Wert des Rechts als solcher als Objekt des herrschenden Rechts erscheinen könnte. Hiergegen hat EXNER, Kritik des Pfandrechtsbegriffs S. 30 f. völlig durchschlagende Gründe vorgebracht.[27] Wohl aber ist diese Auffassung des Rechts von entscheidender Bedeutung für die Interpretation des Parteiwillens. Danach ergiebt sich, daß die Parteien zwar in erster Linie eine durch das Recht des Bestellers vermittelte rechtliche Herrschaft wollen. Weiter aber, daß sie die Aufrechterhaltung dieser Herrschaft auch da wollen, wo der juristische Apparat des regierten Rechts zerstört wird, ohne daß das Gut, über welches es die Herrschaft gewährte, aus dem Vermögen des Bestellers ausscheidet. Hieraus ergiebt sich nun notwendig die oben vertretene Konstruktion. In erster Linie erscheint das Recht des Bestellers als Objekt. Nur soweit solche mittelbare Herrschaft die Intention der Parteien nicht zu decken vermag, greift subsidiär eine unmittelbare Beziehung des regierenden Rechts zu dem Objekt des unterworfenen Rechts Platz.

Hiermit ist einmal die Relativität der Confusion befriedigend erklärt. Wir erhalten damit aber auch den Schlüssel zu solchen Erscheinungen, bei denen der Gedanke der konstitutiven Succession versagt, oder nur auf Umwegen eine Erklärung zu bieten vermag. In erster Linie sei auf das oben (§ 4 a. E.) erörterte Problem hingewiesen, daß die absorbierende Confusion auch im Verhältnis von Recht — und Recht am Recht stattfindet. Ein weiterer Beweis für die dogmatische Brauchbarkeit des Begriffs tritt bei der Be-

---

[27] Vgl. auch MANSBACH, Nießbrauch an Forderungen S. 9, 10.

urteilung eines eigenartigen Confusionsfalles zu Tage. Beerbt nämlich der Forderungspfandgläubiger oder der Forderungsnießbraucher den Schuldner in der verpfändeten, oder dem Nießbrauch unterworfenen Forderung, so müßte, wenn sein Recht auf konstitutiver Succession beruhte, schlechthin Confusion eintreten, da sein Pfandrecht oder Nießbrauch sich ja allein in einer abgezweigten, gegen den Drittschuldner gerichteten Forderung verkörpert. Dieses Resultat erscheint indessen ganz unhaltbar, da es nach den Quellen sogar möglich ist, einen Nießbrauch an eigener Schuld zu begründen und auch das Pfandrecht an eigener Schuld in der neueren Literatur und Praxis sich eine gesicherte Stellung errungen hat.[28] Die Vereinigung zwischen Schuldner und Nießbraucher bez. Pfandgläubiger kann also zu keinem anderen Resultate führen, als daß der Nießbrauch oder das Pfandrecht an der Forderung nunmehr dem Schuldner selbst zusteht.

Dieses Ergebnis innerlich zu begründen ist keinem Vertreter des Successionsgedankens[29] auch nur annähernd gelungen, und es ist bezeichnend, daß die einzelnen Erklärungen hier in ganz verschiedener Richtung auseinanderstreben. Am besten findet sich noch Exner bei Besprechung des Forderungspfandrechts mit der Schwierigkeit ab. Ihm kommt es zu statten, daß er das Pfandrecht an der Forderung nicht in erster Linie auf den Successionsgedanken gründet (dieser spielt nur eine bescheidene Rolle in der Annahme einer in der Verpfändung liegenden beschränkten Cession), sondern auf das *in pendenti* befindliche Pfandrecht des Gläubigers an dem Gegenstande der Leistung (a. a. O. S. 133—135). Auf dieser Grundlage construiert er ein Zurückbehaltungsrecht des Schuldners und zugleich Pfandgläubigers an der geschuldeten Sache *pignoris nomine*, indem er ungefähr so argumentiert: Das obligationenrechtliche Element beim Forderungspfandrecht, näm-

[28] l. 3 D. de usufr. ear. rer. 7, 5, vgl. hierzu und über die verschiedenen Ansichten von der juristischen Natur dieses Rechtsverhältnisses Stammler, Nießbrauch an Forderungen S. 107; ferner über das Pfandrecht an eigener Schuld: Korn, Zeitschr. f. Deutsch. C.P. XI S. 294 f., Oertmann im C. A. Bd. 81 S. 61 f., Reichsgerichtsentscheid. Bd. XX S. 365 f.

[29] Zu dieser Gruppe gehört auch Hellwig, welcher das Pfandrecht an der Forderung auf eine „cooptierende Cession" des Verpfänders zurückführt. (Pfändung und Verpfändung einer Forderung S. 57.)

lich die kraft beschränkter Cession auf den Gläubiger übertragene Forderung, sei zwar durch die Confusion zwischen diesem und dem Drittschuldner erloschen, aber das dingliche Element, das eventuelle Pfandrecht am sachlichen Inhalt der Forderung bestehe fort. Folglich sei der Schuldner, dem als Pfandgläubiger mit der Leistung ein Pfandrecht am Leistungsgegenstande erwachsen würde, nur in der Art zur Erfüllung verpflichtet, daß sein gleichzeitig hervortretendes Pfandrecht entweder respektiert, oder durch *satisfactio* beseitigt werde (a. a. O. S. 176 f.).

Genau besehen handelt es sich hier nicht um eine Ausübung des Pfandrechts, sondern um die Gewährung eines Retentionsrechts zur Sicherung der Ausübung eines Pfandrechts, welches erst im Begriffe ist zu entstehen. Ich kann daher in den Konsequenzen der Exner'schen Ansicht keine wesentliche Verschiedenheit von der Meinung Dernburgs erblicken, welcher dem Schuldner einfach eine *exceptio doli* gewährt,[30] im übrigen aber, nicht anders als Exner, vermöge der anticipierenden Verpfändung des Schuldobjekts an diesem im Momente der Leistung für den Schuldner ein Pfandrecht entstehen läßt.

Für Mansbach, welcher bei seiner Darstellung des Forderungsnießbrauchs die Successionsidee[31] rein verwertet, ohne sie wie Exner mit einem eventuellen dinglichen Recht an der Sache zu kombinieren, ist die hier in Frage stehende Erscheinung direkt unerklärlich und so macht er auch gar keinen Versuch dazu, sondern behilft sich mit einer einfachen Beschreibung: „Sagen, der Schuldner habe den Nießbrauch an der gegen ihn selbst gerichteten Forderung, heißt sagen: Die Forderung des Gläubigers sei zu Gunsten des Schuldners insoweit abgeschwächt, als nötig ist, daß der Gläubiger in diejenige rechtliche Lage versetzt werde, in welcher er sich befunden hätte, wenn der Nießbrauch an seiner Forderung einem Dritten zu Gute gekommen wäre.“[32]

---

[30] Pfandrecht I S. 474. Auf dasselbe Resultat kommt für den Forderungsnießbrauch Hanausek (Uneigentl. Nießbrauch S. 66) hinaus.

[31] Und zwar je nachdem der Gegenstand der Forderung eines wahren oder nur eines uneigentlichen Nießbrauchs fähig ist, als konstitutive oder translative Succession, vgl. besonders S. 55, 56.

[32] Nießbrauch an Forderungen S. 46, vgl. auch S. 86 Lit. b.

Einen eigentümlichen Versuch, dem Forderungspfandgläubiger in unserem Confusionsfalle pfandrechtliche Befugnisse zu retten, unternimmt Hellwig (Verpfändung und Pfändung von Forderungen S. 133) vom Boden seiner Theorie der cooptierenden Cession aus. Da hiernach die Forderung des Verpfänders und die des Forderungspfandgläubigers wie solidarische Obligationen nebeneinanderstehen, so würde an sich bei Beerbung des Drittschuldners durch den Forderungspfandgläubiger nur dessen Forderung, nicht die des Verpfänders erlöschen und folglich Letzterer den Forderungspfandgläubiger als Erben des Drittschuldners in Anspruch nehmen können. Dieses Resultat wird jedoch von Hellwig durch die Annahme modificiert, daß man dem Pfandgläubiger die Befugnis geben müsse, die Confusion mit der Wirkung der Zahlung auszustatten und dadurch auch die Forderung des Verpfänders zum Erlöschen zu bringen. Hiergegen ist nun zunächst einzuwenden, daß damit der Confusion in einem Verhältnis bloß solidarischer Berechtigung weitergehende Wirkungen beigelegt würden, als im Correalverhältnisse, was entschieden bedenklich ist. Noch weniger aber kann die Herbeiführung dieser Wirkung dem subjektiven Belieben des Pfandgläubigers überlassen werden. Es ist oben (S. 151, 160 f.) ausführlich dargelegt worden, daß die Voraussetzungen, unter denen sich mit der Confusion die Wirkung der Zahlung verbindet, objektiv bestimmt, dem Willen desjenigen, in dessen Person die Confusion stattfindet, entzogen sind. Die von Hellwig zur Begründung seiner Meinung angezogene l. 33 D. solut. matr. (vgl. hierzu oben S. 153 f.) spricht in dieser Richtung gegen ihn; denn es wird dort keineswegs dem Belieben des Ehemanns anheim gestellt, ob er sich als Erbe seiner Frau seine Schuldbefreiung als Äquivalent für den Verlust seiner Forderung anrechnen will, sondern schlechtweg dekretiert, daß es so anzusehen sei, als habe der Ehemann solche Aufrechnung vollzogen.

Nicht recht zu vereinbaren scheint endlich die echte Pfandrechtsstellung, welche Oertmann im C. A. Bd. 81, vgl. namentlich S. 86, dem Inhaber eines Pfandrechts an eigener Schuld einräumt, mit seiner rechtlichen Konstruktion, die gleichfalls auf eine konstitutive Succession hinausläuft (S. 83). Wenn die für den

Forderungspfandgläubiger abgezweigten „Forderungsbestandteile“ bei der Beerbung des Schuldners alsbald durch Confusion zu Grunde gehen (S. 84), wie können ihnen dann noch pfandrechtliche Wirkungen entspringen? Wenn ferner das Recht des Forderungspfandgläubigers ein rein persönliches Recht gegen den Drittschuldner ist, wie kann es dann bei Vereinigung der Personen des Pfandgläubigers und Drittschuldners plötzlich gegen den Verpfänder wirksam werden? Daß ein Recht gegen diejenige Person, gegen welche es gerichtet ist, bald in der Offensive als *actio*, bald in der Defensive als *exceptio* hervortreten kann, ist ja nicht zu bestreiten. Aber wird hierdurch erklärt, daß ein gegen A (den Drittschuldner) zuständiges und als *actio* sich zu manifestieren fähiges Recht in der Defensive auf B (den Verpfänder) überspringt? Wie erklärt sich endlich auf diesem Wege, daß bei mehrmaliger Verpfändung der Forderung der Pfandgläubiger und zugleich Schuldner den späteren Pfandgläubigern die Einrede des besseren Pfandrechts entgegensetzen kann? Daß die Operation mit dem „wirtschaftlichen Zweck“ des Pfandrechts nicht ausreicht, ist oben S. 189, 190 dargelegt worden.

Im Gegensatz zu den Schwierigkeiten, auf die nach den vorstehenden Ausführungen sämtliche Vertreter des Successionsgedankens stoßen, ergiebt sich die Fortdauer des Pfandrechts oder Nießbrauchs an der Forderung bei Zugrundelegung der Theorie, welche die Forderung als Objekt des Pfandrechts oder des Nießbrauchs ansieht, von selbst.

§ 15.

Modifikation der Confusionswirkung infolge relativer Selbständigkeit der confundierten Vermögensmassen?

Eine besondere Betrachtung erheischen die Fälle, in denen das Zusammentreffen rechtlich inkompatibler Eigenschaften in einer Person Hand in Hand geht mit einer beschränkten rechtlichen Selbständigkeit der Vermögensmassen, denen die beiden Seiten des zur Vereinigung kommenden Rechtsverhältnisses angehören.

In erster Linie fesselt hier unser Interesse die durch Erteilung des *beneficium separationis* oder durch die Inventarserrichtung geschaffene Rechtslage. Beide führen eine gewisse Sonderung des ererbten Vermögens vom Eigengut des Erben herbei, ohne doch den rechtlichen Zusammenhang der Erbschaft mit der Person des Erben zu lösen, bei beiden wird die Frage nach dem Schicksal der von der Confusion betroffenen Rechtsverhältnisse in besonders hohem Grade praktisch. Aber sie sind nicht die einzigen Fälle. Die Frage, ob und wieweit Confusion stattfindet, bez. wieweit die eingetretene in ihren Wirkungen modificiert oder beseitigt wird, ist überall da aufzuwerfen, wo rechtliche Beziehungen zwischen zwei Vermögensmassen in Frage kommen, die nicht verschiedenen Personen, sondern ein und derselben zuständig, jedoch mit einer gewissen rechtlichen Selbständigkeit ausgestattet sind.

Es schlägt hier die Kategorie des Sondervermögens ein, die in der neueren Theorie mit Recht eingehende Berücksichtigung gefunden hat.[1] Da sie jedoch sehr verschiedenartige Fälle umfaßt, die nur in der Negative übereinstimmen, daß die in gewisser Beziehung selbständigen Vermögen sich nicht zu juristischer Rechtspersönlichkeit verdichtet haben, während der Umfang, in dem sie als rechtlich selbständige Vermögensinbegriffe behandelt werden verschieden ist, so wird von der Aufstellung einer allgemeinen Regel über die Beurteilung der Confusionswirkung zunächst abgesehen. Statt dessen wird die Betrachtung auf die am meisten hervortretenden Fälle gelenkt, in denen zugleich die Abstufung der rechtlichen Selbständigkeit augenscheinlich hervortritt und und die insoweit zugleich als Repräsentanten für die ihnen nahe stehenden Fälle dienen können.

I. *beneficium separationis.* Über die rechtliche Bedeutung des Absonderungsrechts der Erbschaftsgläubiger ist neuerdings wieder lebhaft verhandelt worden.[2] Man hat die Ansicht aufgestellt,

---

[1] Vgl. namentlich Bekker, Pand. § 43 S. 146 f., Laband, Zeitschr. f. Handelsrecht Bd. 30 S. 475, Regelsberger, Pand. I § 95 Lit. IV S. 363.

[2] Oertmann in Grünhuts Zeitschr. Bd. 17 S. 257, E. Jäger, Voraussetzungen des Nachlaßkonkurses, Münchener Dissert. 1893, Oertmann in Jherings Jahrb. f. Dogm. Bd. 34 S. 82 f.

daß die Absonderung nicht sowohl die Erbschaft als vorgestellte Einheit der nachgelassenen Rechte und Schulden, als vielmehr eine Summe einzelner Rechte betreffe.[3] Mit Rücksicht auf die ausführliche Widerlegung dieser Ansicht durch OERTMANN[4] braucht hier auf die Einzelheiten dieser Controverse nicht eingegangen zu werden. Nur zur Charakteristik der eigentümlichen Natur der separierten Erbschaft als Sondervermögen wird die eigene Auffassung kurz präcisiert.

Die Separation der Erbschaft ist ein Anwendungsfall der *missio in possessionem rei servandae causa* und als solche *missio in universa bona defuncti.* Dies hebt in Ulpian in l. 1 D. quib. caus. in possess. eatur 42, 4 mit aller wünschenswerten Deutlichkeit hervor, indem er bemerkt, daß im Gegensatz zur *missio in possessionem rei servandae causa* die *missio* auf unterlassene *cautio damni infecti* nicht *„universorum nomine sed rei tantum, de qua damnum timetur“* erfolge. Aus der Separation der *hereditas* als Einheit ergiebt sich die natürliche Folge, daß das vom Erben aus Erbschaftsmitteln Erworbene gleich dem Stamm der Erbschaft den Erbschaftsgläubigern zur Befriedigung dient. Dies wird in der auch von OERTMANN a. a. O. S. 88 berücksichtigten l. 5 D. de separ. 42, 6 ausdrücklich hervorgehoben. Mit der Separation ist aber die rechtliche Beziehung des Erbvermögens zum Erben keineswegs gelöst. Dies wird schon dadurch klar, daß der verbleibende Rest des Erbvermögens ohne weiteres von den persönlichen Gläubigern des Erben zu ihrer Befriedigung in Anspruch genommen werden kann. Wenn umgekehrt den separierenden Nachlaßgläubigern wenigstens regelmäßig diese Befugnis dem Eigenvermögen des Erben gegenüber nicht zusteht, so erklärt sich dies nicht aus einer völligen rechtlichen Sonderung des Erbvermögens vom Eigengut des Erben, sondern daraus, daß in der Erbittung der Separation ein präsumtiver Verzicht auf die Inanspruchnahme des Erben liegt.[5] Es liegt also ein echter Fall des Sonderguts vor: Einheit des

---

[3] JÄGER a. a. O. S. 30.

[4] In der zuletzt angeführten Abhandlung.

[5] l. 1 § 16 D. de sep. 42, 6. Bekanntlich ist die Frage, wieweit die Nachlaßgläubiger durch die Erbittung der Separation der Befugnis verlustig

Vermögensherrn bei beschränkter, durch die Zweckbestimmung — Befriedigung der Nachlaßgläubiger — begrenzter rechtlicher Sonderung des Erbvermögens. Welchen Einfluß hat dieses Auseinanderfallen des Vermögens des Erben in zwei Massen auf die durch den Erwerb der Erbschaft confundierten Rechtsverhältnisse? Nicht selten findet sich die Behauptung, daß durch die erlangte Separation die Confusion „rückgängig" werde.[6] Hiermit werden fälschlich die im § 9 erörterten vermögensrechtlichen Wirkungen, welche die Confusion übrig läßt, als Ausflüsse des wieder erstandenen Rechts gedeutet. In der That bleibt das Recht confundiert. Denn der Grund, der die Confusion herbeiführte, Vereinigung der inkompatibelen rechtlichen Eigenschaften in einer Person, bleibt nach wie vor bestehen, da auch nach Separation der Erbschaft der Erbe der alleinige Herr beider Vermögen ist. Nur als Vermögenspost bleibt das Recht aktiv und passiv erhalten und demgemäß erfolgt zwischen den Massen der entsprechende Ausgleich. Dies ist aber, wie im § 9 dargelegt, nichts der Confusionswirkung Widersprechendes, sondern vielmehr etwas ihr Eigentümliches.

Die Forderung des Erben mindert das Erbvermögen, seine Schuld vermehrt es. Beides wird bei Berechnung des Vermögens, auf das die Gläubiger zu ihrer Befriedigung Anspruch haben, genau so in Rechnung gezogen, wie bei der Falcidischen Rechnung im Verhältnis zu den Vermächtnisnehmern. Damit ist keineswegs die Existenz des Rechts auch in juristisch formaler Hinsicht bejaht. Die Forderung des Erben gegen den Erblasser ist auch nach der Separation der Erbschaft keiner Cession fähig, der Erbe kann keine Bürgen dafür annehmen. Denn trotz der Separation ist er als Herr beider Vermögensmassen Gläubiger und Schuldner in einer Person. Von gleichem Gesichtspunkt aus ist die Confusion dinglicher Rechte zu beurteilen. Bestanden zwischen Grundstücken des Erben und des Erblassers Servituten, die durch den Erbgang

---

gehen, den Erben mit seinem eigenen Vermögen in Anspruch zu nehmen, controvers. Vgl. Windscheid, Pand. III § 607 Note 10, Dernburg III § 170 Note 11, Brinz III § 398 Note 15; des Letzteren Vereinigungsversuch dürfte am meisten für sich haben.

[6] So Brinz, Pand. III § 437 S. 492 Note 12 a. E., vgl. auch § 398 Note 7 (S. 207).

confundiert worden sind: so leben sie infolge der Separation der Erbschaft nicht wieder auf. Nur kann der Erbe als Eigentümer des herrschenden Grundstücks verlangen, daß die Dienstbarkeit beim Verkauf des erbschaftlichen Grundstücks wiederhergestellt werde, wie er umgekehrt als Eigentümer des dienenden dem Käufer des Erbschaftsgrundstückes die erloschene Servitut wiederherstellen muß.

Diese Sätze sind in den Quellen nicht direkt bezeugt. Aber sie folgen aus dem inneren Grunde der Confusionswirkung und der Natur des durch die Separation geschaffenen Rechtszustandes und werden überdies durch eine bezüglich der Bürgschaftsconfusion in l. 3 D. de separ. 42, 6 getroffene Entscheidung gestützt. Beerbt der Schuldner den Bürgen, so geht die Bürgschaft durch Confusion unter. Trotzdem erteilt der Prätor dem Gläubiger Separation auf die confundierte Bürgschaftsobligation hin. Dies bedeutet aber, wie aus der Begründung klar hervorgeht, keine Rescission der Confusionswirkung schlechthin, sondern nur die Eröffnung der Möglichkeit für den Gläubiger, auf die confundierte Bürgschaft hin zur Befriedigung aus der Erbschaft zu gelangen,[7] während alle übrigen Confusionswirkungen intakt bleiben.

Freilich ist zu beachten, daß im Falle der Separation ein Mittel, den oben erörterten vermögensrechtlichen Ausgleich zu erzwingen, vorhanden sein muß,[8] da, falls es zum Konkurs kommt, die Disposition über die Massen in verschiedenen Händen liegt. Nach römischen Recht wurde hier zweifellos die confundierte Klage vom Prätor ad hoc restituiert. Nach modernem Recht ist direktes Wiederaufleben anzunehmen. Die Zwangsmöglichkeit steht jedoch hier nicht im Dienste eines subjektiven Rechts, welches der Erbe gegen sich selbst hätte, sondern sie wird gegeben, um jenen Ausgleich zwischen den ein und demselben Herrn zuständigen Vermögensmassen herbeizuführen, der auf die rechtliche Stellung Dritter zurückwirkt.

---

[7] Vgl. oben § 5 S. 82. Infolge der Erweiterung des Plenioritätsbegriffs im modernen Rechts ist der in der l. 3 enthaltene Confusionsfall antiquiert, nicht aber der für die Entscheidung maßgebende Gesichtspunkt.

[8] Vgl. Bekker, Pand. I § 43 S. 149.

II. In etwas anderem Sinne wird die Erbschaft durch die Inventarserrichtung zum Sondergut. Während bei erlangter Separation die Nachlaßgläubiger aus der Erbschaft als solcher befriedigt und zu diesem Zweck die Nachlaßobjekte für sie sichergestellt werden, bleibt bei erfolgter Inventarserrichtung dem Erben die volle Dispositionsbefugnis über den Nachlaß, bedeutet die Haftung mit den Kräften des Nachlasses nur eine Begrenzung seiner Haftung, nicht die Separation des Nachlasses für die Nachlaßgläubiger.[9] Die Sonderung des Nachlasses vom Eigentum des Erben ist also hier weit schwächer, als bei der Erbschaftsseparation und von einem wahren Wiederaufleben der durch Confusion erloschenen Rechte (mit der Wirkung, daß der Erbe sie weiter übertragen könnte, daß die untergegangenen Accessionen wiederauflebten) kann hier noch weniger die Rede sein als im ersten Fall. Steht aber hiermit nicht die Disposition der l. 22 § 9 C. de iure delib. 6, 30 (2. Satz) in Widerspruch? Denn Justinian verfügt doch mit Bezug auf die Inventarserrichtung:

„*Si vero et ipso (heres) aliquas contra defunctum habebat actiones, non hae confunduntur, sed similem cum aliis creditoribus habeat fortunam, temporum tamen praerogativa inter creditores servanda.*"

Hier ist doch klar ausgesprochen, daß im Fall der Inventarserrichtung die Klagen des Erben gegen den Erblasser nicht confundiert sein sollen? Trotz dieser scheinbaren Evidenz läßt sich meines Erachtens mit Sicherheit nachweisen, daß es sich hier nur um eine verzeihliche Inkorrektheit des Ausdrucks handelt, daß Justinian keineswegs an einen Ausschluß der Confusionswirkung in dem Sinne denkt, daß der Erbe sich selbst in wahrem Sinne berechtigt oder verpflichtet wäre. Der Erbe wird vielmehr nur hinsichtlich der Möglichkeit, aus dem Nachlaß Befriedigung zu gewinnen, mit den andern Gläubigern gleichgestellt, d. h. das Recht entfaltet trotz seiner Confusion die mehr erörterten vermögensrechtlichen Wirkungen (§ 9), zu denen es einer besonderen juristischen Form nicht bedarf. Wenn dem aber so ist, so muß noch das Ver-

---

[9] Vgl. WINDSCHEID, Pand. § 606 Note 9, BRINZ, Pand. III § 399 S. 212, während DERNBURG, Pand. III § 171 Note 17 als modernes gemeines Recht specifische Haftung mit den Nachlaßobjekten annimmt. Vgl. auch BÄHR, Gegenentwurf, Anhang, bes. S. 422.

greifen im Ausdruck erklärt werden. Ein solches lag nahe genug. Vor Einführung des *beneficium inventarii* kann der Erbe im Falle der Überschuldung der Erbschaft mit den übrigen Nachlaßgläubigern nicht zu gleichmäßiger Befriedigung aus der Erbschaft gelangen, weil er sie vermöge des Princips der unbegrenzten Haftung auch über den Bestand des Nachlasses hinaus befriedigen muß, ihm also die an sich durch die Confusion nicht alterierte Befugnis, auch sich selbst als Gläubiger aus dem Nachlaß zu decken, nichts nützt.[10]

Wenn nun die Inventarserrichtung auch bei überschuldeter Erbschaft dem erbenden Gläubiger die Möglichkeit gewährt, sich auf gleicher Stufe mit den übrigen Nachlaßgläubigern aus der Erbschaft zu befriedigen, so liegt die Versuchung nahe, sich dieses vom früheren Rechtszustande abweichende Resultat als durch den Ausschluß der Confusion vermittelt zu denken. Dies ist aber unrichtig. Der innere Grund für das Hervortreten der Befugnis des Gläubiger-Erben sich trotz Überschuldung des Nachlasses auf gleicher Linie mit den übrigen Gläubigern Befriedigung aus dem Nachlasse zu holen, liegt vielmehr ausschließlich in der durch die Inventarserrichtung herbeigeführten Beseitigung der Haftung *ultra vires*. Denn lediglich letztere führt, wie oben im § 10 dargelegt, zu dem der Confusionswirkung an sich fremden Ergebnisse, daß das Recht nicht nur seiner juristischen Erscheinung nach zerstört ist, sondern dem Erben auch die Möglichkeit verschlossen ist, auf das confundierte Recht hin Befriedigung aus der Erbschaft zu erlangen. Wird die unbeschränkte Haftung beseitigt, so tritt der erbende Gläubiger wieder gleichberechtigt neben die übrigen Nachlaßgläubiger und es greifen die normalen Confusionswirkungen, wie sie im § 8 und 9 erörtert worden sind, Platz: Das Recht ist seiner juristischen Erscheinung nach zerstört, aber in seiner Eigenschaft als Vermögensbestandteil nicht von der Confusion berührt; und demnach kann der Inventarerbe den Betrag seiner durch Confusion untergegangenen Forderung den übrigen Gläubigern gegenüber abziehen, wie umgekehrt der erbende Schuldner seine Schuld als Erbschaftsaktivum einstellen muß.

---

[10] S. oben § 10 S. 154 f.

Auch hier gelten die gleichen Gesichtspunkte wie für die Forderungen für die durch Confusion erloschenen dinglichen Rechte. Sie leben nicht direkt wieder auf, aber bei Berechnung des Nachlaßbestandes kommen sie aktiv oder passiv in Ansatz, und wenn es zum Nachlaßkonkurse kommt, sind sie beim Verkauf in ihrer früheren Gestalt wiederherzustellen.

III. Zum Schluß sei ein besonders wichtiger, dem modernen Recht angehöriger Fall ins Auge gefaßt. Eine Forderung gegen eine offene Handelsgesellschaft oder ein dingliches Recht an einer Sache derselben wird von einem der Gesellschafter erworben, sei es durch Succession oder von vorn herein, kraft Rechtsbegründungsakts. Wie ist das Rechtsverhältnis zu beurteilen? Hierbei ist davon auszugehen, daß der offenen Handelsgesellschaft keine juristische Persönlichkeit zukommt, vielmehr die Gesellschafter die Subjekte der ihr zugeschriebenen Rechte und Verbindlichkeiten sind.[11] Das Gesellschaftsvermögen hat die Natur eines Sondervermögens, allerdings eines mit weitgehender rechtlicher Selbständigkeit ausgestatteten. Kontrahieren des Gesellschafters mit der Gesellschaft bedeutet also, daß sich mit Rechtsnotwendigkeit die Wirkungen des Rechtsgeschäfts so bestimmen, als wäre mit sämtlichen Gesellschaftern, zu denen auch der zugleich auf der anderen Seite stehende selbst gehört, kontrahiert worden. Rücksichtlich dieses Letzteren freilich liegt ein Vertrag, also ein zweiseitiges Rechtsgeschäft nicht vor, vielmehr werden an eine in Wahrheit einseitige Willenserklärung Vertragswirkungen angeknüpft.

Es handelt sich um einen Fall des Selbstkontrahierens und zwar des Selbstkontrahierens in eigenem Interesse, nicht als Vertreter eines Anderen.[12] Geht hier das Recht, soweit es dem

---

[11] Über diese vielverhandelte Kontroverse vgl.: LABAND, Zeitschr. f. Handelsrecht Bd. 30 S. 475 f., Bd. 31 S. 21, COSACK, Handelsrecht § 84 S. 551 f., BEKKER, Pand. I § 60 S. 215 f., § 43 S. 150, WACH, Handbuch I S. 522 f., STAUB, Comm. z. H.G.B. 4. Aufl. Art. 111 § 1, Entsch. d. R.G. Bd. 35 S. 389.

[12] Vgl. zu letzterem Falle M. RÜMELIN, Das Selbstkontrahieren des Stellvertreters S. 15 f. Anders faßt das rechtliche Verhältnis COSACK § 85 S. 575 Ziff. 1 auf, welcher annimmt, daß das Geschäft nur zwischen dem Gesell-

Gesellschafter zusteht, oder die Verpflichtung, soweit sie gegen ihn gerichtet ist, durch Confusion unter? Diese Annahme scheint geboten, weil insoweit, als es sich um den auf beiden Seiten stehenden Gesellschafter handelt, Personenidentität vorliegt. In der That sind auch die Konsequenzen, die sich aus der Annahme der Confusion ergeben, wenigstens teilweise erträglich. Denn da, wie vorstehends dargelegt ist, die Confusion keineswegs den Anspruch auf Befriedigung aus dem Sondervermögen ausschließt, so erklärte es sich in zufriedenstellender Weise, daß dem Gläubigersocius das Gesellschaftsvermögen auch wegen seines Anteils mitverhaftet ist, wie er andererseits als Schuldner auch für seinen Anteil beitragspflichtig bliebe. Im Übrigen bestände gegen ihn selbst eine Forderung nicht, während die übrigen solidarisch haftenden Gesellschafter natürlich von der Confusion nicht betroffen würden und ihm nur, wenn er sie mit ihrem Privatvermögen in Anspruch nähme, entgegensetzen könnten, daß er sich zu seinem Teil als Gesellschafter selbst beitragspflichtig sei.[13]

Dennoch wird man hier weiter gehen müssen und zu dem Ergebnisse kommen, daß infolge der eigentümlichen Natur und Bestimmung des Sondervermögens der offenen Handelsgesellschaft sowie wegen des Interesses des Verkehrs die Confusionswirkung auszuschließen sei.

Es scheint nämlich durchaus notwendig, dem etwaigen Singularsuccessor des der Gesellschaft als Kontrahent gegenüberstehenden Gesellschafters dieselbe Stellung einzuräumen, wie er sie haben würde, wenn er von einem externen Gläubiger erworben hätte, in welchem Falle nach Art 112 H.G.B. die Gesamtheit der Gesellschafter solidarisch verhaftet ist. In ein durch Confusion

---

schafter einerseits und den übrigen Gesellschaftern, welche in diesem Falle die gesamte Gesellschaft darstellten, zu Stande komme. Aber als Repräsentanten der Gesellschaft können nur sämtliche Gesellschafter angesehen werden, und in der That kommt Cosack auf einem Umwege zu dieser Auffassung zurück, wenn er die Legitimation der übrigen Gesellschafter zur Vertretung der Gesamtgesellschaft darauf gründet, daß der gegenüberstehende Gesellschafter ihnen, indem er als *extraneus* contrahiere, ihnen auch bezüglich seines eigenen Anteils das Vertretungs- und Verfügungsrecht einräume.

[13] Vgl. R.G.E. Bd. 36 Nr. 16 S. 64 und l. 71 pr. D. de fideiuss. 46, 1.

erloschenes Rechtsverhältnis aber giebt es keine Succession; demgemäß gingen auf den Successor nur die Rechte gegen die von der Confusion nicht betroffenen Gesellschafter über, nicht gegen den Übertragenden selbst, worin unter Umständen eine schwere Gefährdung des Erwerbers liegen könnte.

So kommen wir zu demselben Resultate, wie Laband in der Zeitschrift für Handelsrecht Bd. 31 S. 22. „Die Absonderung der Vermögensmassen wirkt hier in der That wie eine Verschiedenheit der Vermögensherrn."

Das Normale ist diese vom Interesse des Verkehrs verlangte Eliminierung der Confusionswirkung nicht. Denn die Confusion beruht auf dem Identischwerden zweier Rechtssubjekte und diese wird nicht dadurch ausgeschlossen, daß die demselben Herrn zuständigen Vermögensmassen noch eine gewisse rechtliche Selbständigkeit bewahren. Aber das positive Recht ist jederzeit in der Lage, wo besondere Interessen, namentlich solche des Verkehrs in Frage kommen, die Confusionswirkung auszuschließen. Thut es dies, so erweitert es lediglich die Zahl der Fälle, in denen trotz Mangel eines subjektiven Rechts doch ein rechtlich geregeltes Verhältnis besteht, in welches mit all den Wirkungen succediert werden kann, die sich an eine wahre Rechtsübertragung knüpfen.

§ 16.

Zeitpunkt des Eintritts der Confusionswirkung.

Die Confusion vollzieht sich in dem Augenblick, in dem die inkompatiblen Eigenschaften in einer Person zusammentreffen, das Rechtsgeschäft, auf dem die Vereinigung beruht, seine Wirkungen entfaltet; regelmäßig also sofort, bei suspensiv bedingten im Augenblick des Eintritts der Bedingung.[1] Beruht die Vereinigung auf Erbgang, so tritt die Confusion bei denjenigen Personen, welche die Erbschaft direkt mit der Berufung erwerben, in diesem Zeitpunkt, sonst mit dem Antritt der Erbschaft ein.[2]

---

[1] Arg. l. 26 D. de usu et usufr. leg. 33, 2, vgl. l. 34 pr. D. de usufr. 7, 1.

[2] Vgl. l. 82/80 D. ad S. C. Treb. 36, 1: „*Aditione hereditatis confusa obligatio interciderat*", l. 2 § 18 D. de hered. vend. 18, 4: „*quamvis post mortem debere desiit adita a venditore hereditate*".

Die Konsequenz hiervon ist, daß auch diejenigen Rechte und Verpflichtungen confundiert werden, welche erst nach dem Tode des Erblassers zwischen der *hereditas iacens* und dem Erben erwachsen sind[3] (man denke an die *a. legis Aquiliae*, die *actio negotiorum gestorum*, l. 3 § 6 D. de neg. gest. 3, 5), daß es nicht etwa so angesehen wird, als wären sie überhaupt nicht erwachsen, sondern auch auf sie die eigentümlichen Confusionsgrundsätze angewendet werden.

Eine andere Frage ist es, ob die Wirkungen der eingetretenen Confusion unter Umständen zurückbezogen werden. Sie kann namentlich da wichtig werden, wo es sich um eine zinstragende Forderung oder um einen Nießbrauch handelt und es auf die Feststellung des Zeitpunkts ankommt, in dem die Zinsen oder Nutzungen erlöschen. Hierfür ist die Natur des Rechtsgeschäfts, auf dem die Vereinigung beruht, entscheidend. Im einzelnen kann hierauf nicht eingegangen werden. Nur den vorzugsweise wichtigen Fall, daß die Vereinigung durch Erbgang erfolgt ist, empfiehlt es sich, etwas näher ins Auge zu fassen. Bekanntlich ist es bestritten, welche Bedeutung dem Satze beizumessen ist, daß nach vollzogenem Antritt der Erwerb der Erbschaft auf den Moment des Todes des Erblassers zurückzubeziehen sei und wie er, einmal mit der Personifikation der Erbschaft, sodann mit der Vorstellung, daß die Erbschaft die Person des Erblassers darstelle, zu vereinigen sei.[4]

Eine sichere Grundlage für die Beurteilung dieser Fragen wird sich nur dadurch gewinnen lassen, daß von Fall zu Fall geprüft wird, ob und in welchem Sinne der Gedanke der Rückziehung Anwendung gefunden hat.

Nun versteht sich die Rückziehung der Confusionswirkungen auf den Moment des Todes des Erblassers in Anbetracht des

---

[3] Vgl. namentlich l. 75 D. de solut. 46, 3: „*Sicut acceptilatio in eum diem praecedentes peremit actiones, ita et confusio; nam si debitor heres creditori exstiterit, confusio hereditatis peremit petitionis* (*aditione?*) *actionem.*

[4] Über diesen Punkt ist neuerdings namentlich Steinlechner, Das schwebende Erbrecht und die Unmittelbarkeit der Erbfolge S. 63 f., 82 f. zu vergleichen. S. auch Hölder, Die Stellung des röm. Erben in der Zeitschr. f. Sav.-Stiftg. Bd. XVI S. 221 f.

klaren Wortlauts der Quellen, welche als den für die Confusion maßgebenden Zeitpunkt den Antritt der Erbschaft bezeichnen, keineswegs von selbst. Soll trotzdem solche angenommen werden, so müßte sie entweder ausdrücklich ausgesprochen sein, oder wenigstens eine quellenmäßige Entscheidung nicht ohne Anwendung des Rückwirkungsgedankens erklärbar sein. In dieser Hinsicht giebt zu Zweifeln nur eine einzige Stelle Anlaß. Es ist die

l. 35 D. de bon. lib. 38, 2. Iavolenus libro tertio epistularum: „*A liberto suo herede Seius usum fructum fundi Maevio legavit: is libertus Maevio herede relicto decessit: quaero, cum contra tabulas testamenti petierit filius Seii adversus Maevium, utrum deducto usu fructu pars debita ei fundi restituenda sit an solida, quia eorum bonorum acceperit possessionem, quae liberti cum moreretur fuerunt. respondit: usum fructum in causam pristinam restituendum puto. optimum itaque erit arbitrum postulare, ut arbitrio eius usus fructus in integrum restituatur.*"

Ein Patron setzt seinen Freigelassenen zum Erben ein und vermacht den Nießbrauch eines zur Erbschaft gehörigen Grundstücks dem Maevius. Diesen Maevius ernennt sich später der Freigelassene zum Erben; Maevius tritt die Erbschaft an, wodurch der ihm von Vermächtniswegen zustehende Nießbrauch durch Consolidation untergeht. Nun existiert ein Sohn des Patrons, der den ihm nach classischem Recht zustehenden Anspruch auf die Hälfte der Erbschaft des Freigelassenen durch Erbittung der *bonorum possessio contra tabulas* geltend macht. Kann der Testamentserbe, welcher sich mit dem Sohne des Patrons wie mit einem Miterben auseinanderzusetzen hat,[5] an dem herauszugebenden Teil des Grundstücks den Nießbrauch zurückbehalten, oder muß er ihm den Anteil einschließlich des Nießbrauchs restituieren? Der Jurist entscheidet sich für die erste Alternative.

Insoweit ist für irgend einen Zweifel kein Raum. Ein solcher knüpft sich aber an die eingeschobene Begründung „*quia eorum bonorum acceperit possessionem, quae liberti, cum moreretur, fuerunt.*" Ihrer Stellung nach beziehen sich diese Worte auf die zweite Alternative, so daß es den Anschein hat, als führte der

[5] Vgl. Leist, Fortsetzung von Glück ad h. l. S. 505.

Jurist den Umstand, daß der Pflichtteil sich nach dem Zeitpunkt des Todes des Erblassers bestimme, als Argument dafür an, daß der Freigelassene den Anteil einschließlich des Nießbrauchs zu restituieren hätte. Ein Argument für diese Entscheidung ist der erwähnte Satz aber nur, wenn stillschweigend vorausgesetzt wird, daß die Consolidationswirkung vom Antritt der Erbschaft auf den Moment des Todes des Erblassers zurückbezogen wird, weil nur dann der Nießbrauch schon im Moment des Todes nicht mehr als selbständiges Recht vorhanden ist, sondern mit dem zur Erbschaft gehörigen Eigentum bereits consolidiert erscheint. In der That geht LEIST bei seiner Interpretation der Stelle von dieser Annahme aus, wenn auch mit der Modifikation, daß er den Einwand nicht dem Juristen, sondern dem Anfragenden zuschreibt.

Nimmt man aber einmal die Beziehung des Causalsatzes auf die zweite Alternative an, so könnte der Einwurf nach dem Ideengange, den er voraussetzt, gerade Javolenus leicht gehören. Denn bei ihm kann man wegen seiner Vertrautheit mit den Werken des Cassius,[6] eines der Hauptvertreter der Rückziehungsidee,[7] eine Hinneigung zu dieser leicht annehmen. Dennoch erhebt sich das Bedenken, ob der Jurist die Rückziehung für so selbstverständlich halten konnte, daß er sie mit keinem Worte zu berühren brauchte. Und so bleibt zum mindesten ein Zweifel übrig, ob sich der Satz *„quia etc.“* nicht doch auf die erste Alternative bezieht und einfach besagt, daß der Testamentserbe den consolidierten Nießbrauch für die herauszugebende Hälfte restituiert verlangen kann, weil für die Pflichtteilsberechnung der Moment des Todes des Erblassers maßgebend ist und jedenfalls zu diesem Zeitpunkt die Consolidation noch nicht eingetreten war.[8]

Wie dem auch sein mag, jedenfalls enthalten die Quellen eine Entscheidung, aus der zur Evidenz hervorgeht, daß eine

---

[6] Wie durch seine „ex Cassio libri XV“ bewiesen wird. Vgl. dazu LENEL, Palingenesia I S. 277 Note 1.

[7] Arg. l. 28 § 4 D. de stip. serv. 45, 3: *„Cassius respondit posse, quia qui postea heres extiterit videretur ex morti tempore defuncto successisse“.*

[8] Vgl. auch SCHMIDT, Das Pflichtteilsrecht des Patronus und des Parens manumissor S. 65 Note 93.

Rückziehung der Confusionswirkungen infolge des Erbantritts nicht stattfindet, sondern der normale Erfolg Platz greift, daß vom Momente des Eintritts der Confusion auch ihre Wirkungen datieren. Es ist die l. 60/58 D. ad S. C. Treb. 36, 1. Der Fiduciar hat nach Antritt der Erbschaft einen Erbschaftsschuldner beerbt. Bei der Restitution der Erbschaft erhebt sich die Frage, wieweit von der hierdurch confundierten Forderung Zinsen verlangt werden können. Papinian entscheidet einfach: bis zum Tage der Confusion, und dies ist, wenn es sich nicht um einen *heres necessarius* handelt, der Tag des Antritts der Erbschaft.[9]

§ 17.

Gründe, welche die rechtsvernichtende Wirkung der Vereinigung ausschließen.

Es giebt eine Reihe von Fällen, in denen trotz des Aufeinandertreffens rechtlich unvereinbarer Eigenschaften die Wirkung der Rechtsvernichtung ausbleibt, das Rechtsverhältnis also, wenn auch mit Ausscheidung der Beziehungen, welche zwischen den vereinigten Subjekten bestanden, fortexistiert. Nicht zu verwechseln hiermit sind die freilich in der Wirkung nahe verwandten Fälle, daß die Confusion zwar eintritt, aber infolge eines späteren Umstandes mit rückwirkender Kraft wieder aufgehoben wird. Hierüber ist der folgende Paragraph zu vergleichen. Die Umstände, welche die ersterwähnte confusionsfeindliche Wirkung entfalten, sind positivrechtlich verschieden. Im allgemeinen zeigt das moderne Recht die Tendenz, die rechtsvernichtende Wirkung der Confusion in höherem Maße einzuschränken als das römische. Letzteres mißt nur wenigen Umständen die Kraft bei, die Confusion auszuschließen und hilft lieber indirekt durch Zwang zur Neubegründung des confundierten Rechts oder durch obligatorische Verpflichtung zur Schadloshaltung des durch die Confusion Benachteiligten.

Lassen sich nun die hier ins Auge gefaßten Fälle der Verhinderung der Confusionswirkung principiell abgrenzen? Den

---

[9] S. oben Note 2.

einzigen durchgreifenden Versuch hierzu hat IHERING in seinen „Passiven Wirkungen der Rechte“ unternommen,[1] und zwar scheidet er zwischen der Fortexistenz des Rechts selbst und seinen „passiven Wirkungen“. Das Recht selbst soll trotz des Zusammentreffens von aktiver und passiver Seite in einem Subjekt fortdauern, wenn die beiden Seiten des Rechtsverhältnisses nicht vollständig in derselben Person zusammenfallen, sondern noch ein Überschuß rechtlicher Beziehungen zu dritten Personen übrig bleibt, „der wie ein fremdartiger, inkompatibeler Stoff den Neutralisierungsprocess des Rechts verhindert.“ Bloß die passiven Wirkungen sollen erhalten bleiben, wenn zwar beide Seiten des Rechtsverhältnisses vollständig in einer Person zusammentreffen, in diesem Sinne also der Neutralisierungsprocess des Rechts ein totaler ist, aber die Möglichkeit des späteren Auseinanderfallens beider Seiten besteht. Unter den ersten Fall (Erhaltung des Rechts selbst) subsumiert IHERING besonders den Erwerb des Eigentums der verpfändeten Sache, wenn noch nachstehende Hypotheken vorhanden sind, den analogen Fall bei der modernen Eigentümerhypothek, die Beerbung des Gläubigers durch einen Correalschuldner, und das Bestehenbleiben der Prädialservitut bei nicht vollem Zusammentreffen des Eigentums am herrschenden und dienenden Grundstück. Als Fälle, in denen nur die „passive Seite“ des Rechts fortdauert, wird der Erwerb des Inhaberpapiers durch den Emittenten und das *pignus in re propria* bez. die Eigentümerhypothek in den Fällen angesprochen, in denen nachstehende Berechtigte nicht vorhanden sind.

Die Stellungnahme zu dieser Auffassung ist, soweit es sich um die Würdigung der Idee einer Fortexistenz nur der passiven Seite des Rechts handelt, schon durch die Ausführungen in § 3 bestimmt.

Hiernach handelt es sich nicht um die Fortexistenz bloß einer Seite des Rechtsverhältnisses, oder isoliert gedachter Wirkungen, sondern um die Fortexistenz des konkret normierten Rechtsverhältnisses selbst, aus dem jedoch die Beziehungen, welche zwischen den vereinigten Subjekten bestanden, ausgeschieden sind.

---

[1] Jahrb. f. Dogm. X S. 447 f.

Wieweit bei dieser Sachlage noch von einem subjektiven Rechte desjenigen, in dessen Person die Confusion sich vollzogen hat, die Rede sein kann, ist bei der Mannigfaltigkeit der Fälle nicht gleichmäßig zu beantworten und hängt davon ab, wieweit das zur Vereinigung gelangte Rechtsverhältnis fähig bleibt, eine Richtung gegen dritte, von der Confusion nicht betroffene Personen anzunehmen. Hiermit deckt sich nicht das von JHERING angegebene Kriterium, daß (im Augenblicke der Confusion) ein „Überschuß rechtlicher Beziehungen des Rechtsverhältnisses" vorhanden sein müsse, welcher den Neutralisierungsproceß des Rechts verhindere. Auch läßt sich gegen diese Vorstellung ein begriffliches Bedenken nicht unterdrücken.

Sofern von einem „Überschuß" rechtlicher Beziehungen des zur Confusion gelangenden Rechtsverhältnisses die Rede ist, sollte man meinen, daß es sich um solche rechtliche Beziehungen handelte, welche zum Inhalt des Rechtsverhältnisses selbst gehören; nur dann wäre ja die Vorstellung berechtigt, daß sie beim Confusionsprocesse als fremdartiger, inkompatibeler Stoff eine Rolle spielten Nun erhellt aber aus den von JHERING gegebenen Beispielen (es braucht nur das des Erwerbs der verpfändeten Sache durch den Pfandgläubiger, wo den etwaigen nachstehenden Hypotheken die Rolle der überschießenden Beziehungen beigelegt wird, herausgegriffen zu werden) zur Evidenz, daß es sich um Rechte handelt, die dem zur Vereinigung gelangenden Rechsverhältnisse völlig fremd gegenüberstehen. Wie können sie aber dann vom Confusionsprocess in Mitleidenschaft gezogen werden? Die anderweite Belastung des Eigentums schmälert ja an sich seine Consolidationskraft keineswegs, wie sich sofort zeigt, wenn mit dem Pfandrechte des Gläubigers, der das Eigentum der Pfandsache erwirbt, nur Pfandrechte besseren Ranges konkurrieren. Auch hier existieren ja „überschüssige Beziehungen" zu dritten Personen und doch tritt die rechtsvernichtende Wirkung der Confusion ein.

Sodann läßt sich nicht verkennen, daß hier recht verschiedenartige Dinge unter ein und derselben Flagge segeln. Beispielsweise muß die in der Person eines *correus* eintretende Confusion[2]

---

[2] Vgl. oben § 12.

doch wohl unter einem anderen Gesichtspunkt beurteilt werden, als die Confusion zwischen Pfandgläubiger und Eigentümer beim Vorhandensein nachstehender Hypotheken.

Demgemäß sind wir darauf angewiesen, die Gründe, welche trotz rechtswirksamer Vereinigung die rechtsvernichtende Wirkung ausschließen, nach anderen Gesichtspunkten zu classificieren.

Hierbei ist zu scheiden zwischen absorbierender und peremtorischer Confusion.

Speciell der absorbierenden Confusion ist der Hinderungsgrund eigentümlich, daß das normalerweise der Confusion unterworfene schwächere Recht da erhalten bleibt, wo es dem Berechtigten ausnahmsweise eine stärkere Position gewährt, als das begrifflich umfänglichere Recht. Hierüber ist ausführlich bei der Confusion dinglicher Rechte (§ 4) und der Bürgschaftsconfusion (§ 5) gehandelt worden, so daß auf die dort gegebenen Erörterungen verwiesen werden kann.

Der absorbierenden und der peremtorischen Confusion gemeinsam ist die Aufrechterhaltung des Rechtsverhältnisses in den Fällen, wo dasselbe bestimmt ist, nach einander mehreren Subjekten als Grundlage ihrer rechtlichen Beziehungen zu dienen. Hierher gehören zwei verschiedene Fälle:

1. Dem Recht ist von vorn herein die Bestimmung aufgeprägt, sich nach einer gewissen Zeit oder unter einer gewissen Bedingung mit dinglicher Wirkung von dem Berechtigten wieder abzulösen. Hierher gehören namentlich die Fälle der von Jhering sogenannten successiven Berechtigung,[3] aber weiterhin alle diejenigen, in denen das Recht, mag auch eine bestimmte Successionsordnung nicht festgesetzt sein, vermöge seiner von vorn herein in dasselbe gelegten rechtlichen Qualifikation vom Berechtigten abfällt, ohne daß diesem ein Einfluß hierauf zustände.[4] Besonders gehört hierher die Berechtigung unter einer auflösenden Bedingung oder Befristung, sofern, wie es normalerweise der Fall ist, dem Eintritte der Bedingung oder des Zeitpunkts direkte Wirkung zukommt.

---

[3] Jahrb. f. Dogm. X S. 443; Hauptfall: Das Universalfideicommiß.

[4] Die französische Doktrin wendet hier den Ausdruck „*transmission forcée*“ an, vgl. Lefebvre, de la confusion p. 36.

Anders, wenn die in Aussicht stehende Trennung der beiden Seiten des Rechtsverhältnisses nur auf einer obligatorischen Verpflichtung des zeitweilig Berechtigten beruht. Sie vermag, auch wenn sie von vorn herein begründet ist, den Eintritt der Confusion nicht auszuschließen und zieht nur die Verbindlichkeit nach sich, daß durch Confusion erloschene Rechtsverhältnis wieder herzustellen, bez. einen entsprechenden Ausgleich zu gewähren.[5]

Der hier erörterte Grund für den Ausschluß der Confusionswirkung gehört erst dem neueren Rechte an. Die Quellen kennen ihn weder bei dinglichen, noch bei obligatorischen Rechten. Dies muß behauptet werden, trotzdem nach l. 61/59 pr. D. ad S.C. Treb. 36, 1 das Pfandrecht, nach l. 75/73 § 1 D. eod. die Dienstbarkeit, welche in der Hand des Fiduciarerben mit dem Eigentum zusammentrifft, nicht der Confusion unterliegen, sondern aufrecht erhalten bleiben. Denn der Ausschluß der Confusionswirkung beruht hier auf einem anderen Grunde. In dieser Richtung erwäge man Folgendes: Zur Rechtfertigung des Ausschlusses der Confusion in den erwähnten Fällen konnte man von einem doppelten Gesichtspunkte ausgehen. Der erste kommt auf den hier erörterten Gedanken hinaus. Durch Errichtung des Erbschaftsvermächtnisses ist von vorn herein die Succession des Anwärters in sämtliche zur Erbschaft gehörigen Rechtsverhältnisse ins Auge gefaßt, so daß, um eine direkte Succession zu ermöglichen, die rechtsvernichtende Wirkung der Confusion ausgeschlossen sein muß. Dieser Gedankengang ist offenbar auf dingliche wie obligatorische Rechte gleich anwendbar. Hätte man sich zu ihm bekannt, so wäre eine verschiedene Behandlung dinglicher und obligatorischer Rechte inkonsequent und ungerechtfertigt. Er wird aber in den Quellen ausdrücklich abgelehnt.[6]

Eine andere Erwägung dagegen führt dazu, wohl die dinglichen Rechte bei successiver Berechtigung unversehrt aus der Vereinigung hervorheben zu lassen, nicht aber die Obligationen. Es ist der Gedanke, daß das zeitlich beschränkte oder bedingte

---

[5] Arg. l. 78 pr. § 1 D. de iure dot. 23, 3, l. 70 § 2 de leg. 1 (30), l. 7 § 1 D. de fund. dot. 23, 5.

[6] l. 60/58 D. ad S. C. Treb. vv.: *„quoniam actio eo confusa per Trebellianum redintegrari non potest.“*

Eigentum das dingliche Recht nicht zu absorbieren vermöge, weil dieses im konkreten Falle mit stärkerer rechtlicher Kraft ausgerüstet sei, als das Eigentum.

In der That sind die Quellen, wie oben im § 4 dargelegt, von diesem Gedanken ausgegangen und hierdurch erklärt es sich, daß sie zwar das dingliche Recht, nicht aber die Obligation die Vereinigung beider Seiten des Rechtsverhältnisses in der Hand des Fiduciars überstehen lassen. Es liegt daher keineswegs eine unvollendete Entwickelung des römischen Rechts in dem Sinne vor, daß sie einen Gedanken, den sie bei der Confusion dinglicher Rechte verwendet hätten, inkonsequenter Weise auf die Obligationsconfusion nicht angewandt hätten.[7] Vielmehr ist die verschiedene Behandlung der dinglichen Rechte und der Obligationen in unserem Falle symptomatisch für die Verschiedenheit des sie beherrschenden Confusionsprincips. Der Grund, daß das *in abstracto* schwächere Recht wegen seiner *in concreto* höheren Intensität erhalten bleibt, eignet speciell der absorbierenden Confusion, ist ein Gedanke, der bei der Obligationsconfusion überhaupt nicht in Frage kommt.

Wenn aber die Quellen die (mit dinglicher Kraft eintretende) Widerruflichkeit des Rechtserwerbs nicht als einen selbständigen Grund für die Ausschließung der Confusionswirkung anerkannt haben, so führt doch die ganze moderne Entwicklung zu dieser Auffassung.[8] Man wird also auch bei der Obligation da, wo von vorn herein eine successive Berechtigung mehrerer Subjekte ins Auge gefaßt ist, die Confusionswirkung auf die subjektiven Beziehungen der derzeitigen Subjekte zu beschränken und das obligatorische Rechtsverhältnis als solches aufrecht zu erhalten haben.

Der zweite oben ins Auge gefaßte Fall, in dem das Rechtsverhältnis seiner eigentümlichen rechtlichen Qualifikation halber die Confusion übersteht, ist eng mit gewissen, dem modernen Rechte eigentümlichen Institutionen verknüpft. Es gehört hierher

---

[7] Auf diesem Standpunkt steht FRIEDMANN, Wirkungen der confusio S. 58.

[8] Es kann auf die Ausführungen in § 3 Bezug genommen werden. Vgl. auch WINDSCHEID, Pand. III § 665 Note 4a, FRIEDMANN, Wirkungen der confusio S. 57 f., JHERING, Jahrb. X S. 451; dagegen aber DERNBURG, Pand. III § 120 S. 247.

1. Der Ausschluß der Confusionswirkung beim Inhaberpapier und Wechsel. Hierüber ist oben bei Besprechung der Obligationsconfusion (§ 3) gehandelt worden.

2. Der Ausschluß der Confusionswirkung bei den im Grund- und Hypothekenbuche eingetragenen Rechten.

Das Charakteristische dieser Fälle besteht in der Ausstattung des Rechts mit einer festen Form, welche es erlaubt, den Rechtsbestand unabhängig von der zeitweiligen Vereinigung seiner Träger aufrecht zu erhalten.[9] Inwieweit dies im Einzelnen durchgeführt ist, darüber bestehen zwar bei der Verschiedenheit der in Betracht kommenden Rechtsverhältnisse und der grundbücherlichen Gesetzgebungen erhebliche Differenzen, indessen lassen sich doch einzelne leitende Gesichtspunkte herausgreifen. Bei deren Erörterung wird besonders der Fall der Vereinigung der Hypothek mit dem Eigentum des Grundstücks als der praktisch wichtigste und das meiste theoretische Interesse darbietende ins Auge gefaßt werden.

Der Fortbestand des hypothekarischen Rechts in der Hand des Eigentümers kann nach den Gesetzgebungen keinem Zweifel unterliegen, welche dem Gläubiger-Eigentümer bez. dessen persönlichen Gläubigern im Konkurs die Befugnis geben, die Hypothek in dem während der Vereinigung stattfindenden Zwangsversteigerungsverfahren für sich zu liquidieren.[10] Denn diese Befugnis kann nicht aus dem Eigentum abgeleitet werden: letzteres würde kein Mittel gegen das Vorrücken der nachstehenden Hypotheken bieten, da die Hypothek kein bloßes Recht auf eine Wertsquote des Grundstücks ist,[11] sondern die Sache in ihrer Totalität ergreift, wie sich darin zeigt, daß bei

[9] Vgl. auch Strohal in Grünhuts Zeitschr. Bd. IV S. 485, welcher den Fortbestand der eingetragenen Servitut bei der Vereinigung des herrschenden nnd dienenden Grundstücks aus dem Eintragungsprincip erklärt.

[10] Wie es z. B. nach preußischem Hypothekenrecht anzunehmen ist, vgl. Dernburg, Preuß. Hyp.-Recht Bd. II S. 295. Im österreichischen Hypothekenrecht ist die Frage streitig, vgl. Strohal im Österr. Centralbl. f. d. jur. Prax. I S. 261 f., Exner, Österr. Hyp.-R. S. 671, welch letzterer unterscheidet, ob der Gläubiger-Eigentümer zugleich persönlicher Schuldner ist oder nicht, und nur letzterenfalls die Befugnis zur Liquidierung der Hypothek im Zwangsversteigerungsverfahren geben will.

[11] Wie Bremer, Hypothek und Grundschuld S. 55 f. will.

Löschung einer vorgehenden Hypothek die nachstehenden Hypotheken im Range vorrücken. Aber auch nach denjenigen Gesetzgebungen, welche dem Gläubiger-Eigentümer die erwähnte Befugnis versagen, ist gleichwohl Fortbestand des hypothekarischen Rechtsverhältnisses anzunehmen, wenn dem Gläubiger-Eigentümer zum mindesten die Befugnis beigelegt wird, die Hypothek auf sich umschreiben zu lassen und sie mit der Wirkung weiter zu cedieren, daß der Successor sie mit ihrem ursprünglichen Range erwirbt. Man hat in diesem Falle in der umgeschriebenen Hypothek kein wahres materielles Rechtsverhältnis, sondern „nur eine Form“ erblicken wollen, in der sich die Verfügung des Eigentümers über eine frei gewordene Rangstelle vollzieht. So besonders die sächsische Jurisprudenz.[12] Mit Unrecht. Das sächsische Recht (§§ 442, 443 BGB.) gewährt demjenigen, in dessen Hand sich das Eigentum am Grundstück und die eingetragene Forderung vereinigen, die Befugnis, die Hypothek auf sich umschreiben zu lassen und die Forderung weiter zu cedieren. Er selbst kann sie jedoch bei der Zwangsversteigerung des Grundstücks nicht liquidieren; kommt es also vor der Cession zur Zwangsversteigernng, so ist die Hypothek den nachstehenden Gläubigern gegenüber wirkungslos (§ 444). Cediert der Eigentümer vorher die Forderung, so tritt dagegen die Hypothek in der Hand des Successors vollwirksam, besonders mit ihrem alten Range wieder hervor, es sei denn, daß die Verlautbarung erst nach dem Eintrage des Beschlusses auf Zwangsversteigerung des verpfändeten Grundstücks eingetragen worden ist, in welchem Falle die Forderung nur mit dem Range, der der Zeit der Verlautbarung der Abtretung entspricht, am Erlöse participiert (§ 9 S.O.).

Nun ist richtig, daß hierin eine erhebliche Abschwächung des hypothekarischen Rechtsverhältnisses zu Tage tritt. Es fehlt aber an jedem gesetzlichen Anhalt, die auf den Eigentümer umgeschriebene Hypothek zu einer bloßen Form, in der sich die Disposition des Eigentümers über eine frei gewordene Rangstelle vollziehe, zu

---

[12] Grützmann, Lehrbuch I § 88 S. 319—321, Siegmann, Hyp.-Recht S. 91, 122 und in Siebenhaars Commentar zu § 442 S. 395 (2. Aufl.), A.O.L.G. Bd. 8 S. 218 f. Vgl. Bar im Arch. f. d. civ. Prax. Bd. 53 S. 362 f.

verflüchtigen, Das Gesetz spricht von Umschreibung der Forderung auf den Namen des Eigentümers, von der „Abtretung der umgeschriebenen Forderung“ und läßt damit keinen Zweifel daran, daß der Cessionar nicht nur hinsichtlich der Hypothek, sondern auch hinsichtlich der abgetretenen Forderung genau dieselbe Stellung erhält, als hätte eine Confusion überhaupt nicht stattgefunden. Dagegen wird eingewendet, daß von einer Forderung nicht mehr die Rede sein könne, wenn, wie gewöhnlich, der Eigentümer des Pfandgrundstücks zugleich persönlicher Schuldner in der versicherten Forderung gewesen sei, da diese durch Confusion untergegangen sei.[13] Aber das ist die Frage. Freilich ist ein gegenwärtiges subjektives Recht des Gläubigers gegen sich selbst nicht denkbar, aber die Rechtsordnung kann trotzdem das obligatorische Rechtsverhältnis wegen der besondern rechtlichen Bestimmung der Hypothek (die durch bloße Confusion nicht erlöschen, sondern weiterhin im Rechtsverkehr stehen soll) in Ermangelung eines gegenwärtigen subjektiven Rechts aufrecht erhalten. Hierfür spricht nun zweifellos der Ausdruck des Gesetzes, welches nicht von der Wahrung der Rangstelle und Neubegründung einer Forderung, sondern von Abtretung der umgeschriebenen Forderung spricht. Hieraus ergiebt sich der Schluß, daß sowohl das obligatorische, als das hypothekarische Rechtsverhältnis, wenn auch während der Dauer der Vereinigung ohne die Spitze eines subjektiven Rechts in jeder Richtung fortbestehen, soweit nicht die oben hervorgehobenen Bestimmungen des § 444 BGB. und der § 9 SO. eingreifen. Die Eigentümerhypothek unterliegt also der Pfändung, der Eigentümer selbst kann sie nicht nur abtreten, sondern auch wirksam verpfänden,[14] er kann sie im Falle freiwilliger Veräußerung des Grundstücks dem Erwerber in Anrechnung auf den Kaufpreis überweisen mit der Wirkung, daß sie gegen den neuen Eigentümer sofort wieder vollwirksam hervortritt, und namentlich auch die Pfandklage gegen den Erwerber direkt angestellt werden kann, er kann mit ihr im Range hinter

---

[13] Grützmann a. a. O. S. 319, Special-V.O. des sächs. Justizministeriums J.M.Bl. 1870 S. 72—77.

[14] A. M. Siegmann im Commentar Siebenhaars I zu § 442.

anderen Hypothekaren zurücktreten.[15] In allen diesen Richtungen führt die Auffassung der umgeschriebenen Hypothek als einer bloßen Form, in der sich die Dispositionsbefugnis des Gläubigers über die freigewordene Rangstelle vollzieht, wenn sie konsequent durchgeführt wird, zum Gegenteil, und damit zu höchst unbilligen Resultaten. Insbesondere würde aus ihr folgen, daß das Verfügungsrecht über die Rangstelle bei der Veräußerung des Grundstücks auf den neuen Erwerber überginge, der veräußernde Gläubiger-Eigentümer es verliere. In der That wird diese exorbitante Folgerung von Einigen gezogen, während Grützmann sich vergeblich bemüht, von seinem Standpunkt aus die fortdauernde Verfügungsbefugnis des Eigentümers einleuchtend zu machen. Er beruft sich auf die Analogie der Verwahrung, infolge deren ein früherer Eigentümer die Befugnis zur Bestellung einer Hypothek behalten (?) könne, und schließt, daß man das hier, wo „es" durch besonderen Eintrag gewährleistet sei, gleichfalls annehmen könne. Als ob zwischen der Umschreibung der Hypothek auf den Eigentümer und der Verwahrung der entfernteste rechtliche Zusammenhang bestände! Abgesehen hiervon bliebe dem veräußernden Eigentümer nur die Befugnis zur Weitercession der Forderung,[16] er wäre also, statt die Pfandklage gegen den neuen Erwerber direkt anstellen zu können, auf einen ganz unnötigen Umweg verwiesen. Allen diesen Schwierigkeiten entgeht man, wenn die Hypothek (und sofern der Eigentümer des Pfandgrundstücks zugleich persönlicher Schuldner war) auch die Forderung als ruhende Rechte ansieht, also annimmt, daß die Rechtsordnung im Hinblick auf den specifischen rechtlichen Zweck des Instituts der Hypothek das konkrete hypothekarische und eventuell das obligatorische Rechtsverhältnis bis zur Löschung der Hypothek aufrecht erhält.

---

[15] Zu gleicher Auffassung kommt auch die erwähnte J.M.V.O., aber in höchst gewundener Deduktion, und Grützmann billigt sie, was von seinem Standpunkt aus entschieden inkonsequent ist.

[16] So in der That Grützmann a. a. O. S. 321 und Schurig, Nachtrag zur S.O. Bemerkung 2 zu § 9 S. 25.

§ 18.

Wiederaufhebung der Confusionswirkung. Anwendung des Gedankens der Rückwirkung und Pendenz auf die Confusion.

In einigen wenigen Fällen hat das Recht anerkannt, daß die eingetretene Confusion mit direkter Wirkung wieder aufgehoben wird, das durch Confusion zerstörte Recht also, ohne daß es eines neuen Rechtsbegründungsaktes bedarf, als nicht nur inhaltlich, sondern auch formell identisch mit dem vor der Confusion bestehenden behandelt wird.[1] Dieses Resultat wird vermittelt durch die Idee der Rückwirkung. Der Rechtsakt, auf dem die Vereinigung beruht, wird rescindiert, die rechtliche Beurteilung des von der Confusion betroffenen Rechtsverhältnisses knüpft daher unmittelbar an den Moment vor der (als rechtlich wirksames Thatbestandselement unterdrückten) Vereinigung wieder an. So erscheint für die retrospektive Betrachtung die Continuität des Rechtsverhältnisses gewahrt. Diese Betrachtungsweise enthält keineswegs einen logischen Widerspruch.[2] Denn da die Thatsachen ihre rechtliche Bedeutung nur durch die Rechtsordnung erhalten, so steht es dieser frei, einer als rechtswirksam anerkannten Thatsache ihre rechtliche Wirkungskraft nachträglich wieder zu entziehen, und zwar in dem Sinne, daß sie für die jetzt Platz greifende rechtliche Beurteilung als niemals eingetreten gelten, das Ergebnis sich allein nach dem verbleibenden Complex rechtlich wirksamer Thatsachen bestimmen soll. Führte nun die ausgeschiedene recht-

---

[1] So sollen insbesondere dem eingesetzten Erben, dem die Erbschaft mit der *querela inofficiosi testamenti* entrissen wird, die durch Confusion untergegangenen Rechte sofort, ohne daß es einer Restitution bedarf, wieder zuständig sein; l. 21 § 2 D. de inoff. test. 5, 2, vgl. auch l. 57 D. de usufr. 7, 1, welch letztere Entscheidung jedoch nicht mehr praktisch ist, da seit der Novelle 115 (c. 3 § 14) die Vermächtnisse durch den Sieg des Intestaterben nicht mehr hinfällig werden. Andere Fälle: l. 38 § 1 D. de leg. I (30): „*pro eo erit, quasi nec legatum quidem sit*".

[2] Die Idee der Rückwirkung (über welche überhaupt zu vergleichen ist Fitting, Begriff der Rückziehung) hat in der modernen Literatur harte Anfechtung erfahren, vgl. besonders Jhering, Passive Wirkungen der Rechte, Jahrb. X S. 402, 504, 528 Note 166, 538 f., Enneccerus, Rechtsgeschäft etc. S. 238; andererseits Hölder, Pand. § 50 Anm. S. 264 f., und Regelsberger, Pand. I § 118, VI S. 439.

liche Thatsche zur Vernichtung des Rechtsverhältnisses, so hat ihre Unterdrückung die natürliche Folge, daß das Rechtsverhältnis unmittelbar wieder auflebt, demnach als Fortsetzung des früheren mit diesem rechtlich identisch erscheint. Hiergegen darf nicht geltend gemacht werden, daß darnach ein und derselbe Zeitraum (von der Vereinigung bis zu der sie mit rückwirkender Kraft aufhebenden Thatsache) in doppelter und sich ausschließender Weise normiert sei, insofern das Rechtsverhältnis während derselben zugleich bestehen und nicht bestehen solle. Dies ist in der That nicht der Fall. Für die rechtliche Beurteilung innerhalb der Zeit bis zum Eintritt der rückwirkenden Thatsache ist und bleibt nur das eine wahr, daß das Rechtsverhältnis nicht existiert. Träte also in der Revisionsinstanz eine Thatsache ein, welche die Confusion mit rückwirkender Kraft aufhebt, so würde dies doch der Partei, die in der Berufungsinstanz auf Grund der seinerzeit vorliegenden Confusion verurteilt worden ist, nichts nützen, weil auch nachher wahr bleibt, daß für die rechtliche Beurteilung des Berufungsgerichts die Confusion vorlag. Aber für die rechtliche Beurteilung nach Eintritt der rückwirkenden Thatsache ist das Rechtsverhältnis ohne weiteres wieder da, weil aus dem Complex der rechtlich maßgebenden Thatsachen die zur Vernichtung führende entfernt ist, somit nur diejenigen zur Wirkung kommen, welche das Recht als ein bestehendes und zugleich als ein mit dem Rechtsverhältnis vor der Vereinigung identisches erscheinen lassen.

Immerhin behält eine solche Normierung etwas Künstliches, und die Quellen machen von ihr mit Recht einen sehr sparsamen Gebrauch, nämlich nur da, wo der Akt, der zu der Vereinigung führte, kraft Civilrechts rescindiert oder als nicht eingetreten angesehen wird. Wo die Vereinigung nur kraft Amtsrechts aufgehoben wird, tritt solches direktes Wiederaufleben des confundierten Rechtsverhältnisses niemals ein: Daher bedarf es z. B. da, wo der Unmündige, welcher eine überschuldete Erbschaft angetreten hat, von den Erbschaftslasten befreit wird, besonderer Restitution der ihm durch den Erbschaftserwerb confundierten

[3] l. 87 § 1 D. de adquir. vel. omitt. hered. 29, 2.

Rechte;[3] denn nach Civilrecht bleibt der Unmündige Erbe. Im modernen Recht wird man auch in diesem Falle direktes Wiederaufleben der confundierten Rechte anzunehmen haben.[4]

Möglicherweise ist die Vereinigung der rechtlich inkompatibelen Eigenschaften *in pendenti.* Dann ist es auch die Confusionswirkung selbst.

Soweit die Beseitigung der Ungewißheit mit rückwirkender Kraft erfolgt, muß auch die etwa eintretende Confusionswirkung zurückbezogen werden.

---

[4] Dies hat auch Mühlenbruch, Fortsetzung v. Glück Bd. 42 S. 359 im Sinne.

Die
Confusionslehre des Bürgerlichen Gesetzbuchs.

---

§ 19.

Grundlagen.

Wieweit sind die im Vorstehenden entwickelten Grundsätze des modernen gemeinen Rechts für die Erkenntnis des Rechts des Bürgerlichen Gesetzbuchs verwertbar? Für die Beantwortung dieser Frage ist es wichtig, daß der Gesetzgeber nach Möglichkeit die historische Continuität hinsichtlich des materiellen Inhalts der vordem in Deutschland geltenden Privatrechtsnormen gewahrt hat.[1]

Da nun für die Confusionsgrundsätze das gemeine Recht die hauptsächlichste Quelle bildet,[2] so ist es nur natürlich, daß die Confusionslehre des Bürgerlichen Gesetzbuchs in vielen Punkten mit der modernen gemeinrechtlichen Lehre übereinstimmt. Daher kann vielfach auf die vorstehenden Ausführungen Bezug genommen werden. Dagegen weist sie auch manche tiefer einschneidenden Besonderheiten auf. Diese sind in der folgenden Darstellung besonders zu berücksichtigen.

---

[1] Vgl. das Gutachten der Vorkommission zur Ausarbeitung des Entwurfs, abgedruckt in den Beiträgen zur Erläuterung des Deutschen Rechts von Gruchot Bd. 21 S. 175 f., sowie Reatz, Die Literatur über den Entwurf eines B.G.B., Leipzig 1895, S. 5.

[2] Auch die modernen Kodificationen haben die die Confusion betreffenden Sätze größtenteils aus dem gemeinen Recht geschöpft.

Die Feststellung des Confusionsgrundes und der Natur der Confusionswirkung hat der Gesetzgeber mit richtigem Takte der Wissenschaft überlassen. Der Gefahr, eine wissenschaftlich unhaltbare Auffassung zu sanktionieren, ist er also jedenfalls entgangen; und der entgegengesetzte Fehler des ‚Zu wenig Normierens' liegt gerade in der Confusionslehre sehr fern, weil für sie die lebendigen Rechtsbegriffe des Gesetzes eine ergänzende Quelle ersten Ranges bilden. Sobald diese in der Wissenschaft genügende Durcharbeitung und Abklärung erfahren haben, wird sich trotz der verhältnismäßig sparsamen Normierung, die der Confusion selbst im Gesetze zu teil geworden ist,[3] sehr bald eine einheitliche und befriedigende Lehre herausbilden.

Im einzelnen ist Folgendes zu bemerken:

Schon der erste Entwurf lehnte es ab, eine generell über die Wirkung der Confusion disponierende Vorschrift in den allgemeinen Teil aufzunehmen. Die Motive (I. S. 272) erklären dies damit, daß eine darauf bezügliche Vorschrift, soweit sie nicht im einzelnen Falle als eine gesetzlicher Anerkennung überhaupt nicht bedürftige Wahrheit erscheine, ihren „wahren Inhalt erst aus den einschlagenden gesetzlichen Bestimmungen erhalte.[4] Dagegen hatte der Entwurf I. in Betreff der Schuldverhältnisse im § 291 die ausdrückliche Bestimmung aufgestellt, daß das Schuldverhältnis erlösche, wenn Forderung und Verbindlichkeit in derselben Person sich vereinigten. Dieser Paragraph ist, nachdem er in der Literatur des Entwurfs verschiedene Angriffe erfahren hatte, in der zweiten Lesung gestrichen worden.[5]

---

[3] Der auf die Confusion direkt bezügliche Regelbestand des B.G.B. erschöpft sich in folgenden Bestimmungen: Vereinigung im Gesamtschuldverhältnis: §§ 425 Abs. 2, 429 Abs. 2; Befriedigungswirkung der Confusion: §§ 1164 Abs. 2, 1174; Beschränkung der Confusionswirkung bei dinglichen Rechten infolgeihrer Eintragung im Grundbuch: § 889. Einzelbestimmungen: §§ 1063, 1177, 1178, 1179, 1256, 1976, 1991, 2143, 2175, 2377.

[4] Die Kommission für die zweite Lesung ist auf die Frage nicht zurückgekommen.

[5] Die Angriffe richteten sich teils gegen die Aufnahme einer daraufbezüglichen Bestimmung an sich, weil eine solche wegen ihres Charakters als Lehrsatz nicht in das Gesetz passe (so Goldschmidt, Kritische Erörterungen S. 125, L. Seuffert, Die allgemeinen Grundsätze des Obli-

Ebensowenig enthält das Gesetz eine allgemeine Regel über das Erlöschen der dinglichen Rechte infolge ihres Zusammentreffens mit dem Eigentum in einer Hand. Wohl aber ist eine hierauf bezügliche Bestimmung für das Pfandrecht und den Nießbrauch an beweglichen Sachen ausgesprochen. (§§ 1063 Abs. 1, 1256 Abs. 1). Trotz dieser lückenhaften Normierung kann ein Zweifel daran, daß das Bürgerliche Gesetzbuch die Confusion sowohl bei obligatorischen, als bei dinglichen Rechten (bei letzteren jedoch mit einer gleich zu erwähnenden wichtigen Einschränkung) als Grund für das Erlöschen der Rechtsverhältnisse anerkannt hat, nicht Platz greifen.[6] Denn es enthält zahlreiche Bestimmungen, in denen das Erlöschen der Rechtsverhältnisse infolge der Confusion als Regel vorausgesetzt ist.[7] Bei der Unvollkommenheit aber, die der Confusionslehre noch anhaftet, ist es von Wert, daß nicht durch direktes Aussprechen der Regel die Gefahr nahegelegt werde, den Satz: *exceptio firmat regulam* etc. zu rigoroser Anwendung zu bringen. So wird der Schein vermieden, als seien die Ausnahmen der rechtsvernichtenden Wirkung der Vereinigung erschöpfend aufgenommen und der Verwendung der Analogie ein freierer Spielraum gelassen.

Zweifelhaft ist dagegen die Frage, ob das B.G.B. noch ein Erlöschen der Bürgschaft infolge ihrer Vereinigung mit der Hauptschuld kennt. Auch über diesen Punkt enthielt die erste Lesung des Entwurfs eine ausdrückliche Bestimmung, die später gestrichen worden ist. Sie verfügte, daß die Bürgschaft bei ihrem

---

gationenrechts im Entwurfe eines B.G.B. S. 25, Laband, Zum zweiten Buch des Entwurfs eines B.G.B. im Arch. f. die civ. Prax. Bd. 73 S. 207), teils auch gegen die materielle Richtigkeit des Satzes (Seuffert und Laband a. a. O.). Vgl. überdies die Zusammenstellung gutachtlicher Äußerungen zum Entwurfe eines B.G.B. II S. 63 und Schwedler, Erlöschen der Schuldverhältnisse etc. S. 72 f.

[6] Anderer Meinung, speciell für die obligatorischen Rechtsverhältnisse, Stammler, Recht der Schuldverhältnisse S. 256: Nicht das Schuldverhältnis, sondern die aus ihm entstehenden Forderungen und Schulden gingen infolge der Confusion unter. Aber normaler Weise wirkt auch nach B.G.B. das Erlöschen der Forderung als subjektiven Rechts auf das obligatorische Rechtsverhältnis hinüber, vgl. darüber oben § 3 a. E.

[7] Vgl. Strohal, Das deutsche Erbrecht S. 128, Schwedler, a.a.O. S. 71, 86.

Zusammentreffen mit der Hauptschuld insoweit fortbestehe, als dies für den Gläubiger ein Interesse habe.[8] Die Motive (II S. 678) zogen in Erwägung, ob nicht der Satz fortbleiben könne, da ein Fall der (damals in § 291 geregelten) Obligationsconfusion nicht vorliege, woraus gefolgert werden könne, daß beide Verbindlichkeiten fortbeständen, rechtfertigten aber die Aufnahme des Satzes damit, daß das Fortbestehen der Bürgschaft um deswillen in Zweifel gezogen werden könne, weil niemand sein eigener Bürge sein könne.

Die Streichung der Bestimmung ist nach den Protokollen der 2. Lesung (S. 2534) erfolgt, weil trotz des theoretisch aus dem Begriffe der Bürgschaft ableitbaren Bedenkens eine unbefangene Gesetzesanwendung nicht verkennen werde, daß durch das angegebene Ereignis die Rechte des Gläubigers nicht berührt würden. Man mag dies zugeben, bei dem Mangel eines gesetzlichen Anhalts ist aber nunmehr ein Zweifel darüber nicht ausgeschlossen, ob die Bürgschaft bei ihrem Zusammentreffen mit der Hauptschuld ganz allgemein erhalten bleibt, wie dies in einigen modernen Gesetzgebungen der Fall ist,[9] oder, wie im gemeinen und im sächsischen Recht (B.G.B § 1465) sowie nach der ursprünglichen Entwurfsbestimmung nur, wenn der Gläubiger an ihrem Fortbestand ein Interesse hat. Die Entscheidung muß aus dem rechtlichen Charakter der Bürgschaft entnommen werden. Da nun auch nach dem Rechte des B.G.B. die Bürgschaft ihrem Wesen nach accessorische Haftung ist, so ergiebt sich, daß das normale Resultat ihres Zusammentreffens mit der Hauptschuld ihr Untergang sein muß und daß es besonderer Rechtfertigung bedarf, sie als Verpflichtung des Hauptschuldners aufrecht zu erhalten. Daher wird auch nach dem Rechte des B.G.B. die Fortdauer der Bürgschaft bei ihrem Zusammentreffen mit der Hauptschuld nur anzunehmen sein, wenn der Gläubiger ein begründetes Interesse an ihrer Fortexistenz neben der Hauptschuld hat. Doch wird man das Interesse des Gläubigers in dem weiten Sinne zu nehmen

---

[8] § 678 E. I.: „Wird der Hauptschuldner von dem Bürgen, oder dieser von jenem beerbt, so besteht die Bürgschaft insoweit fort, als ihr Fortbestehen für den Gläubiger ein Interesse hat.“

[9] Preuß. A.L.R. I 16 § 495, Österr. B.G.B. § 1445 Satz 2.

haben, wie es im § 5 schon für das moderne gemeine Recht verteidigt worden ist.[10]

In Betreff des Princips und der Wirkung der Obligationsconfusion steht das B.G.B. auf einem Standpunkte, der sich im wesentlichen mit der gemeinrechtlichen Auffassung deckt. Trotz der oben erwähnten Streichung der principiellen Bestimmung des § 291 ergiebt sich dies mit hinreichender Deutlichkeit aus dem Gesetz.[11]

Es spricht von den durch Vereinigung von Recht und Verbindlichkeit „erloschenen" Rechtsverhältnissen (§§ 1976, 1991 Abs. 2, 2143, 2175, 2377), es legt der Confusion unter Umständen Befriedigungswirkung bei (§§ 1164 Abs. 2, 1174), wodurch insoweit, als diese Wirkung auf dem Gedanken eines durch Schuldbefreiung erlangten Vorteils beruht (vgl. oben § 10) die obligationslösende Kraft der Confusion bestätigt wird. Andererseits giebt es auch nach dem Rechte des B.G.B. Fälle, in denen das obligatorische Rechtsverhältnis trotz der Vereinigung der Beziehungen seiner derzeitigen Träger in einer Person die Confusion überdauert. Dies gilt besonders für die Rückgelangung der auf den Inhaber gestellten Schuldverschreibung in den Besitz des Ausstellers,[12] sowie bei den Orderpapieren für die durch Indossament an den Schuldner bewirkte Vereinigung. Es muß aber weiter für alle die Fälle gelten, in denen das Gesetz eine mit dinglicher Wirkung Platz

---

[10] Dagegen für Fortbestand der Bürgschaft schlechthin: Mosler, Zur Lehre von der Konfusion S. 115, 116.

[11] Die Vorarbeiten zum Gesetze, namentlich Kübels scharfsinnige Begründung zu der dem § 291 E. I. entsprechenden Bestimmung Abschn. I Tit. 5 V § 2 seines Entwurfs, aber auch die Motive dürfen in der vorliegenden Materie nur mit großer Vorsicht benutzt werden, weil sie die Konsequenzen der Confusion unter zu einseitiger Berücksichtigung der aus der Natur des subjektiven Rechts entspringenden Folgen entwickeln und zu wenig die Möglichkeit der Fortexistenz des Rechtsverhältnisses trotz derzeitigen Mangels eines zweiten Subjekts ins Auge fassen.

[12] Nach dem in § 3 Ausgeführten kann hier von einem Erlöschen des Rechtsverhältnisses um so weniger die Rede sein, als das B.G.B. arg. § 794 für die Begründung des aus der Schuldverschreibung auf den Inhaber hervorgehenden Rechtsverhältnisses die Creationstheorie angenommen hat, vgl. Endemann, Einführung in das Studium des B.G.B. I S. 885, 886.

greifende Succession in das Schuldverhältnis ermöglichen will, also namentlich im Falle der Nacherbschaft.[13]

Aus der im Princip rechtsvernichtenden Wirkung der Confusion folgt, daß die Vereinigung von Forderung und Schuld in einer Person regelmäßig auch den Untergang der Accessionen nach sich zieht.

Dies geht für die Bürgschaft aus § 767 B.G.B. hervor, wonach für die Verpflichtung des Bürgen der jeweilige Stand der Hauptverbindlichkeit maßgebend ist, für das Pfandrecht aus § 1252, wonach das Pfandrecht mit der Forderung, für die es besteht, erlischt. Es muß jedoch auch hier die Frage aufgeworfen werden, ob dieser Untergang im Falle des durch Confusion bewirkten Erlöschens der Forderung ein ausnahmsloser ist. Für die Beantwortung dieser Frage kommt in erster Linie in Betracht, daß nach dem Recht des B.G.B. in einer Reihe von Fällen, in denen nach römischem Rechte Confusion eintrat und in denen sich das Bedürfnis, die Accession trotz Vernichtung der Hauptobligation aufrecht zu erhalten, besonders stark geltend machte, die rechtsvernichtende Wirkung der Vereinigung ausgeschlossen ist. Es gehört hierher einmal der Fall, daß die durch Pfand oder Bürgschaft gesicherte Forderung eine Bürgschaft ist, und diese sich mit der Hauptschuld in einer Person vereinigt. Hier trat nach römischem Rechte Confusion der Bürgschaft ein; dagegen ist nach dem Rechte des B.G.B., wie schon nach gemeinem Rechte, ihr Untergang durch Confusion ausgeschlossen, weil der Gläubiger wegen der Afterbürgschaft bez. des mit ihr verknüpften Pfandrechts, ein Interesse an ihrem Fortbestehen hat.[14] Weiter: In dem Falle der an die Stelle des römischen Universalfideicommisses getretenen Nacherbschaft gehen, wie weiter unter (§ 23) darzulegen, nach dem Rechte des B.G.B. die Forderungen infolge der in der Person des Erben sich vollziehenden Vereinigung von Schuldner- und Gläubigerschaft nicht mehr unter. Folglich können auch die Accessionen bestehen bleiben und es ist nicht mehr nötig, wie im Falle der l. 61/59 D. ad S. C. Treb. 36, 1 das Pfand-

---

[13] Vgl. § 2143 B.G.B. und dazu unten § 23.

[14] S. oben S. 87.

recht anormaler Weise trotz formeller Vernichtung der Forderung fortbestehen zu lassen. Immerhin bleiben noch Fälle übrig, in denen die Frage praktisch werden kann. Für die Bürgschaft kommt besonders die Möglichkeit in Betracht, daß der Bürge sich in der Absicht zu schenken verbürgt hatte und daß vor Bezahlung der Schuld der Gläubiger vom Schuldner, oder dieser von jenem beerbt wird.

Man könnte die Frage aufwerfen, ob man dem Gläubiger-Schuldner hier nicht gestatten solle, auf den Bürgen zu greifen, da dieser ja schenkungshalber von vorn herein auf die Ausübung des Regresses verzichtet habe, und also der Klage nicht, wie der Bürge im Falle der l. 71 pr. D. de fideiuss. 46, 1 die Berufung auf den Regreß, der ihm im Falle der Zahlung erwachsen würde, entgegenhalten könne. Diese Auffassung hätte allerdings zur Voraussetzung, daß die Existenz der Bürgschaft nicht unbedingt von der der Hauptschuld abhängig wäre; aber wieweit die durch das Accessionsverhältnis begründete Abhängigkeit der Bürgschaft von der Hauptschuld reicht, ist eine Frage, die durchaus dem positiven Rechte angehört und nicht schon durch Berufung auf die accessorische Natur der Bürgschaft in dem Sinne einer Abhängigkeit schlechthin erledigt ist.[15] Kann somit nicht anerkannt werden, daß der ins Auge gefaßten Regelung unseres Falles ein begriffliches Hindernis entgegenstände, so wird man doch vom Standpunkte des Rechts des B.G.B. aus dem Gläubiger, welcher den Schuldner beerbt hat,[16] das Recht, sich an den Bürgen zu halten, auch für den Fall absprechen müssen, daß die Verbürgung in der Absicht zu schenken geschehen ist. Die Bürgschaftsübernahme in Schenkungsabsicht bedeutet gegenwärtigen Verzicht auf einen eventuellen Regreßanspruch,[17] die Wirkung der Schenkung tritt also nur ein, wenn der Regreß wirklich erwächst. Dafür, daß der Regreß erwachsen kann, ist wieder Voraussetzung, daß die eingetretene Confusion die Befugnis zur Inanspruchnahme des

[15] Vgl. Girtanner, Bürgschaft S. 498, Hölder, Pand. I § 35 S. 162, Schott in Jherings Jahrb. f. Dogm. Bd. 15 S. 4 f.

[16] Und ebenso dem Schuldner, welcher den Gläubiger beerbte.

[17] Vgl. namentlich l. 4 D. de neg. gest. 3, 5, l. 32 D. de pact. 2, 14, l. 6 § 2 D. mand. 17, 1 und dazu v. Savigny, System IV S. 132 f.

Bürgen nicht ausschließt. Dies ist aber nach § 767 B.G.B. an sich der Fall, und wenn es ausnahmsweise mit Rücksicht auf die beabsichtigte Schenkung anders hätte normiert werden sollen, so hätte dies ausdrücklicher Bestimmung bedurft.

Das Pfandrecht (es wird zunächst das Pfandrecht an beweglichen Sachen in Betracht gezogen) bewährt auch nach dem Rechte des B.G.B. eine größere Widerstandskraft gegen die Confusion der gesicherten Forderung, als die Bürgschaft. Denn nach § 1256 Satz 2 B.G.B. bleibt im Falle der Confusion der pfandrechtlich gesicherten Forderung das Pfandrecht nicht nur für den an der Forderung Berechtigten, sondern auch für den Gläubiger-Schuldner selbst erhalten.[18] Da nun, wie im § 14 ausgeführt, die Forderung in der Person des Gläubiger-Schuldners erloschen ist und nur für den an der Forderung Berechtigten fortbesteht, so bedeutet die Erhaltung des Pfandrechts für die erloschene Beziehung eine Einschränkung des § 1252 B.G.B., und zwar eine solche, die unabhängig von einem nachweisbaren Interesse des von der Confusion betroffenen Subjekts erfolgt. Um so mehr muß daher nach § 1256 Abs. 2 B.G.B. die Fortexistenz des Pfandrechts angenommen werden, wenn trotz Confusion der persönlichen Forderung ein rechtliches Interesse des Eigentümers an der Erhaltung des Pfandrechts vorliegt. Ein solches Interesse ist nun zwar wegen der Erreichung des Pfandrechtszwecks überall da ausgeschlossen, wo der Confusion im konkreten Falle die Wirkung der Befriedigung zugekommen ist. Wo diese Wirkung aber entfällt, ist nach den erwähnten Bestimmungen die Fortexistenz des Pfandrechts sehr wohl möglich.[19]

---

[18] Vgl. unten § 21.

[19] Man denke an den Fall, daß ein Gesamtschuldner für seine Schuld ein Pfand bestellt hat und dann vom Gläubiger beerbt wird. Die obligatorische Beziehung, für welche das Pfand bestellt war, ist hier ohne Befriedigungswirkung durch Confusion erloschen (§ 425 Abs. 2 d. B.G.B.). Soll der Gläubiger auch des Pfandrechts verlustig gehen? Durch eine solche Annahme würde das Recht des B.GB. auf einen schon von African (l. 38 § 5 D. de solut. 46, 3) überwundenen Standpunkt zurückgeschraubt, was (trotz der starken Betonung der accessorischen Natur des Pfandrechts in den Protokollen II. Lesung S. 4259) dem Sinne des Gesetzes nicht gerecht würde.

Für das Pfandrecht an unbeweglichen Sachen hat das Erlöschen der Forderung durch Confusion nach § 1177 Satz 1 B.G.B. die Konsequenz, daß sich die in gewisser Hinsicht accessorische Form der Grundstücksbelastung, die Hypothek, in die rein dingliche Belastungsform, die Grundschuld,[20] verwandelt: Dieses Resultat modifiziert sich jedoch, wenn der persönliche Schuldner ein Anderer als der Eigentümer ist. Denn wenn hier Forderung und Schuld zusammentreffen, so geht die Hypothek unter Umständen mit der Maßgabe ganz oder teilweise auf den Gläubiger-Schuldner über, daß sie sich in dessen Hand mit einer neuen Forderung verbindet, die infolge der Confusion erwächst (s. § 20 bei Note 9) und sich gegen den Eigentümer richtet.

Die näheren Bestimmungen hierüber sind in § 1164 des B.G.B. enthalten. Hiernach geht die Hypothek auf den persönlichen Schuldner, welcher den Gläubiger befriedigt, insoweit über, als er vom Eigentümer, oder einem Rechtsvorgänger des Eigentümers Ersatz verlangen kann. Im Absatz 2 desselben § wird bestimmt, daß es der Befriedigung des Gläubigers gleich steht, wenn Forderung und Schuld in einer Person sich vereinigen.[21] Die übergehende Hypothek wird also mit der Ersatzforderung in organische Verbindung gebracht, sie steht, nachdem die ursprüngliche Forderung confundiert worden ist, um der Ersatzforderung willen zu, ist demnach keine bloße Grundschuld, sondern eine Hypothek.[22] Es liegt also ein Fall hypothekarischer Succession vor.

Besonders gestaltet sich die Wirkung der Confusion der Forderung bei der Gesamthypothek. Für den Übergang der Hypothek an denjenigen Grundstücken, gegen deren Eigentümer oder Voreigentümer der persönliche Schuldner, in dessen Person Forderung und Schuld zusammengetroffen sind, einen Regreßanspruch besitzt,[23] gilt zwar das Gleiche, wie bei der Einzelhypothek (arg. 1174).

---

[20] Vgl. unten S. 230 f.

[21] Vgl. aber hierzu unten § 20 Note 9.

[22] Vgl. hierzu namentlich Strohal, Eigentümerhypothek etc. in Jherings Jahrb. Bd. 31 S. 289 Ziff. 3, S. 295 f., Protokolle II. Lesung S. 4748, Dernburg, Bürgerliches Recht III S. 612.

[23] Über den Grund dieses Regreßanspruchs bei der Vereinigung s. unten § 20 bei Note 9.

Soweit aber kein solcher Regreß besteht, fallen die übrigen Hypotheken nicht, wie bei der Einzelhypothek den betreffenden Grundstückseigentümern zu, sondern erlöschen (§ 1174 Abs. 1, a. E.).[24] Ist der Eigentümer zugleich persönlicher Schuldner, so steht ihm auch hier nach Confusion der Forderung die Hypothek am eigenen Grundstück gemäß § 1173, 1177 als Grundschuld zu, die übrigen Hypotheken erwirbt er, soweit ihm eine Ersatzforderung gegen die Eigentümer der mitverpfändeten Grundstücke oder deren Rechtsvorgänger zusteht (§ 1173). Nach dem letzten Satze dieses § bleiben die so erworbenen Hypotheken mit seiner eigenen (die freilich im Sinne des Gesetzes keine wahre Hypothek mehr, sondern eine Grundschuld ist), Gesamthypothek.

In den vorstehenden Ausführungen ist zunächst stillschweigend vorausgesetzt, daß die Confusion für die hypothekarisch gesicherte Forderung einen Erlöschungsgrund bedeutet. Da nun aber aus den Darlegungen im § 17 hervorgeht, daß für das moderne Hypothekenrecht eine Regelung sehr wohl denkbar ist, welche im Falle der Confusion nicht nur das dingliche Recht, sondern, mit Rücksicht auf das Interesse des Verkehrs auch das obligatorische Rechtsverhältnis fortbestehen läßt, so erscheint eine Prüfung dieses Punktes nicht überflüssig. Dies um so weniger, als das B.G.B. eine direkte Bestimmung des Inhalts, daß die hypothekarisch gesicherte Forderung durch Confusion erlösche, nicht enthält.[25]

Hierbei scheidet die Sicherungshypothek von vorn herein aus. Denn sie ist nicht dazu bestimmt, im Verkehr zu stehen: sie erfüllt die ausschließliche Funktion eines Sicherungsmittels; Bestand und Inhalt der gesicherten Forderung ist für das Recht des Gläubigers schlechthin maßgebend; und die Existenzbedingungen der Forderung bestimmen sich rein nach materiellen Grundsätzen,

[24] Für die Aufnahme dieser Disposition scheinen die praktischen Erwägungen maßgebend gewesen zu sein, die Bähr in seinem Gegenentwurf S. 259 f. ins Treffen geführt hat.

[25] Abweichend vom Entwurf I. Denn während dieser im § 1097 Abs. 1 ausdrücklich bestimmte: „Erlischt die Forderung dadurch, daß sie und die Verbindlichkeit in der Person des Eigentümers sich vereinigen, so bleibt die Hypothek als Eigentümerhypothek bestehen“, enthält die Vorschrift des § 1163 Satz 2 keine Angabe eines Erlöschungsgrundes: „Erlischt die Forderung, so erwirbt der Eigentümer die Hypothek.“

ohne irgend welche Beeinflussung durch formale Rücksichten, wie sie im Grundbuchrecht vielfach obwalten.[26]

Aus der Verbindung der Forderung mit der Sicherungshypothek ist also kein Gesichtspunkt abzuleiten, der auf die Confusion der Forderung irgend welchen Einfluß ausüben könnte. Maßgebend ist allein die Natur des obligatorischen Rechtsverhältnisses. Folglich wird normaler Weise die Forderung erlöschen und die Hypothek nach § 1163 dem Eigentümer des Pfandgrundstücks oder beim Vorhandensein eines Ersatzanspruchs des persönlichen Schuldners nach § 1164 diesem anheimfallen.[27] War dagegen die Sicherungshypothek für eine Schuldverschreibung auf den Inhaber, oder ein Orderpapier ausgestellt, so fällt, da das obligatorische Rechtsverhältnis bestehen bleibt, die Hypothek nicht an den Eigentümer, sondern bleibt dem Gläubiger-Schuldner wegen der verbrieften Forderung erhalten und geht bei Weiterbegebung oder Indossierung des Papiers mit der Forderung auf den neuen Erwerber über.[28]

Wohl aber läßt sich für die Verkehrshypothek (Buch- und Briefhypothek) die Frage aufwerfen, ob die gesicherte Forderung durch ihre Verbindung mit der Hypothek einen Einfluß erfährt, welcher sie gegen die Confusion widerstandsfähiger macht.

Freilich kann aus dem Gesichtspunkt der Accessorietät der Hypothek kein Grund mehr für die Fortexistenz der Forderung trotz eingetretener Confusion entnommen werden.[29] Denn in dem

---

[26] Arg. §§ 1184, 1185 B.G.B., vgl. überhaupt Endemann, Einführung in das B.G.B. Bd. II, § 129 S. 514 f., Dernburg, Das bürgerliche Recht des Deutschen Reichs und Preußens Bd. III S. 650 f.

[27] Vgl. Hachenburg, Beiträge zum Hypotheken- und Grundschuldrecht des Entwurfs (1895) S. 179, Endemann, Einführung II S. 517.

[28] Vgl. oben S. 225 und Hachenburg a. a. O.

[29] Dieses Argument ist früher öfter verwertet worden, indem man schloß, daß die Hypothek als accessorisches Recht nicht ohne Forderung existieren könne, mithin da, wo die Fortexistenz der Hypothek feststehe, auch die Forderung als fortbestehend angenommen werden müsse, vgl. besonders das Erkenntnis des preuß. Obertribunals v. 13./4. 1844 (bei Rehbein III S. 694, 695), Entscheidungen des Reichsgerichts Bd. VII S. 219. S. auch Dernburg, Das bürgerliche Recht des Deutschen Reichs und Preußens III S. 600 und die daselbst Note 3 angeführten Erkenntnisse.

Sinne ist die Hypothek des B.G.B. kein accessorisches Recht, daß sie nicht trotz Untergangs der gesicherten Forderung fortbestehen könnte (§ 1163 Satz 2 B.G.B.), kommt sie doch sogar zur Entstehung trotz mangelnder Rechtsgiltigkeit der Forderung, zu deren Sicherung sie bestimmt ist (Satz 1 cit. §). Dennoch ist die Verbindung der Forderung mit der Hypothek keine bloß zufällige, sondern eine mit rechtlichen Wirkungen ausgestattete.[30] Hierher gehört in erster Linie die Erstreckung des öffentlichen Glaubens des Grundbuchs auf die Forderung (§ 1138 B.G.B.) und die Bestimmung des § 1153 Abs. 2, nach welcher die Forderung nicht ohne die Hypothek, die Hypothek nicht ohne die Forderung übertragen werden kann. Wenn also auch die rechtliche Verbindung zwischen Hypothek und Forderung zerrissen werden kann (sei es durch Erlöschen der Forderung nach §§ 1163, durch Übertragung der Hypothek auf eine neue Forderung nach § 1180 oder durch Verzicht des Gläubigers auf die Hypothek (§ 1168), so ergreift doch, solange ein solcher die Verbindung aufhebender Umstand nicht eingetreten ist, die Verfügung über das eine Recht mit rechtlicher Notwendigkeit auch das andere. Da nun die Hypothek

---

[30] Gerade dieser organischen Verbindung wegen hat man die Verkehrshypothek als besondere Belastungsform neben der Grundschuld nicht entbehren mögen. Lehrreich hierfür sind die Sitzungsprotokolle der 2. Lesung des Entwurfs S. 3410 f. Als dingliches Recht ist die Hypothek mit der Grundschuld identisch, der Unterschied beider Belastungsformen liegt allein darin, daß bei der Hypothek dies dingliche Recht in juristisch relevanter Art mit einer Forderung verknüpft ist. Diese Relevanz äußert sich, soweit sie für den Inhalt des hypothekarischen Rechts maßgebend ist, nach § 1177 Satz 2 selbst über das Erlöschen der Forderung hinaus. Daher ist die Bestimmung des Gesetzgebers, daß die Hypothek bei ihrer Vereinigung mit dem Eigentum in einer Hand sich in eine Grundschuld verwandle, wenn dem Eigentümer nicht auch die Forderung zustehe, nicht ganz korrekt. Rücksichtlich der Natur der dinglichen Belastung kann solche „Verwandlung“ nicht in Frage kommen, denn diese ist bei beiden von vorn herein identisch. Und, was das Verhältnis zur Forderung betrifft, so ist zwar richtig, daß die Hypothek nunmehr als forderungslose besteht, aber der nach § 1177 Satz 2 vorhandene fernerhin maßgebende Einfluß des Forderungsinhaltes läßt gerade in der Richtung, in der der rechtliche Unterschied der Hypothek von der Grundschuld allein gesucht werden kann, noch eine Differenz bestehen.

infolge ihrer Vereinigung mit dem Eigentume nicht untergeht, so liegt die Annahme nicht fern, daß auch das obligatorische Rechtsverhältnis wegen seiner engen Verbindung mit der Hypothek die Vereinigung von Forderung und Schuld in einer Person überdauern könne. Gleichwohl ist diese Annahme nach dem Rechte des B.G.B. nicht zulässig. Sie würde voraussetzen, daß die Forderung durch die Eintragung der Hypothek im Grundbuche in der Art formalisiert würde, daß auch die aus dem Grundbuche ersichtliche Confusion ihren Bestand nicht anzutasten vermöchte.[31] Eine solche Formalisierung aber ist ein Privileg, daß das B.G.B. in § 889 nur den Rechten an Grundstücken zu Teil werden läßt, indem es für sie die rechtsvernichtende Wirkung der Vereinigung mit dem Eigentume schlechthin ausschließt. Schon in dem diesem Falle sehr nahestehenden, daß der Gegenstand zwar nicht ein Grundstück, wohl aber ein im Grundbuch eingetragenes Recht ist, cessiert arg. § 1072 B.G.B. die confusionshindernde Wirkung des Eintrags (vgl. unten S. 235) und treten die gewöhnlichen Confusionsgrundsätze ein, trotzdem es sich in den genannten § ebenso wie in § 889 von einem Fall der absorbierenden Confusion handelt. Für die peremtorische Obligationsconfusion nun gar kann aus § 889 nicht das geringste Argument für das Fortbestehen der Forderung entnommen werden, eher könnte ein *argumentum a contrario* in Betracht kommen.

Entscheidend für die rechtsvernichtende Wirkung der Confusion auf die hypothekarisch gesicherte Forderung ist aber einmal, daß sie einen Grund bildet, der, soweit eine Regreßforderung

---

[31] Ist die Confusion aus dem Grundbuche nicht ersichtlich (ein Fall, der infolge Erbgangs nach §§ 1942, 1922 leicht eintreten kann, indem beispielsweise der Gläubiger den persönlichen Schuldner beerbt und die Forderung einem vom Erbfall nichts wissenden Dritten cediert), so erwirbt freilich der gutgläubige Dritte nicht nur die Hypothek, sondern auch die Forderung vermöge der auf den öffentlichen Glauben bezüglichen Grundsätze der §§ 891 f. in Verbindung mit § 1138; aber er erwirbt sie hier nicht, weil sie als ruhendes Recht fortgedauert hätte, sondern er erwirbt originär eine der erloschenen Forderung inhaltsgleiche. Insoweit liegt daher, wie bereits Krech bei Bekker und Fischer Heft 14 S. 134 und Strohal in Jherings Jahrb. Bd. 31 S. 286 Note 7 in etwas anderem Zusammenhange bemerkt haben, keine Ausnahme, vielmehr eine Bestätigung des Erlöschens vor.

des — vom Eigentümer verschiedenen — persönlichen Schuldners nicht begründet ist, die Hypothek auf den Eigentümer überträgt (§ 1164 B.G.B.), bez. sie bei der Gesamthypothek nach Maßgabe der §§ 1173, 1174 zum Erlöschen bringt. Sodann, daß die Vereinigung von Forderung und Schuld in Ansehung der Erzeugung der Ersatzforderung gegen den Eigentümer in den §§ 1164 Abs. 2, 1174 Befriedigungswirkung beigelegt wird. Denn diese Befriedigungswirkung setzt, wie bereits oben bemerkt voraus, daß als Folge der Confusion eine Schuldbefreiung angesehen wird, die der Gläubiger-Schuldner sich als der Befriedigung gleichstehenden Vorteil auf den Forderungsverlust anrechnen muß.

Was die Confusion dinglicher Rechte betrifft, so erlöschen Rechte an beweglichen Sachen principiell bei ihrem Zusammentreffen mit dem Eigentum (arg. 1063 Satz 1, 1256 Satz 1), während dem besonderen Charakter der absorbierenden Confusion durch die Bestimmung Rechnung getragen wird, daß der Nießbrauch bezw. das Pfandrecht als nicht erloschen gelten, soweit der Eigentümer an ihrem Fortbestehen ein Interesse hat (Abs. 2 der citierten Paragraphen). Dagegen hat das Bürgerliche Gesetzbuch bezüglich der Rechte an Grundstücken die mannigfachen Ansätze, welche sich in den modernen Gesetzgebungen finden, zu dem Principe fortgebildet, daß sie bei ihrem Zusammentreffen mit dem Eigentum erhalten bleiben (§ 889). Maßgebend für diese Disposition ist, wie die Motive III S. 203 aussprechen, in erster Linie die Rücksicht auf das Institut der Eigentümerhypothek gewesen. Einen allgemeineren Rückhalt findet die betreffende Bestimmung, da Rechte an Grundstücken mit verschwindenden Ausnahmen nur durch Eintragung entstehen, an der Institution des Grundbuchs. Immerhin deckt sich der Kreis der eingetragenen Rechte nicht mit dem Kreise derjenigen Rechte, die nicht der Confusion unterliegen. Einmal nämlich leistet zufolge der Bestimmung des § 889 ein Recht am Grundstück der Confusion auch dann Widerstand, wenn es ausnahmsweise ohne Eintragung zur Entstehung gelangt,[32] wie z. B. die Sicherungshypothek, welche

[32] S. jetzt auch BIERMANN, Kommentar z. B.G.B. (Sachenrecht), Bem. zu § 889.

der Pfandgläubiger einer auf Übertragung des Eigentums an einem Grundstücke gerichteten Forderung nach § 1287 mit der Leistung des Schuldners an dem Grundstücke erwirbt: Erlangte der Inhaber der Sicherungshypothek noch vor deren Eintragung auch das Eigentum am Grundstücke durch freiwillige Veräußerung seitens des Eigentümers, so würde die Vereinigung doch der Sicherungshypothek keinen Abbruch thun und der nunmehrige Eigentümer trotzdem noch die Eintragung der Sicherungshypothek für sich herbeiführen, dieselbe auch nach § 1184 in eine gewöhnliche Hypothek umwandeln können.[33]

Andererseits ist nicht jedes eingetragene Recht, sondern nur dasjenige, welches ein fremdes Grundstück zum unmittelbaren Gegenstande hat, der absorbierenden Confusion entzogen. Ist also beispielsweise ein Recht an einem Rechte eingetragen und vereinigt sich dieses mit dem Rechte, an dem es besteht, in einer Hand,[34] so erlischt es infolge der Confusion trotz seiner Eintragung, der Inhalt des Grundbuches wird unrichtig. Das B.G.B. enthält eine ausdrückliche hierauf bezügliche Vorschrift freilich nur für den Nießbrauch, indem aus § 1072 folgt, daß die Beendigung des Nießbrauchs durch Vereinigung nach den Grundsätzen des § 1063 auch dann eintritt, wenn das dem Nießbrauch unterliegende Recht nicht ein Recht an einer beweglichen Sache ist. Man darf dies aber nicht als eine für den Nießbrauch getroffene Sonderbestimmung auffassen. Die Versuchung hierzu liegt nicht ganz fern, weil die Bestimmung in Zusammenhang mit

---

[33] In den Verhandlungen der Kommission für die 2. Lesung des Entwurfs (s. Komm.-Prot. 3875 f.) war ein Antrag eingebracht worden, die Bestimmung des § 889 auf eingetragene Rechte zu beschränken. Maßgebend hierfür war die Absicht, die Grunddienstbarkeiten, falls für sie das Erfordernis der Eintragung fortfallen sollte, von dem Rechte des Paragraphen auszuschließen. An die anderen Fälle, in denen Rechte an Grundstücken ohne Eintrag entstehen, ist offenbar nicht gedacht worden, und da der Antragsteller sich damit einverstanden erklärt hatte, daß sein Antrag bis zur Beratung über die Grunddienstbarkeiten zurückgestellt werde und für diese später principiell der Eintragungszwang angenommen wurde, so ist die Frage offenbar nicht wieder berührt worden.

[34] Z. B. der Nießbrauch oder das Pfandrecht an einer eingetragenen Forderung mit der Gläubigerschaft der Letzteren.

der von dem B.G.B. statuierten Unübertragbarkeit des Nießbrauchs gebracht werden könnte. Da nämlich der Nießbrauch unübertragbar ist (§ 1059 B.G.B.), so kann Niemand dadurch geschädigt werden, daß er im irrigen Glauben an das Bestehen des Nießbrauchs diesen erwürbe. Der Grund, der besonders für die Ausschließung der Confusionswirkung sprechen könnte — die mögliche Schädigung eines Dritten auszuschließen —, fällt also hier weg. Handelt es sich dagegen um ein übertragbares Recht, so ist der Erwerber zwar in den Fällen, in denen die Confusion aus dem Grundbuche nicht ersichtlich ist, auf Grund der Vorschriften über den öffentlichen Glauben des Grundbuchs (§ 892) geschützt, nicht aber, wenn die Vereinigung aus dem Grundbuche ersichtlich war und der Erwerber sie, was leicht vorkommen kann, übersehen hat. Indessen ist ein solcher Zusammenhang der Bestimmung mit der Unübertragbarkeit des Nießbrauchs nicht vorhanden. Dies ergiebt sich besonders daraus, daß die auf den Nießbrauch bezügliche Vorschrift schon im Entwurfe erster Lesung vorhanden war, während dieser den Nießbrauch noch als übertragbares Recht behandelte. Die Motive (III S. 542) hielten den durch die Vorschriften über den öffentlichen Glauben des Grundbuchs gewährten Schutz für ausreichend. In der That dürfte er es auch sein, wenn genügende Aufmerksamkeit darauf gerichtet wird, ob aus den verschiedenen Einträgen im Grundbuche hervorgeht, daß der Inhaber des eingetragenen Rechts und derjenige des Rechts am Recht identisch sind. Die Gefahr, daß dies zunächst vielfach nicht geschehen und dadurch dritte Rechtserwerber in Nachteil geraten können, liegt nur darin, daß bei den Rechten, die unmittelbar an dem Grundstück bestehen, auch die aus dem Grundbuche ersichtliche Vereinigung von Recht und Belastung nach § 889 B.G.B. belanglos ist.

§ 20.

Thatbestand und Charakter der Confusionswirkung.

Wie im gemeinen Recht beruht die rechtsvernichtende Wirkung der Confusion auf der — normaler Weise durch Succession herbeigeführten — Vereinigung rechtlich disparater Eigenschaften in einer Person.[1] Das Bürgerliche Gesetzbuch bringt dies in der Terminologie zum klaren Ausdrucke, indem es durchgehends vom „Erlöschen der Rechtsverhältnisse durch Vereinigung“ (1976, 1991 Abs. 2, 2143, 2175, 2377), „Zusammentreffen“ der betreffenden rechtlich unvereinbaren Eigenschaften „in derselben Person“ (§ 1063, 1256) spricht.[2] In Betreff derjenigen Rechte, welche nicht auf den Erben übergehen, sondern mit dem Tode des Berechtigten erlöschen,[3] liegt also, trotzdem der Verpflichtete den Berechtigten beerbt hat, keine Confusion vor, und dasselbe gilt für die nicht auf den Erben übergehenden, weil höchstpersönlichen Verpflichtungen, wenn der Berechtigte dem Verpflichteten succediert.

Folglich kommen hier, abweichend vom Falle der Confusion, die erloschenen Rechtsverhältnisse bei der Berechnung des Erbschaftsbestandes nicht in Ansatz. Beerbt beispielsweise der Eigentümer den Nießbraucher und verkauft die Erbschaft, so kann der Käufer nicht nach § 2377 B.G.B. Wiederherstellung des erloschenen Nießbrauchs verlangen, denn dieser ist nicht infolge seiner Vereinigung mit dem Eigentümer in der Person des Erben, sondern nach § 1061 infolge des Todes des Nießbrauchers erloschen.

Keinem Zweifel unterliegt, daß die Forderungsconfusion auch durch Singularsuccession, sowohl durch Cession, als Schuldübernahme erfolgen kann.[4]

---

[1] So auch Stammler, Recht der Schuldverhältnisse S. 261, 262.

[2] Hiermit ist der oben schon für das gemeine Recht bekämpften Auffassung Barons, das Erlöschen des Rechts beruhe bei der Confusion auf der Unmöglichkeit einer Succession in die mit der bereits innegehabten nicht verträglichen Rolle für das B.G.B., von vorn herein der Boden entzogen.

[3] Wegen der einzelnen Fälle s. Endemann, Einführung in das Studium des B.G.B. I § 58 S. 249 Note 6. Erwähnt werden mag: das Erlöschen des Vorkaufsrechts (§ 514), des Nießbrauchs (§ 102), der beschränkten persönlichen Dienstbarkeiten (§ 1092 in Verb. mit § 1090 Satz 2), der Ansprüche aus § 847 B.G.B.

[4] Dagegen wird der Forderungsübergang kraft Gesetzes nur in verhältnismäßig wenigen Fällen zur Confusion führen können. Denn Voraussetzung für den Eintritt der Confusion ist, daß diejenige Person, auf die die Forderung kraft Gesetzes übergeht, im Augenblick des Übergangs zugleich persönlicher Schuldner ist. Nun schließt aber das Gesetz in einer großen Anzahl hierher gehöriger Fälle den Übergang der Forderung auf den Schuldner aus: vgl. §§ 1143 Abs. 1, 1225, 1607 Abs. 2, 1709 Abs. 2 B.G.B.

In letzterer Richtung beansprucht besonderes Interesse der praktisch häufig vorkommende Fall, daß der Hypothekengläubiger das Pfandgrundstück von dessen Eigentümer, der zugleich persönlicher Schuldner ist, kauft und die Schuld in Anrechnung auf den Kaufpreis übernimmt. Zweifellos ist, daß infolge des Zusammentreffens von Forderung und Schuld in der Person des Käufers Confusion des Schuldverhältnisses eintritt und die Hypothek dem nunmehrigen Eigentümer als forderungslose zusteht. (Vgl. oben S. 229 f.)

Im Übrigen wird man zu sagen haben, daß der Verkäufer, ohne daß es der Förmlichkeiten des § 416 B.G.B. bedürfte, nach dem Inhalte des Vortrags sofort frei wird.

Am einfachsten erklärt sich dieses Ergebniss durch die Annahme, daß hier die vertragsmäßige Schuldübernahme und die dem bisherigen Schuldner gegenüber abgegebene einseitige Einwilligungserklärung des Gläubigers in einen Akt zusammenfallen. Letztere macht, wie mit Planck, Bem. 1 zu § 415, II S. 201 angenommen werden muß, die Schuldübernahme sofort perfekt. Die Auflösung der Rolle des Käufers in die des Schuldübernehmers und die des genehmigenden Gläubigers sieht zwar künstlich aus, entgeht aber allen formalen Schwierigkeiten, die sonst aus § 416 B.G.B. wegen des Mangels einer Zustimmungserklärung des Gläubigers hergeleitet werden könnten.

Die Confusion wird ausgeschlossen zwar durch Nichtigkeit,[5]

In anderen Fällen, namentlich beim Gesamtschuldverhältnis und der Bürgschaft, ist Voraussetzung für den Forderungsübergang, daß der Gesamtschuldner oder Bürge den Gläubiger wegen seiner Verbindlichkeit befriedigt hat (s. §§ 426 Abs. 2, 774 Abs. 1). Folglich geht die Forderung, soweit sie gegen ihn selbst gerichtet ist, gar nicht mit auf ihn über, sie erlischt nicht infolge der Vereinigung, sondern schon infolge der Zahlung, die hier allerdings, dem Gedanken Hartmanns entsprechend (Die Obligation S. 52), nur relativ wirkt, indem sie die Mitverpflichteten nicht befreit. So scheinen als einzige Fälle, in denen die Vereinigung von Forderung und Schuld durch gesetzlichen Forderungsübergang unter Lebenden erfolgen kann, die dem ehelichen Güterrecht angehörigen Vorschriften in den §§ 1438 Abs. 2, 1519 Abs. 2 übrig zu bleiben.

[5] Hervorzuhebende Fälle: Verletzung einer gesetzlichen Formvorschrift, Entgegenstehen eines gesetzlichen, nicht nur den Schutz bestimmter Per-

nicht aber durch die Anfechtbarkeit des die Vereinigung herbeiführenden Rechtsgeschäfts. Sie tritt insbesondere ein, trotzdem das Rechtsgeschäft wegen Irrtums (§ 119), Betrugs oder widerrechtlicher Drohung (§ 123, vgl. § 2078 Abs. 2) angegriffen werden kann. Mit der durchgeführten Anfechtung lebt aber das durch Confusion erloschene Recht unmittelbar wieder auf. Dies bedeutet gegenüber der regelmäßigen Gestaltung im gemeinen Recht eine principielle Abweichung. Denn dort führt die Anfechtung regelmäßig nur zu der obligatorischen Verpflichtung, den rechtlichen Zustand, wie er vor dem anfechtbaren Rechtsgeschäft bestand, herzustellen, woraus sich in Betreff der durch Confusion erloschenen Rechte die Verpflichtung, sie neu zu begründen, ergiebt.[6] Nur ausnahmsweise (in den von Brinz, Pandekten Bd. IV § 587 Ziff. 3 S. 422 f. sog. Fällen der „unmittelbaren Anfechtung") tritt direkte Wiederaufhebung des Rechtsgeschäfts, welches zur Vereinigung führte und damit der eingetretenen Confusion mit rückwirkender Kraft ein. Hierher gehört namentlich die im § 18 behandelte Wirkung der Rescission des Testaments infolge der Inofficiositätsquerel. Gerade die direkte Wirkung der Anfechtung hat nun das B.G.B. in § 142 zur ausschließlichen erhoben.[7]

Daher leben nunmehr infolge der Abgabe der Anfechtungserklärung (§ 143) oder, wenn die Vereinigung auf Erbgang beruht und dem Erben wegen Unwürdigkeit die Erbschaft entzogen wird, mit der Rechtskraft des Urteils (§ 2342)[8] die untergegangenen Rechte direkt wieder auf.

Folglich gewinnen die confundierten dinglichen Rechte ihren früheren Rang zurück. Von diesem Satze ist jedoch eine Ausnahme für den Fall zu machen, daß die Sache, an welcher das

---

sonen bezweckenden Veräußerungsverbots, Nichtigkeit des Testaments (§§ 125, 134, 135, 2229 f.).

[6] S. bes. die einschlagende Entscheidung bei der *a. redhibitoria* und hierzu § 6 S. 103.

[7] Daher Jacobi „Die fehlerhaften Rechtsgeschäfte" im C.A. Bd. 86 S. 118 die Anfechtbarkeit nach dem Entwurfe geradezu dahin charakterisiert, daß sie sachlich nichts anderes als die Befugnis zu privater Nichtigkeitserklärung sei. — Vgl. jetzt namentlich Cosack, Lehrbuch des deutschen bürgerlichen Rechts I § 53 S. 152 f.

[8] Vgl. Strohal, Das deutsche Erbrecht nach dem B.G.B. S. 114.

dingliche Recht bestand, in der Zwischenzeit veräußert worden ist, oder daß an ihr andere dingliche Recht begründet worden sind, ohne daß beidesmal der dritte Rechtserwerber die Anfechtbarkeit der Rechtsstellung seines Auktors kannte oder kennen mußte (§ 142 Abs. 2.). Ersterenfalls ist das Wiederaufleben der dinglichen Rechte nach § 936 ausgeschlossen, letzterenfalls treten sie wenigstens dem Range nach gemäß §§ 1032, 1208 hinter den in der Zwischenzeit begründeten dinglichen Rechten zurück.

Die im § 9 charakterisierte eigenartige Natur der Confusionswirkung ist gleichfalls im B.G.B. in einer Reihe von Bestimmungen anerkannt. Es gehört hierher zunächst die Vorschrift des § 2377, wonach die infolge des Erbfalls durch Vereinigung von Recht und Verbindlichkeit oder von Recht und Belastung erloschenen Rechtsverhältnisse im Verhältnisse zwischen dem Käufer und dem Verkäufer als nicht erloschen gelten sollen. Das Gesetz denkt, wie aus dem Schlußsatze hervorgeht: „Erforderlichenfalls ist ein solches Rechtsverhältnis wieder herzustellen" nicht an ein unmittelbares Wiederaufleben der Rechtsverhältnisse, welche zwischen dem Erben und dem Erblasser bestanden, sondern statuiert nur die gegenseitige obligatorische Verpflichtung zwischen dem Erbschaftskäufer und dem Erben, die durch Confusion erloschenen Rechtsverhältnisse bei Berechnung des Erbschaftsbestandes nach ihrem Werte in Anschlag zu bringen und sie eventuell (was besonders bei dinglichen Rechten praktisch werden wird) in ihrem früheren Bestande wiederherzustellen.[9]

[9] Dieser Sinn wird durch die Entstehungsgeschichte der angezogenen gesetzlichen Bestimmung bestätigt. Die Kommission für die 2. Lesung des Entwurfs erkannte bei der Beratung des unserer Vorschrift entsprechenden § 499 E. I ausdrücklich an, daß er nur eine Folgerung aus § 488 E. I enthalte und hielt es nur wegen der praktischen Wichtigkeit der Konsequenz für zweckmäßig, sie ausdrücklich auszusprechen (Kommissionsprotokolle S. 1857). Der als maßgebend anerkannte § 488 aber stellte in engem Anschluß an die römischrechtlichen Quellenaussprüche (s. oben S. 137 Note 18) die lediglich obligatorische Wirkung des unter den Parteien durch den Erbschaftskauf begründeten Rechtsverhältnisse fest, worauf auch schon die systematische Stellung im 2. Buche (Recht der Schuldverhältnisse) hinwies. Sein 1. Absatz lautete nämlich: „Ist eine dem Verkäufer angefallene Erbschaft Gegenstand des Kaufes, so werden die Vertragschließenden unter

Gleichfalls kein unmittelbares Wiederaufleben der durch Confusion erloschenen Rechte findet nach dem B.G.B. statt, wenn der von der Erbfolge ausgeschlossene Pflichtteilsberechtigte seinen Pflichtteil in Anspruch nimmt. Denn die Verletzung des Pflichtteils führt nach dem Rechte des B.G.B. niemals mehr zur Rescission des Testaments, sondern begründet stets nur einen persönlichen Anspruch des Pflichtteilsberechtigten gegen den Erben.[10] Daher ist die Aufhebung der Confusionswirkung mit rückwirkender Kraft, wie sie im gemeinen Rechte nach Durchführung der *querela inofficiosi testamenti* eintritt,[11] ausgeschlossen, die durch Confusion erloschenen Rechte kommen vielmehr lediglich bei der Berechnung des Erbschaftsbestandes bez. Pflichtteils in Betracht.[12] Im Einzelnen sind die Bestimmungen der §§ 2311, 2313 maßgebend.

Speciell die Befriedigungswirkung der Confusion wird vom B.G.B. in den §§ 1164 Abs. 2, 1173 Abs. 1, 1174 Abs. 1 berührt. In allen diesen Fällen wird die Vereinigung von Forderung und Schuld in ihrer Wirkung der Befriedigung in dem Sinne gleichgesetzt, daß durch sie nicht minder wie durch reale Leistung dem Gläubiger-Schuldner ein Regreß erwachsen soll, wegen dessen die bestehende Hypothek in näher bezeichneten Grenzen auf den Regreßberechtigten übergehen soll. Es handelt sich also um die bekannte Erscheinung, daß wegen der zwischen Erbschaft und Eigengut stattfindenden Abrechnung die Confusion der Forderung einen Regreßanspruch begründet, wie wenn gezahlt worden wäre.[13]

---

einander so berechtigt und verpflichtet, wie wenn nicht der Verkäufer, sondern der Käufer Erbe geworden wäre. Diese Bestimmung war auch in den Entwurf II als § 2345 übergegangen und die Reichstagskommission hat sie lediglich aus redaktionellen Bedenken gestrichen. Mithin ruht auch die Rückgängigmachung der eingetretenen Confusionsfolgen nur auf obligatorischem Grunde. Im Ergebnis übereinstimmend: Schwedler, Erlöschen der Schuldverhältnisse S. 178.

[10] §§ 2303—2307 B.G.B.

[11] Vgl. § 18 oben.

[12] So auch Schwedler, Erlöschen der Schuldverhältnisse S. 162.

[13] Vgl. l. 41 § 2 D. de evict. und dazu oben § 9. Völlig mißverstanden werden diese Bestimmungen von Schwedler, Erlöschen der Schuldverhältnisse S. 88, 89 infolge seines Vorurteils gegen die Befriedigungswirkung der Confusion; er meint: „es wird die accessorische Natur des

Übrigens sind die genannten Bestimmungen in doppelter Richtung einschränkend auszulegen. Einmal wird vorausgesetzt, daß die Vereinigung den Untergang der Forderung nach sich gezogen hat. Ist dies nicht der Fall, betrifft sie also z. B. ein Inhaber- oder Orderpapier, so steht die Hypothek dem Aussteller, der zur Zeit auch das Forderungsrecht in seiner Person vereinigt, nach wie vor wegen der verbrieften Forderung, nicht wegen einer (hier nicht zur Entstehung gelangten) Regreßforderung gegen den Eigentümer zu.[14] Sodann ist auch bei bloß persönlicher Wirkung der Confusion der Befriedigungseffekt und damit der Regreß ausgeschlossen.[15]

Solche bloß persönliche Wirkung ist vom B.G.B. in § 425 Abs. 2 als normale Wirkung für das passive Gesamtschuldverhältnis angenommen. Allerdings erleidet dies durch § 426 Abs. 1 B.G.B. eine wichtige Modifikation. Denn diese Bestimmung schafft nicht nur für den Regreßanspruch der Gesamtschuldner untereinander eine vom gemeinen Recht verschiedene Grundlage, indem sie denselben, soweit nicht ein Anderes bestimmt ist, aus dem Gesamtschuldverhältnis selbst hervorgehen läßt, nicht, wie das gemeine Recht, auf das besondere, der Eingehung der Gesamtschuld zu Grunde liegende Rechtsverhältnis verweist; sie statuiert auch eine von vorn herein bestehende Beitragspflicht zur Leistung selbst, vermöge deren es normalerweise zu einem Regresse unter den einzelnen Gesamtschuldnern gar nicht kommen, sondern jeder seinen Anteil schon bei der Erfüllung beisteuern soll.[16] Soweit demnach im konkreten Falle solche anteilige Verpflichtung anzunehmen ist, greifen für die Beurteilung der Confusionsfolgen dieselben Erwägungen Platz, die oben bei der Betrachtung des

---

Pfandrechts hier wohl aus dem Grunde außer Acht gelassen, weil die Hypothek selbst nicht von der Confusion betroffen wird, und besonders, weil die Confusion eben keine Zahlung darstellt, also der Gläubiger noch nicht befriedigt ist."

[14] Vgl. hierüber Hachenburg, Beiträge zum Grund- und Hypothekenrecht des Entwurfs S. 179.

[15] Darüber sogleich weiter unten.

[16] Vgl. die Motive zu § 337 E. I, Bd. II S. 169, Planck, Erläuterung zu § 426, II S. 217.

gemeinen Rechts ausschließlich für den Fall eines unter den Gemeinschuldnern bestehenden Gesellschaftsverhältnisses angestellt worden sind (vgl. oben S. 170 f.), d. h. soweit der den Gläubiger beerbende Gesamtschuldner selbst beitragspflichtig ist, verknüpft sich mit der in Betreff seiner persönlichen Beziehung eintretenden Confusion von selbst die Wirkung der Befriedigung. Die Folge hiervon ist, daß er zum Anteile des oder der Genossen Forderung und Hypothek auf alle Fälle behält, während es in Betreff seines mit Befriedigungswirkung erloschenen Anteils nach § 1164 Abs. 1 darauf ankommt, ob er vom Eigentümer oder einem Rechtsvorgänger desselben Ersatz verlangen kann oder nicht, und je nachdem die oben S. 229 erörterten Konsequenzen eintreten.

Soweit jedoch die Parteien das Rechtsverhältnis abweichend normiert haben, ist nach § 425 Abs. 2 noch immer rein persönliche Wirkung ohne Befriedigungseffekt anzunehmen. In diesem Falle erwirbt der Gemeinschuldner keinen Regreß gegen den Eigentümer, wegen dessen die Hypothek auf ihn übergehen könnte, die Hypothek steht ihm vielmehr als Erben des Gläubigers weiterhin wegen der von der Confusion nicht betroffenen Forderung gegen den andern Gesamtschuldner zu.[17] Ebensowenig kommt bei der Beerbung des Bürgen durch den Gläubiger oder des Gläubigers durch den Bürgen der Confusion Befriedigungswirkung zu, und folglich behält der Gläubiger seine Forderung gegen den Hauptschuldner, ohne eine Regreßforderung als Bürge zu erwerben, es sei denn, daß bereits eine Zwangsvollstreckung aus der Hauptforderung seitens des Gläubigers vergeblich versucht worden sei (arg. § 771 B.G.B.).[18].

§ 21.

Umfang der Confusionswirkung.

In einem wichtigen Punkte ist der Umfang der Confusionswirkung abweichend vom gemeinen Rechte normiert. Beim aktiven Gesamtschuldverhältnis wirkt die Confusion über die von ihr be-

[17] Arg. § 425 Abs. 2.

[18] Daher im § 774 in Gegensatz zu § 1164 Abs. 2 keine Gleichsetzung der Vereinigung mit der Befriedigung.

troffene Beziehung hinaus, zerstört die Gesamtobligation.[1] Hiermit ist der Confusion bei Gläubigermehrheit die positive Wirkung beigelegt, den vermögensrechtlichen Inhalt der Gesamtobligation auf die von der Confusion betroffene Beziehung zu fixieren und es müssen hieraus alle die Folgerungen gezogen werden, die sich, wie oben § 9, 10 und 12 dargelegt, für die Befriedigungswirkung und die Regreßfrage ergeben. Der erbende Schuldner hat also seine Schuld als Erbschaftsaktivum einzustellen, der erbende Gläubiger deckt sich aus der Erbschaft. Beide sind dem Mitgläubiger, dem sie aus dem Gesamtschuldverhältnis nicht mehr haften, unter den Voraussetzungen des § 430 zur Ausgleichung verpflichtet.

Schwedler, Erlöschen der Schuldverhältnisse S. 81 f. polemisiert gegen diese auch in den Protokollen S. 891 f. vertretene Auffassung. Sein Grund ist der formale, daß die Confusion keine Zahlung ist, und das Ausgleichungsrecht die erfolgte Leistung zur rechtlichen Voraussetzung habe.

Hiermit wird wieder — ein durchgehender Fehler der sonst tüchtigen Arbeit — verkannt, daß der Confusion, wenn sie auch keine Zahlung im Rechtssinne ist, doch die Wirkung der Befriedigung zukommen kann. Solche Befriedigungswirkung reicht aber, wie im gemeinen Recht[2] zur Begründung der Ausgleichungspflicht hin.

Dagegen statuiert das Gesetz beim passiven Gesamtschuldverhältnis nach wie vor die bloß persönliche Wirkung der Vereinigung.[3] Dieselbe Wirkung greift nach § 431 Platz, wenn mehrere eine unteilbare Leistung schulden.

Dagegen ist das Verhältnis bei Mehrheit der Gläubiger und Unteilbarkeit der Leistung insofern von der Gestaltung im gemeinen Rechte abweichend geregelt, als das dort nur bedingungs-

---

[1] § 429 Abs. 2. Die Bestimmung ist erst durch die 2. Lesung in das Gesetz gekommen, E. I acceptierte die gemeinrechtlich herrschende Lehre, daß die Confusion auch im aktiven Correalverhältnisse nur persönliche Wirkung habe. Die Begründung der Abänderung folgt im wesentlichen der Auffassung von Fitting-Arndts, worüber § 10 am Ende, § 12 II. zu vergleichen ist.

[2] l. 41 § 2 D. de evict. 21, 1. vgl. dazu oben § 9 nach Note 27.

[3] § 425 Abs. 2 B.G.B. Vgl. aber oben S. 241.

weise statthabende Verhältnis einer Berechtigung zur gesamten Hand, wonach der Schuldner nur allen Gläubigern gemeinsam leisten kann, und jeder Gläubiger nur die Leistung an alle fordern kann, zur Regel erhoben ist. Eine Änderung erleidet dies nur für den Fall, daß eine Gesamtgläubigerschaft besonders begründet worden ist, in welchem Falle natürlich jeder für sich die ganze Leistung fordern kann. Letzterenfalls müssen nach § 429 Abs. 2 infolge der Vereinigung von Forderung und Schuld in der Person eines Gesamtgläubigers auch bei Unteilbarkeit der Leistung die Rechte der übrigen Gläubiger erlöschen, was als zweckmäßig sicher nicht anerkannt werden kann. Sonst wirkt nach der Bestimmung des § 432 Abs. 2 die Vereinigung nicht gegen die übrigen Gläubiger.

Übrigens wird man, soweit keine anderen Vorschriften eingreifen, die Bestimmung des § 432 Abs. 2 analog anzuwenden haben auf die zahlreichen Fälle, in denen das B.G.B. die Stellung mehrerer Forderungsberechtigten nach dem Princip der gesamten Hand regelt. Hierher gehört z. B. das Verhältnis mehrerer Miterben[4] nach § 2039 Satz 1; man denke an den Fall, daß während Bestehens der Erbengemeinschaft einer von ihnen einen Erbschaftsschuldner beerbt. Die Rechte der übrigen Erben bleiben hiervon unberührt, was bei der Erbauseinandersetzung zu Tage tritt. Weitere hier in Betracht kommende Fälle dieser Art enthalten die §§ 1077 und 1281 B.G.B.[5]

Eine eigentümliche Stellung nimmt das B.G.B. zu dem Gedanken der Relativität der Confusion ein. Sie zeigt sich bereits im Entwurf und macht sich, obgleich sie in den späteren Lesungen nicht streng festgehalten worden ist, noch im Gesetze geltend. Die erste Kommission ging nämlich von der Annahme aus, daß

---

[4] Vgl über dasselbe STROHAL, Das deutsche Erbrecht S. 120 f.

[5] Unbegründet sind die Bedenken SCHWEDLERS a. a. O. S. 124 Note 10 gegen die analoge Anwendbarkeit des § 432 Abs. 2 auf diese Fälle. Denn wenn es auch richtig ist, daß sie keinen Fall einer unteilbaren Leistung enthalten (dies nehmen auch die Motive nicht an, wie aus ihren Ausführungen Bd. III S. 553 hervorgeht, und insofern ist der ihnen deswegen von SCHWEDLER gemachte Vorwurf nicht zutreffend), so liegt doch bei ihnen ebenso wie im Falle des § 432 eine Berechtigung zur gesamten Hand vor.

die bloß relative Fortexistenz der dinglichen Rechte mit deren Charakter in Widerspruch stehe.[6] Infolge dessen wurden alle Bestimmungen sorgfältig vermieden, nach denen es hätte scheinen können, als werde unter Umständen das dingliche Recht infolge der Confusion nur relativ (in dem in § 14 erörterten Sinne) vernichtet.[7] Gegen die Annahme einer bloß relativen Fortexistenz einer Forderung hatte man dagegen ein begriffliches Bedenken nicht. Bezeichnend hierfür ist die ursprüngliche Fassung des § 2175. Dieser bestimmt, um das Vermächtnis eines an sich der Confusion unterworfenen Rechts aufrecht zu erhalten, daß „in Ansehung des Vermächtnisses“ die durch Confusion erloschenen Rechtsverhältnisse (dingliche, wie obligatorische) als nicht erloschen gelten sollten. In der ursprünglichen Fassung dagegen (E. I § 1866) war dieser Paragraph auf Forderungen beschränkt. In der That liegt nun auch bei den dinglichen Rechten eine begriffliche Schwierigkeit, ein nur relatives Erlöschen anzunehmen, nicht vor. Die bloß relative Fortexistenz des dinglichen Rechts bedeutet ja keineswegs eine Beeinträchtigung seines Charakters als eines absoluten Rechts, sondern nur eine Einschränkung der rechtsvernichtenden Wirkung der Confusion. Die Kommission für die 2. Lesung hat denn auch kein Bedenken getragen, die Fassung des § 1866 E. I auf die dinglichen Rechte zu erweitern und damit offenbar eine relative Fortexistenz auch rücksichtlich dieser zu statuieren geglaubt.[8]

Im übrigen hat dieser Wandel der Anschauung keinen Einfluß mehr ausgeübt und so sind Bestimmungen stehen geblieben, die schlechthin das Nichterlöschen des dinglichen Rechts festsetzen, wo es richtiger gewesen wäre, Relativität der Confusion anzunehmen. Besonders auffällig tritt dies in der Vorschrift des § 1256 Abs. 1 Satz 2 zu Tage. Danach soll das Pfandrecht, trotz seiner Vereinigung mit dem Eigentum in einer Hand nicht erlöschen, solange die Forderung, für welche es besteht, mit dem Rechte eines Dritten belastet ist. Für diese Bestimmung ist lediglich

---

[6] Motive III S. 203.

[7] Vgl. § 14.

[8] Darüber, ob solche in Wahrheit anzunehmen, s. unten.

das Interesse des Dritten maßgebend gewesen, da für das Interesse des Eigentümers selbst der Abs. 2 des Paragraphen Vorkehrung trifft. Für das Interesse des Dritten hätte es aber offenbar genügt, wenn ausgesprochen worden wäre, daß das Pfandrecht lediglich für ihn fortdaure. Die Anordnung der absoluten Fortexistenz des Pfandrechts erklärt sich daraus, daß wir es hier mit einem Residuum der ursprünglichen, die relative Existenz der dinglichen Rechte perhorrescierenden Anschauung zu thun haben. Man könnte die Frage aufwerfen, ob man nicht trotzdem bloß relative Fortexistenz des Pfandrechts anzunehmen habe, da die theoretische Konstruktion des Gesetzgebers den Interpreten nicht bindet. Aber es handelt sich hier nicht um eine bloße Konstruktion, sondern um eine positive Gesetzesbestimmung, die auf Grund einer bestimmten theoretischen Auffassung vom Gesetzgeber getroffen worden ist. Daher ist es unzulässig, entgegen der ausdrücklichen Bestimmung des Gesetzes, wie dies SCHWEDLER[9] thut, den Paragraphen in dem Sinne einzuschränken, daß das Pfandrecht erlösche und nur das Recht des Dritten nicht beeinträchtigt werde. Vielmehr steht das Gesetz auf dem Boden der von JHERING vertretenen Anschauung,[10] daß wegen des Rechtes des Dritten das Pfandrecht auch für den Eigentümer fortdauere. Die Konsequenz hiervon ist, daß der Eigentümer, solange das Recht des Dritten an der durch Pfand gesicherten Forderung besteht, gegen dritte Störer nicht nur mit der Eigentumsklage, sondern auch mit der Pfandklage (§ 1227) vorgehen kann.[11] Umgekehrt folgt aus den vorstehenden Ausführungen, daß sich die Vorschrift des § 1256 keineswegs, wie MOSLER[12] will, dazu verwerten läßt, auch für die

---

[9] Erlöschen der Schuldverhältnisse S. 155.

[10] S. oben § 14 Note 4.

[11] Im Entwurfe erster Lesung befand sich eine entsprechende Bestimmung für den Nießbrauch, indem § 1016 disponierte: „Die Aufhebung tritt jedoch nicht ein, so lange der Nießbrauch mit dem Rechte eines Dritten belastet ist". Diese Bestimmung ist in der 2. Lesung mit Rücksicht darauf gestrichen worden, daß der Nießbrauch, abweichend vom Entwurf I, zum unveräußerlichen Recht gestempelt worden ist: Komm.-Prot. S. 4098 f.

[12] Zur Lehre von der Konfusion S. 79.

Forderung nicht bloß relative, sondern absolute Fortdauer anzunehmen.

Eine besondere Behandlung verlangt der oben berührte § 2175. Er ist von SCHWEDLER (a. a. O. S. 170—176) einer sehr gründlichen Erörterung unterzogen worden, der in ihrem ersten Teil durchaus beizupflichten ist. Der Paragraph schreibt vor:

„Hat der Erblasser eine ihm gegen den Erben zustehende Forderung, oder hat er ein Recht vermacht, mit dem eine Sache oder ein Recht des Erben belastet ist, so gelten die infolge des Erbfalls durch Vereinigung von Recht und Verbindlichkeit oder von Recht und Belastung erloschenen Rechtsverhältnisse in Ansehung des Vermächtnisses als nicht erloschen.“

Die Motive lassen keinen Zweifel darüber, daß sie sich als Wirkung der Disposition eine relative Vernichtung des vermachten Rechts[13] denken. Sie führen aus, daß die Vorschrift habe getroffen werden müssen, weil sonst, da der Entwurf das Vindikationslegat nicht kenne, das vermachte Recht erlöschen würde und also nicht Gegenstand des Vermächtnisses sein könne. Als Wirkung der Bestimmung des § 2175 nehmen sie an, daß das vermachte Recht für den Vermächtnisnehmer in allen Punkten fortbestehe, also ihm auch die Accessionen (Bürgen, Pfänder) einer vermachten Forderung erhalten blieben, für den Erben dagegen erlösche. Hieraus wird hauptsächlich gefolgert, daß es dem Zugriff der Gläubiger desselben entzogen sei. Nichtsdestoweniger soll kein direkter Übergang auf den Vermächtnisnehmer stattfinden, sondern wie in jedem andern Falle Übertragung durch den Erben erforderlich sein.

Diese Auffassung ist innerlich widerspruchsvoll. Wenn das Recht für den Erben untergeht, so kann es durch ihn auf den Vermächtnisnehmer nicht mehr übertragen werden.

Eine solche relative Wirkung der Confusion ist nur vor-

---

[13] Motive V S. 176, 177. Übrigens ist bei ihnen aus den oben dargelegten Gründen nur von einer Forderung als Vermächtnisgegenstand die Rede. Da jedoch nach Erweiterung des Paragraphen auf die dinglichen Rechte dieselben Erwägungen auch für diese maßgebend sind, so wird hier der Einfachheit halber der allgemeine Begriff substituiert. Im Resultat mit den Motiven übereinstimmend: MOSLER, Zur Lehre von der Konfusion S. 107.

stellbar bei einer Regelung des Vermächtnisrechts, welche dem Vermächtnisnehmer mit dem Anfall des Vermächtnisses ein unmittelbares Recht an dem vermachten Gegenstande gewährt. Ist dies nicht der Fall, so hat man nur die Wahl, das vermachte Recht auch für den Erben fortdauern zu lassen, damit er es auf den Vermächtnisnehmer übertragen könne, und in diesem Falle muß dann die Konsequenz gezogen werden, daß es bis zur Übertragung sich im Vermögen des Erben befindet und folglich von seinen Gläubigern gepfändet werden kann, oder man hat die normale Wirkung völliger Vernichtung des Rechts, folglich auch den Untergang der Accessionen und die Unmöglichkeit einer Übertragung des Rechts anzunehmen.

Zu dieser Alternative gelangt auch SCHWEDLER[14] und entscheidet sich dann für die völlige Vernichtung des Rechtsverhältnisses durch die Confusion, da der obligatorische Vermächtnisanspruch „natürlich nicht die Kraft habe, den Untergang des vermachten Rechts aufzuhalten“. Er lässt demnach (S. 175) lediglich den Inhalt des vermachten Rechts maßgebend für den dem Vermächtnisnehmer gegen den Erben zustehenden Vermächtnisanspruch sein. Diese Auffassung wäre zwar vom Standpunkt des gemeinen Rechts aus unabweislich, sie entspricht aber kaum der Meinung des Gesetzes. Es geht nämlich sowohl aus der Vorgeschichte des Paragraphen, wie aus seinem Verhältnis zu dem unmittelbar vorhergehenden § 2174 hervor, daß er eine Art Gegengewicht gegen die bloß obligatorische Wirkung der Vermächtnisverfügung bilden sollte.[15] Freilich nicht in dem Sinne, daß das

---

[14] Erlöschen der Schuldverhältnisse S. 173, 174.

[15] S. die Motive V 176, 177. Überhaupt ist die Beseitigung der direkten Wirkung der Vermächtnisverfügung und die Beschränkung des Vermächtnisnehmers auf einen obligatorischen Anspruch gegen den Erben nicht ohne gewichtige in der Kommission erhobene Bedenken Gesetz geworden. Dies geht aus den Sitzungsprotokollen S. 6954—6964 (vgl. auch REATZ, Die zweite Lesung des Entwurfs II S. 383 Note 19) hervor. Auch eine der Bundesregierungen (Bayern) hat das Bedürfnis gehabt, die aus der rein obligatorischen Regelung des Vermächtnisrechts entspringenden Konsequenzen durch Festsetzung gewisser direkter Wirkungen der Vermächtnisverfügung zu durchbrechen, nämlich durch die Bestimmung, „daß die vermachte Sache, soweit sie nicht zur Befriedigung der von den Vermächtnissen zu deckenden

sonst aus dem Gesetze verbannte Vindikationslegat in der Bestimmung unseres Paragraphen einen Schlupfwinkel gefunden habe; wohl aber in dem, daß er die Wirkungen der Confusion zu Gunsten des Vermächtnisnehmers insoweit einschränkt, als es bei der bloß obligatorischen Natur von dessen Anspruch überhaupt möglich ist. Daher wird man hier allerdings anzunehmen haben, daß das von der Confusion betroffene Rechtsverhältnis zu dem Zwecke aufrecht erhalten bleibt, daß es dem Vermächtnisnehmer seinem Anspruche gemäß übertragen werden könne, und daß es nicht erst einer Neubegründung des durch Confusion erloschenen Rechtsverhältnisses bedarf. Die Konsequenzen daraus sind folgende: Die mit dem Rechtsverhältnisse verbundenen accessorischen Rechte, also namentlich Pfänder und Bürgen, bleiben, wie das Rechtsverhältnis selbst, dem Vermächtnisnehmer erhalten.[16] Dagegen ist der Anspruch des Vermächtnisnehmers als rein obligatorischer nicht im Stande, ein Recht, das die persönlichen Gläubiger des Erben etwa vor der Übertragung des vermachten Rechts daran erworben haben, einzuschränken. Gegen sie kann sich der Vermächtnisnehmer nur, falls die Voraussetzungen des § 1981 Abs. 2 (beachte auch § 219 K.O.) vorliegen, durch Beantragung der Nachlaßverwaltung schützen (§ 1894 Abs. 2), während er hinter den eigentlichen Nachlaßgläubigern ja an sich zurücksteht. Hervorzuheben ist, daß die Bürgen und etwaigen vom Erben verschiedenen Pfandbesteller sich den persönlichen Gläubigern des Erben gegenüber nach § 2175 darauf berufen können, daß sie wohl zu Gunsten des Vermächtnisnehmers, nicht aber zu Gunsten eines Andern weiter haften.

Die hier vertretene Fortexistenz des Rechtsverhältnisses trotz erfolgter Vereinigung mit Rücksicht auf einen bloß obligatorischen Anspruch ist freilich eine Anomalie; aber diese ist in unserem Falle doch insofern gerechtfertigt, als hier der obligatorische An-

---

Nachlaßverbindlichkeiten erforderlich sei, im Verhältnisse des Vermächtnisnehmers zu dem Erben und dessen Gläubigern als dem Vermächtnisnehmer gehörig angesehen werden solle." (S. die Zusammenstellung der gutachtlichen Äußerungen der Bundesregierungen hierzu.) Freilich ist dies nicht Gesetz geworden.

[16] Ebenso die Motive V S. 177. A. M. Schwedler a. a. O. S. 176.

spruch auf Wiederaufhebung der Vereinigung von vorn herein in der Natur der die Vereinigung herbeiführenden Verfügung (der Vermächtnisanordnung) begründet ist, während er sonst regelmäßig einem Rechtsgeschäfte entstammt, das dem die Vereinigung herbeiführenden Thatbestand fremd und beziehungslos gegenübersteht.[17]

§ 22.

Modifikation der Confusionswirkung infolge relativer Selbständigkeit der confundierten Vermögensmassen.

Nach Eintritt des Erbfalles kann durch Anordnung einer Nachlaßverwaltung oder durch Eröffnung des Konkurses über den Nachlaß eine Sonderung des Erbvermögens vom Eigengut des Erben herbeigeführt werden.[1] Für diesen Fall bestimmt § 1976: „Ist die Nachlaßverwaltung angeordnet oder der Nachlaßkonkurs eröffnet, so gelten die infolge des Erbfalls durch Vereinigung von Recht und Verbindlichkeit oder von Recht und Belastung erloschenen Rechtsverhältnisse als nicht erloschen."

Über die Tragweite dieser Bestimmung tritt in der Literatur bereits jetzt eine Differenz hervor. Während die eine Auffassung im Anschluß an die Motive (V 631) eine „dingliche Wiederherstellung" des früheren Rechtszustandes annimmt,[2] betont die andere, daß der Erbschaftserwerb nicht rückgängig gemacht werde und nur rechnerisch zum Nachlasse alles hinzugezogen werden solle, was im Augenblick des Todes des Erblassers vorhanden war.[3]

In der That muß daran festgehalten werden, daß die Anordnung der Nachlaßverwaltung oder die Konkurseröffnung über

[17] Man denke an die aus dem Erbschaftskauf hervorgehende Verpflichtung zur Wiederherstellung der durch Confusion infolge des Erbanfalls erloschenen Rechtsverhältnisse (s. oben S. 240).

[1] Über die Voraussetznngen und die rechtliche Natur dieser Vermögenssonderung vgl. namentlich Wendt, Die Haftung des Erben für die Nachlaßverbindlichkeiten im Arch. f. d. civ. Prax. Bd. 86 S. 353 f.; neuestens Böhm in den Beiträgen zur Erläuterung des Deutschen Rechts Bd. 42 S. 455 f.

[2] Böhm a. a. O. S. 473.

[3] Wendt a. a. O. S. 381, Schwedler, Erlöschen der Schuldverhältnisse S. 180.

den Nachlaß kein neues Rechtssubjekt schafft. Der Erbe bleibt nach wie vor alleiniges Subjekt der Rechte und Verbindlichkeiten des Nachlasses. Die Ausantwortung des Nachlasses an ihn nach Berichtigung der (bekannten) Nachlaßverbindlichkeiten (§ 1968) schließt keine Succession in sich, sondern giebt dem Erben lediglich die Verwaltung über einen Vermögenskomplex zurück, dessen Subjekt er schon war.

Die Konsequenz daraus ist, daß die Vorschrift des § 1976 nur die Bedeutung haben kann, die Confusionswirkungen insoweit einzuschränken, als es durch den Zweck, auf dem die relative Selbständigkeit des Nachlaßvermögens beruht, gefordert wird, während im übrigen die eingetretene Vereinigung bestehen bleibt.

Von selbst versteht es sich hiernach, daß die durch Confusion erloschenen Forderungen und dinglichen Rechte bei der Berechnung des Erbschaftsbestandes in Ansatz gebracht werden.[4] Schwieriger ist die Beurteilung der Frage, ob die durch Confusion der Hauptobligation frei gewordenen Bürgen oder die von dritter Seite bestellten Pfänder wieder mit rückwirkender Kraft verhaftet werden. Die Motive (Bd. V S. 631) gehen von dieser Ansicht aus; sie ist aber in dieser Allgemeinheit sicher nicht haltbar.

Die Hauptschuld ist infolge der fortdauernden Einheit des berechtigten und verpflichteten Subjekts nach wie vor confundiert und nur insoweit hat sie als nicht erloschen zu gelten, als ein berechtigtes Interesse derjenigen Subjekte vorliegt, zu deren Gunsten die Sonderung von Erbschaft und Eigengut des Erben erfolgt. Ein solches berechtigtes Interesse liegt nun allerdings auf Seiten der Nachlaßgläubiger vor. Denn für sie bedeutet die Anordnung der Nachlaßverwaltung oder des Nachlaßkonkurses regelmäßig[5] die Einschränkung ihrer Befriedigung auf die Mittel des Nachlasses (arg. § 1975 B.G.B.). Es ist also nicht mehr als billig, daß ihnen aus der für sie rein formellen Berührung des Vermögens des Erben mit dem des Erblassers nicht noch ein Nachteil durch den Untergang solcher Rechte erwachse, durch

---

[4] Vgl. hierzu oben § 9, 15.

[5] Freilich nicht immer, nämlich dann nicht, wenn der Erbe schon vorher die beschränkte Haftung verloren hatte, vgl. § 2013 und dazu Wendt a. a. O. S. 358 f., 408 f.

die eine Forderung des Erblassers gegen den Erben gesichert war. Ganz anders liegt die Sache für den Erben. In Betreff seiner Rechtsstellung ist darauf entscheidendes Gewicht zu legen, daß er, trotz der relativen Selbständigkeit der in seiner Hand vereinigten Vermögensmassen, materiell Subjekt des Erbvermögens ist und bleibt, wie sich darin zeigt, daß ein etwaiger nach Berichtigung der Nachlaßverbindlichkeiten verbleibender Überschuß des Nachlasses ihm ohne Weiteres zusteht.[6]

Wie könnte er sich also als Gläubiger des Erblassers dem Bürgen oder dritten Pfandbesteller gegenüber auf den § 1976 berufen? Ist er doch als Subjekt des Nachlaßvermögens zugleich Hauptschuldner![7]

Folgt man der Ansicht der Motive, so kommt man zu eigentümlichen Ergebnissen. Der Bürge muß dann dem erbenden Gläubiger, welcher die Eröffnung des Nachlaßkonkurses beantragt hat, ohne daß dieser zunächst aus dem Nachlasse seine Befriedigung zu suchen braucht (§ 773 Ziffer 3) zahlen und darf sich nicht einmal darauf berufen, daß sein Gegner, der in seiner Eigenschaft als Erbe zugleich Hauptschuldner ist, nur beschränkt haftet (§ 768)! Wegen seines Regresses ist er auf die Teilnahme am Nachlaßkonkurse angewiesen. Und wie steht es mit dem gesetzlichen Übergang der Hauptforderung auf ihn? (§ 774 Abs. 1.) Jedenfalls müßte man die Confusion auch in der Hinsicht als rescindiert ansehen, daß dieser Ubergang ermöglicht würde, aber auch die übergegangene Hauptforderung könnte nur im Nachlaßkonkurse, nicht gegen den Erben geltend gemacht werden. (§ 774 Abs. 1.)

Eine so weit gehende Einschränkung der Confusionswirkung ist entschieden nicht gerechtfertigt; sie wäre es nur, wenn die

---

[6] Vgl. auch Wendt a. a. O. S. 365, der nachdrücklich hervorhebt, daß der Erbschaftserwerb nicht rückgängig gemacht wird, sondern nur „rechnerisch zum Nachlasse Alles hinzugezogen werden soll, was im Augenblick des Todes des Verstorbenen vorhanden war“.

[7] Mit der hier erörterten Frage darf die andere nicht vermengt werden, ob nicht unter Umständen wegen eines berechtigten Interesses des Gläubigers das Pfandrecht trotz Confusion der gesicherten Forderung erhalten bleibt. Darüber s. oben S. 228.

Anordnung der Nachlaßverwaltung oder die Eröffnung des Nachlaßkonkurses die Wiederaufhebung der eingetretenen Personenidentität bedeutete, insofern der Ausschlagung der Erbschaft gleichstünde. Dies ist aber nicht der Fall. Folglich darf man wohl aus der relativen Selbständigkeit der in der Hand des Erben vereinigten Massen die Konsequenz ziehen, daß der dem confundierten Rechte entsprechende vermögensrechtliche Ausgleich erfolge. Man darf aber nicht zum Schaden dritter Personen die Trennung der Vermögensmassen zu einer Trennung der Rechtssubjekte steigern.

§ 23.

Einfluß successiver Berechtigung.

Zum Schluß ist die Wirkung successiver Berechtigung kurz der Betrachtung zu unterziehen.[1] Der Hauptfall ist die an die Stelle des alten Universalfideicommisses getretene Nacherbfolge. Welchen Einfluß hat das Recht des Nacherben auf die in der Person des Vorerben sich vollziehende Vereinigung von Recht und Verbindlichkeit, oder von Recht und Belastung? Das B.G.B. enthält hierüber eine ausdrückliche Vorschrift in § 2143. Hiernach sollen beim Eintritt der Nacherbfolge die durch Confusion erloschenen Rechtsverhältnisse als nicht erloschen gelten.

Der Sinn dieser Vorschrift muß im Zusammenhang mit der rechtlichen Natur der Nacherbfolge untersucht werden.

Das B.G.B. hat den römischen Grundsatz *„semel heres semper heres“* preisgegeben, und die Stellung des Nacherben einheitlich auf dem Gedanken einer wahren Erbfolge aufgebaut (§ 2139).[2] Hiernach bedarf es keiner Restitutionserklärung des Vorerben mehr, um den Übergang der erbrechtlichen Rechtsverhältnisse auf den Nacherben herbeizuführen, sondern die Erbschaft fällt diesem beim Eintritte der Nacherbfolge ohne weiteres an. Immerhin wird die Thatsache, daß der Nacherbe nicht unmittelbar Erbe gewesen ist, keineswegs mit rückwirkender Kraft beseitigt. Es ergiebt sich dies einmal daraus, daß der Nacherbe nach § 2130 die Erbschaft in dem Zustande übernehmen muß, in den sie durch

---

[1] Vgl. § 17.

[2] Vgl. Komm.-Prot. S. 6720.

ordnungsmäßige Verwaltung seitens des Vorerben geraten ist, besonders aber aus dem Umstande, daß nach § 2145 der Vorerbe auch nach dem Eintritte der Nacherbfolge noch unter gewissen Voraussetzungen für die Nachlaßverbindlichkeiten haftet. Hieraus folgt nun, daß das Wiederhervortreten der confundierten Rechtsverhältnisse beim Eintritt der Nacherbfolge nicht auf dem Gedanken einer mit rückwirkender Kraft eintretenden Wiederaufhebung des Aktes, welcher die Vereinigung herbeiführte, beruhen kann. Verfehlt ist aber auch die Idee eines Erlöschens der Rechtsverhältnisse unter einer Resolutivbedingung, die Schwedler, Erlöschen der Schuldverhältnisse S. 169 verteidigt. Denn ohne Anwendung des Gedankens der Rückwirkung läßt sich zwar vorstellen, daß Rechten eine nur begrenzte Dauer zukommt, nicht aber, daß sie bloß zeitweilig erlöschen.

Ein Wiederinslebentreten der erloschenen Rechtsverhältnisse wäre hier in der That nur zu begründen auf die von den Motiven vertretene Idee einer Wiederherstellung der erloschenen Rechtsverhältnisse, also durch Einschiebung eines neuen Rechtsbegründungsaktes.[3]

Bei richtiger Auffassung der Natur der Nacherbfolge ist aber dieser Umweg nicht nötig. In der That ist es nicht erforderlich, ein völliges Erlöschen der Rechtsverhältnisse, welche zwischen dem Vorerben und dem Erblasser bestanden, anzunehmen. Denn da von vorn herein eine feste Anwartschaft des Nacherben begründet ist, die erbschaftlichen Rechtsverhältnisse beim Eintritte des Falls der Nacherbfolge mit dinglicher Wirkung auf den Nacherben übergehen sollen,[4] so liegt vielmehr ein bloßes Ruhen der Rechtsverhältnisse vor, werden diese im Interesse eines direkten Eintretens des Nacherben in sie während der Vereinigung der aktiven und passiven Seite in der Person des Vorerben aufrecht erhalten.[5]

---

[3] Vgl. Motive V S. 123.

[4] S. besonders § 2108 Abs. 2, wonach der vor Eintritt des Nacherbfolgefalls verstorbene Nacherbe, sofern nicht ein anderer Wille des Erblassers ersichtlich ist, sein Recht auf seine Erben vererbt, wenn er nur den Erbfall erlebt hat.

[5] Das Nähere s. in § 17.

Sachregister.

(Als Ergänzung zum Inhaltsverzeichnis und Quellenregister.)

Die großen arabischen Ziffern bedeuten die Seite, die kleinen die Noten.
B.G.B. = Bürgerl. Gesetzbuch f. d. Deutsche Reich. C. = Confusion.

Quellenregister.

Die großen arabischen Ziffern bezeichnen die Seite, die kleinen die Noten. Die zum Abdruck gebrachten Stellen sind durch ein †, die näher besprochenen durch ein * kenntlich gemacht.

Codex.

Novellae.

Bürgerliches Gesetzbuch.

Sonstige moderne Gesetze.

Druck von Metzger & Wittig in Leipzig.

Kolibri 360 GmbH
Ferdinand-Jühlke-Straße 7
99095 Erfurt, Deutschland
produktsicherheit@kolibri360.de